和名师一起读
语文新课标

王鹏伟◎主编

教育科学出版社
·北京·

前　言

　　《义务教育语文课程标准（2011年版）》于2012年秋季开始实施，至今已一年有余。作为课程纲领性文件，课程标准对课程实施具有规范和指导意义。

　　新课标实施一年来，出版了不少关于课标解读的图书。这些书大多注重课程理论阐述，本书则立足教学实施研讨。课程理念最终要体现为教学行为，本书力求把二者结合起来，在简要阐释课程理念的基础上，重点探讨教学策略，提供教学方案。

　　本书凸显的问题是：课标视点有哪些？我们应该怎么教？

　　本书以思辨理念为导向，以课标视点为主题，以教学策略为核心，以典型案例为支撑。书中对课程标准的解读包括两个层面：一是课程理念思辨，二是教学策略探讨。概述部分对《义务教育语文课程标准（2011年版）》作概括解读：对课程性质、课程理念、课程目标与内容进行阐释与商榷；针对语文教学现状与倾向性问题提出相应的教学策略。分述部分对各领域做具体解读：提示课标视点，围绕课标视点探讨教学策略，结合教学案例讨论教学实施。

　　本书希望通过解读课标审视语文教学现状，思考语文教学方向，探讨教学实际问题。

　　本书作者分别来自教学研究机构和中小学校。具体分工如下：王鹏伟（吉林省教育学院，教授），全书统稿及概述部分；王平（吉林省第二实验学校，特级教师），小学识字写字；金东旭（常州市局前街小学，中学高级教师），小学阅读；王廷波（东北师大附小，特级教师），小学习作；黄宝国（吉林省第二实验学校，特级教师），小学口语交际；邹春红（吉林市教育学院，特级教师），小学综合性学习；徐鹏（北京师范大学，博士），初中识字与写字；李卫东（北京教科院，特级教师）、荣维东（西南大学，博士），初中阅读；孙立权（东北师大，教授）、田宇（东北师大附中，一级教师），初中写作；沈艳春（东北师大附中，特级教师），初中口语交际；石馨（吉林省第二实验学校，特级教师），初中综合性学习。参加本书编写工作的还有：闵葳、张陆慧、钟鹤童、刘红梅、段晓影、郭振南、赵春华。向他们致以最衷心的谢意。

　　丛书策划刘灿先生和责编代周阳女士为本书出版倾注了心血，书稿有幸得到著名语文教育家饶杰腾先生审阅，一并表示诚挚的谢意！

王鹏伟
2013 年 4 月于长春

目录

《义务教育语文课程标准 （2011 年版）》 （以下简称课程标准或课标） 已颁布， 并于 2012 年秋季开始实施。 作为课程纲领性文件， 课程标准对课程实施具有规范和指导意义。

如何按照课程标准进行教学是一线教师亟待解决的问题。 本书对课程标准的解读包括两个层面： 一是对课程标准的教学解读， 二是对教学实施的探讨。

本部分从教学角度对语文课程标准做概括解读， 就课程性质、 课程理念以及课程目标与内容进行教学阐释。

新版课标概述

一、课程性质
二、课程理念
三、识字与写字
四、阅读
五、写作
六、口语交际
七、综合性学习

一、课程性质

课标对语文课程的性质确定为："语文课程是一门学习语言文字运用的综合性、实践性课程。义务教育阶段的语文课程，应使学生初步学会运用祖国语言文字进行交流沟通，吸收古今中外优秀文化，提高思想文化修养，促进自身精神成长。工具性与人文性的统一，是语文课程的基本特点。"（p. 2①）

这一表述包含三层意思：

（1）语文课程的内容与特征

语文课程的内容是"学习语言文字运用"，以"综合性、实践性"为特征。这二者是密切联系的。因重在"运用"，故有"综合性"和"实践性"特征。所谓"综合性"当指语言文字承载着跨学科的人文内容，具有吸收古今中外文化的功能；所谓"实践性"是指语文作为工具学科，应该在使用过程中掌握，即"语文的外延与生活的外延相等"。

（2）语文课程的功能

课标中明确："运用祖国语言文字进行交流沟通，吸收古今中外优秀文化，提高思想文化修养，促进自身精神成长。"（p. 2）首先是对语言文字本身的学习，这是基本功能；其次是凭借语言文字学习吸收古今中外优秀文化，从而促进精神成长。语言文字是人类文化的重要组成部分，同时又是最重要的文化载体，因而语文课程具有文化传承的重要功能，对人的精神成长发挥着不可替代的作用。

课标的修订特别重视传统文化的传承。课标中明确要求 9 年背诵优秀诗

---

① 此页码特指前述引文在《义务教育语文课程标准（2011 年版）》（北京师范大学出版社，2012）中的页码。下同。

文 240 篇（段），包括中国古代、现当代和外国优秀诗文。课标列出部分中国古代优秀诗文背诵篇目 136 篇（段），其中小学背诵 75 篇，初中 61 篇。

（3）语文课程的特点

课程标准再次强调"工具性与人文性的统一"。所谓"工具性"当指语言文字学习，所谓"人文性"当指文化吸收。二者兼顾，不可偏废。

这三层意思的逻辑关系是清楚的：课程功能是对课程内容的具体阐释，而工具性和人文性的统一，则是对课程功能的概括。

课标对课程性质的表述有需要商榷之处。

首先，关于语文课程的定义："语文课程是一门学习语言文字运用的综合性、实践性课程。"（p.2）这种表述是不妥的。语文是"学习语言文字"的课程，而不是"学习语言文字运用"的课程；"学习"包涵了"运用"。语文课程内容，首先是习得语言文字，在此基础上才能谈得上"运用"。语言文字是交际工具，掌握工具是使用工具的前提。课标意在强调"运用"，而排斥对语言文字本身的学习，限制了语文学习外延，显然不合逻辑。这对语言文字本身的学习是不利的，教学上容易产生误导。

其次，关于"工具性与人文性的统一，是语文课程的基本特点"，如果从语文文字具有交际功能，又负载文化功能的角度看，说它既具有工具性又具有人文性是有道理的。但其基本功能是"工具"，而不是"人文"，二者不是并列关系，有主次之分。国际上较为通行的是对课程功能的描述。这种描述可以消解理论上的争议，避免因此而导致课程实施混乱。语文课程包括两个要素：一是掌握语言文字，一是传承文化。前者是基本功能，后者以前者为基础。在语文课程中，文化传承是通过凭借语言文字的学习实现，这是语文课程与其他人文课程的本质区别。简言之，学习语言文字是语文课程的根基。

语言文字是语文课程的根基，并非意味着文化传承是可有可无的附庸。语文学科负载了丰富的人文内容，是传承优秀文化的重要渠道。其他人文学科重在传授人文知识，而文化熏陶则需要语文学科来实现，正是在这个意义上语文学科对人的精神成长至关重要。语文不仅是交际工具，而且是最重要的文化载体，掌握工具与吸收文化是并行不悖的。

工具性与人文性的争论由来已久，早在2001版（实验稿）课标颁布以前，20世纪80年代末就已经开始。新课标坚持了这一理念，意在兼顾二者在教学实践中的平衡。教学中，工具性与人文性是两个端点。新课改之前，语文课偏重语言分析，轻视人文内涵的倾向比较明显，故倡导人文性的主张强烈；新课改之后，语文课又出现了脱离语言文字研读，偏重文本内容讨论的倾向，故强调工具性的呼声渐起。物极必反，过犹不及。在不同历史阶段，语文课程的工具性与人文性必然会表现出各自的偏向。

长期以来，目前所谓"工具性与人文性的统一"理念还局限在怎样教一篇课文：是重在分析理解语言文字，还是重在理解思想内容。这种理解还停滞在技术层面，视野狭窄。应该从宏观的课程视角来看待这个问题。尽管文学在语文课程中占有较大比重，但语文课程不是文学课程，阅读文本涵盖广泛的人文领域。当语文教学把视野拓展至广泛的人文领域时，所谓"人文性"才足以体现出其重要价值。简言之，语文的"人文性"不是一个技术问题，而是课程视野问题。

以上讨论可以启发语文教学的基本策略：

第一，语言文字是语文课程的根基，语文教学要坚守这个根基，牢固掌握语言文字知识，在学习和生活的实际运用过程中形成能力。

第二，文化传承是语文课程的重要目标，语文教学要拓展人文视野，涵养人文精神，关注人的精神发育。精神发育不是意识形态问题，而是文化熏陶问题。意识形态体现国家意志，文化熏陶关注人的精神生活和价值追求。

二、课程理念

课标在课程理念部分对语文素养的含义、语文教育的特点、学习方式、课程系统进行了阐释。这些理念明确了语文课程的基本要义和教学方向，对思考语文教育现状具有启发意义。

（1）语文素养包括什么？

课标对语文素养的阐释包括两个方面：一方面是"正确运用祖国语言文字"，另一方面是文化熏陶。这其实也就是在课程性质中提到的"工具性"和"人文性"。

课标中提出了一个重要理念，即"培养语感，发展思维"（p.2）。语言是思维的直接显现，是思维的物质外壳；二者相互依存、相互促进。思维发展推动语言发展，语言发展又促进思维发展。语言发展水平标志着思维发展水平。

在语文教学中，语言与思维的同步发展问题，在20世纪80年代受到广泛重视，此后逐渐淡出人们视野。其实这个问题至今值得关注。

语言与思维的关系给语文教育的启发在于：语文教育要通过语言习得增强认知能力，突破思维定式，培养批判意识和创造意识。否则，思维发展无从谈起。就阅读而言，要拓展人文视野，眼界决定思考深度，要尊重学生的个性体验；就作文而言，要重视立意构思，尊重学生独立见解的表达。教学中我们往往重视词句解读而忽视文本整体构思，这种倾向对于学生的思维发展是不利的。

（2）语文教育的人文内涵与实践性

课标把语文教育的特点概括为"人文内涵"和"实践性"。
课标指出要通过优秀文化熏陶促进学生的个性发展。

这个问题可以从两个层面理解：

其一，语文课程具有丰富的人文内涵，语言文字是文化载体。学语文接受文化熏陶是理所当然之事。例如，读《论语》而知礼，读佛经而向善，读古诗文而发怀古之幽思，感受古人审美意趣。

其二，跨学科的文本内容，不仅包括文学，还包括艺术、哲学、科学。人的精神涵养包括感性和理性两个方面，人的发展既需要情感熏陶，也需要理性引导。历来语文教学重视文学的情感熏陶，体现审美价值，而忽视哲学和科学的理性启迪，这种倾向应该纠正。阅读是获取精神食粮的重要途径，过于偏重文学阅读，容易得"偏食症"。就人格发展来说，偏重文学阅读的语文教育是不健全的。从语文教学来说，无论哪个学科领域的名作都堪称语言文字的典范，并非只有读文学才能学好语文。

需要注意的是所谓"优秀文化"，其范围应该是古今中外，具有开阔的历史视野和国际视野，而不仅限于我们之前重视的传统文化。

课标一再强调语文教育的实践性，通过语文实践培养语文能力。语文是交际工具，工具只有在使用中才能掌握。语文与生活密切相关，读书看报、浏览网页，精神生活和信息获取无不与语文有关。现在已有"语文生活"的说法，应该思考的问题是如何使语文教育"生活化"，把语文和生活密切结合起来，一个重要的途径就是开展专题活动。但活动主题未必是语文，活动呈现方式却是语文。例如，开展环境调查，写调查报告；参观美术展，写名画评论；策划公益活动，写活动方案和倡议书等。如果语文实践的视野还局限在语文，语文还没有走出课堂，那么，语文的实践性仍然是一个空洞的口号。

语文教育的实践性问题，应该从长远眼光来看。现代社会需要的是能够满足终身学习和实际工作需要的语言文字运用能力，这是语文教学应该认真思考的问题。

(3) 学习方式的选择：自主、合作、探究

自主、合作、探究的学习方式是各学科共同的课程理念，是课程改革的共同目标。

学习方式的选择取决于课程形态。课程形态指的是课程的存在和表现形式。自主、合作、探究学习方式是综合课程和活动课程的必然选择。综合课程是指有意识地运用两种或两种以上学科的知识系统和方法论去探究一个中心主题。其中心主题有的源于学科知识，有的源于社会生活，有的源于学生兴趣。活动课程则打破学科界限，以学生的兴趣、需要为基础，通过学生自己组织的一系列活动而实施，亦称"经验课程"。显然，在此种课程形态中，自主、合作、探究学习方式成为必然诉求。

分科课程形态制约了自主、合作、探究学习方式的选择。这并非意味着，此种学习方式没有采用的必要性，而是要求分科课程要增强综合性和实践性。如果这样来理解这种学习方式的选择，那么，课程形态的转变就成为学习方式选择的诉求了。

目前固定的班级授课形式，封闭的课堂教学空间，单一的文本式课程资源，都制约着自主、合作、探究学习方式的选择。

语文新课程增设了"综合性学习"板块，强调语文课程的综合性和实践性，自主、合作、探究学习方式的选择也就成为客观诉求了。所以，问题的症结在于如何凸显语文课程的综合性和实践性。

总之，转变学习方式的前提是转变课程形态，而不是在某一堂课中实行小组讨论那么简单。

（4）开放的课程系统：跨学科学习与现代技术手段运用

课标提出要"拓宽语文学习和运用的领域，注重跨学科的学习和现代技术手段的运用"（p.4）。这是着眼现代社会发展需要提出的。

倡导跨学科学习是语文课程理念的重大突破，是实现语文课程综合性和实践性的必由之路，也是突破语文课程以文本教材为中心的首要策略。遗憾的是这一主张并没有在教学中得以实施。就目前的教学现状来看，跨学科的语文学习应该强化"综合性学习"板块，通过专项活动进行语文实践，至少阅读领域应该跨越学科界限，否则难以进行学科渗透和整合、开拓人文视野。

现代技术手段的运用是时代发展的需要。由于计算机技术的普及和学生好奇心的驱使，现代技术手段的运用已成时尚，深受青少年青睐。例如，建立班级网页、开通博客等。但这些技术手段如何运用于语文课程仍然值得考量，且运用的现状也并不乐观，调查表明，学生上网主要用于娱乐，而不是搜集信息、交流分享课程资源和学习成果。这与课程形态、课程内容、教学形式都有关系。要使现代技术手段成为学习工具，课程形态、课程内容、教学形式都需要改变。例如，以编辑一份读书报为专题，需要进行信息搜集与传输、文字输入、排版、插图、打印制作等。现代技术手段运用并不是一种奢望，只是这样的语文课程形态还没有形成。

　　总之，跨学科学习与现代技术手段运用的前提，是促进课程系统的开放。

　　以上所述语文教育的四个基本理念是密切相关的，形成一个有机体系。培养语文素养是语文课程的基本目标，包括语言文字运用与文化传承。语文是最重要的交际工具，语文的外延与生活的外延相等，要注重语文与生活的联系，语言文字运用能力必须在语文实践中方能掌握；语文是文化载体，其自身又是文化的重要组成部分，民族文化传承和多元文化沟通使语文课程具有丰富的人文内涵；语文教育的实践性和丰富的人文内涵是由语文素养决定的。语文实践活动不可能独立完成，广泛的人文阅读必须尊重学生精神生活的个性化需求，因此，自主、合作、探究学习方式成为语文学习的必然诉求，开放的课程系统是满足语文实践和语文生活的多样化需求，以及选择自主、合作、探究学习方式的前提条件，在一个封闭的课程系统内这些诉求是难以实现的。

　　以下概括讨论语文课程的各个领域。

三、识字与写字

与 2001 版（实验稿）课标比较，新课标在识字与写字方面有明显变化，表现在如下几个方面。

1. 新增了两个字表：《识字、写字教学基本字表》（300 字）和《义务教育语文课程常用字表》（3500 字）。此前各个学段识、写哪些字，没有明确规定，不同版本的语文教材选字差异较大。此次修订对此提出了明确建议。《识字、写字教学基本字表》（300 字）基于专家对儿童识字写字所做的字频研究，以儿童生活和读物为语料，筛选出 300 个字，这些字"构形简单，重现率高，其中的大多数能成为其他字的结构成分"，以此作为第一学段教科书中识字写字教学的重要内容。《义务教育语文课程常用字表》（3500 字）则根据当代各类汉语阅读材料中出现频率和汉字教学需要而制定，作为教学评价依据。此表与《现代汉语常用字表》（3500 字，1988 年）有明显区别。

2. 调整了小学阶段识字与写字数量。例如，此前版本课标（实验稿）第一学段要求会认 1600～1800 字，会写 800～1000 字。现在调整为认识 1600 字，其中会写 800 字。提倡"多认少写"，不再要求"四会"。但整个小学阶段的识字和写字总量没有变化，第三学段累计识字仍为 3000 个，其中会写 2500 个。此前初中阶段要求累计认字 3500 个，会写 3000 个，此次修订仅要求累计认字 3500 个，未提出写字数量要求，留有弹性。

3. 重视写字与书法。此举针对目前电脑输入，学生手写能力普遍下降的现状。课标在各个学段均提出了相关规定，包括"正确的写字姿势"、"良好的写字习惯"、"书写规范、端正、整洁"等。这次课标修订特别加强了写字教学分量，在教学建议中提出"在小学，每天语文课都要求安排随堂练习，天天练字"。

尽管课标修订对识字写字教学特别重视，但还有待充实完善。

课标中对汉字教学的要求也不够全面，还有值得探讨的地方。

课标应该从体认汉字文化的层面来看待汉字教学问题，确立汉字文化意识。掌握文字符号是汉字教学的基本目标，宏观目标应该是体认汉字文化。课标附录有 5 项，均属语文知识范畴，包括：古诗文背诵篇目，课外读物建议，语法修辞知识要点，识字、写字教学基本字表，义务教育语文课程常用字表。但汉字形体演变，没有纳入课标附录部分的语文知识范围。汉字形体演变作为常识，内容简单，但对于学生体认汉字文化却是必不可少的。

下面针对课标要求来讨论教学策略。

课标提供了《识字、写字教学基本字表》（300 字），这些字"构形简单，重现率高，其中的大多数能成为其他字的结构成分"，以此作为第一学段教科书中识字写字教学的重要内容。构型简单，能够成为其他字的结构成分，这一点很重要，对于拓展识字写字量，提高识字写字效率有重要意义。在教学中，对此可以有所遵循，但不必拘泥。

识字写字教学的核心价值是体认汉字文化，而不是识字写字数量的多少。汉字包含着丰富的文化信息，是中华民族文化的精髓所在，学习汉字不只是学习语言记录符号，重要的是体认汉字文化。体认汉字文化是民族文化传承最基本的内容，离开了这一点，民族文化的传承就失去了根基。秉持这样的理念，汉字教学将有不同的思路。

下面主要从汉字文化的视角谈教学策略。

（1）从象形入手，感受汉字特征

汉字是象形文字，从象形入手是汉字启蒙的钥匙。传统语文教学在这方面有成功经验。例如清代王筠在《教童子法》中提出正篆比照识字法："识字，必裁方寸纸，依正体书之，背面写篆；独体非篆不可识，合体则可略。"正篆比照识字法强化了汉字的象形特征。汉字是目前世界上唯一仍在使用的以象形为基础的表意文字，小篆基本保留了象形特征，可以由字形推知字义，这种做法有利于儿童体认汉字象形特征。从象形入手，增强了汉字教学的直观性，符合儿童的心理特点。让儿童喜欢汉字是汉字教学的起点。从长远观点看，确立汉字象形意识，有助于正确理解字义，避免写错别字。形义联系意识淡漠，缺乏根据字形推知字义的直觉，是造成写错别字的根本原因。确立汉字象形意识也有利于古诗文学习，有助于理解字的本义或基本义，区别古今义。

（2）了解形体演变，守望汉字家园

汉字形体演变问题在前面已经谈到，这里稍作阐发。

了解汉字形体演变的理由有三个：①强化汉字作为表意文字的象形特征，有利于引导学生从字形推知字义；②了解汉字由繁到简的发展过程，了解汉字发展规律；③从早期象形字体中窥见文化信息，即所谓"密码"。第三点是从为学生奠定终身学习的基础来考虑的。儿童时期对某种常识产生了浓厚情趣，有可能导致其终身发展。汉字研究式微，与汉字文化意识淡漠不无关系。

汉字形体演变已经有3000年历史，大体分为7个阶段。①甲骨文。殷商时代刻在龟甲和兽骨上的文字。②金文，又称"钟鼎文"。周代铸刻在铜器上的文字。③篆书。有"大篆"、"小篆"之分，大篆始于周，小篆始于秦。④隶书。始于秦，而盛于汉，故称"汉隶"。⑤楷书。由隶书演变而来，代汉书而通行，亦称"真书"、"正书"。⑥草书。汉隶的潦草写法。⑦行书。成于魏晋，是"楷书的流动"，介于楷书与草书。

在汉字漫长的发展过程中，有两次重要变革，第一次是大篆变小篆。春秋战国时期，各国文字形体不一，"言语异声，文字异形"，秦朝统一天下，"车同轨，书同文"。大篆由小篆"省改"而成，以省变为主，由繁到简。第二次变革是小篆变隶书，称为"隶变"。大篆变小篆仍保留了明显的象形面貌和图画色彩，而"隶变"则使汉字象形面貌消失，完全失去图画色彩，变成了纯粹的抽象文字符号。"隶变"是古今文字的分水岭。这两次变革呈现了汉字发展的历史趋势——由繁到简。

今天我们面对纯符号系统的汉字时，我们仍需依据字形来区分字义。因为汉字毕竟是以象形为基础的表意文字，离开了这一点就会失去识写汉字的根基，汉字文化的历史信息也就不复存在了。

作为文化传承，在汉字教学中，了解汉字形体演变，是体认汉字文化不可或缺的内容。其教学策略也未必如想象的那么繁难。现代传媒技术已经可以提供较为丰富的课程资源，如影视资料、图片拓本等。可以搞讲座和专题活动。学习活动要体现形象性和直观性，了解常识，以欣赏为主。例如，选择典型的古今字进行比较，并用实物加以比照，学生接触起来会兴趣盎然。

(3) 从独体到合体，遵循汉字学习规律

识字先独体，后合体，先易后难，是传统语文教学的成功经验。例如王筠编著的《文字蒙求》，利用汉字造字法，按象形、指事、会意、形声分类编排，这有利于体会汉字造字法和发展规律。汉字繁衍是以象形为基础的，由独体（象形、指事）到合体（会意、形声）体现了汉字发展规律，汉字教学理应以此为基本途径。

现代汉字教学，在此基础上已有发展，例如字理识字、字族识字等。这些做法有利于理解汉字的象形表意特征及造字规律，提高识字写字效率。

(4) 读《水浒》，识字何止 3500 个

课标在教学建议中提出汉字教学要"多认少写"，这也是传统语文教育的经验。传统语文教学主张识字与写字分而治之，主张"多认少写"。如果把这一策略理解为化解识字和写字难以同步的矛盾，还是不够的。识字的目的在于阅读，阅读的目的在于拓展视野，拓展视野的目的在于精神成长和思想独立。如果这样推论起来，识字实在是启蒙之始。如果从启蒙意义衡量识字的价值就非同小可了。识字的价值直接指向阅读，这是打开蒙童眼睛的窗口，让儿童得以瞭望未知世界。

"多认字"可以提前打开阅读窗口，让儿童获取最简单而又最重要的人生常识，形成最基本的人生价值观，丰富儿童的精神生活。

如果我们把一本名著放在儿童面前，《格林童话》或者《伊索寓言》，识字就会成为儿童主动的学习行为。如果是一本《鲁滨孙漂流记》或《海底两万里》，识字 3000 个自然不成问题，如果是一本《西游记》或《水浒》，识字量又何止 3500 个？

我们的一种惯性思维是当识字量达到一定积累时才可以阅读，其实不然，阅读是扩大识字量，是儿童最感兴趣、最迅捷、最有成效的识字方式。在儿

童初步感知汉字造字方法和规律后，把识字已经当作一种游戏，这是儿童的心理特征。主动识字（根据形声特点猜字）应该是儿童自发的识字方式。据儿童学习经验，经过一二年级初步的识字体验（而不是识字量），到三年级，儿童已经能够借助工具书，在浓厚阅读兴趣的驱使下开始独立阅读。

学者们所做的专门研究，包括字频统计、心理学分析都是必要的，是科学依据。但在实际教学中，一个简单而有效的教学策略就可以解决实际问题。道理很简单：实践之树常青。

(5) 书法：体认汉字文化

按课标要求，学生从第二学段开始就写毛笔字，到第四学段临摹名家书法，体会书法的审美价值。书法的价值在于审美，书法教育即审美教育。

在中国诸多艺术种类中，书法是最能体现中华民族独特精神品质和人文气质的艺术形式。中国所独有的艺术形式首推书法。从古至今，中国书法对儒家文化圈一直影响广泛。

有关数据表明，中国青少年字迹潦草，对书法兴趣淡漠，不如日本青少年。日本书法学者西岛慎一（专门出版书法类书籍的二玄社原主编）认为，其主要原因是文化断代了，重拾不易。另一个原因是电脑的普及严重冲击了书法的流传。日本有多少书法爱好者？有没有一个精确的数字？一般认为有两三千万，也就是说五六个日本人中，就有一个练书法的。称得上书法家、能举办个人展览、出作品集的人，全日本大约100万人之多。书法的广泛普及，与日本人重视书法教育关系密切。日本中小学校都开设书法课。学生从小学三年级开始学书法，到初中毕业，6年时间足以打下掌握书法知识和技法的坚实基础。在日本，凡是正式场合，日本人都是用毛笔写信签字。大臣们签署国家文书时，很多人用的是毛笔。能用毛笔签字，这在日本是个人修养的重要体现。[①]

恢复书法教育，已经不仅仅是审美教育问题，而是民族文化传承的迫切任务。

----

① 资料来自《环球时报》（2006.8.4），作者：殷占堂、陈言。

目前国内学校教学设施、师资条件等硬件不足，受此限制，通过常规课堂教学练习书法缺乏必要条件。书法教学要重新思考教学策略。

可以采取的有效策略，主要是综合性学习活动方式。例如，有计划地举办书法讲座，参观书法展览，邀请书法家进行观摩示范，举办师生书法作品展示活动等。另外，可以结合庆典活动，撰写对联；结合交际活动，书写贺卡、贺词等。总之，要抓住时机，创造情境，结合生活，使书法教育成为语文生活的重要组成部分，成为优雅的交际方式。

四、阅　读

　　课标的修订对阅读教学提出了一些建议，这些建议针对目前语文教学倾向，应予以关注。

　　课标修订后，对于阅读教学主要强调三点：一是阅读的个性化；二是重视朗读和默读；三是少做习题多读书。此外，课标还在课外读物建议中提出要阅读科普作品，历史、文化读物以及自然科学和社会科学常识普及读物等，可由语文教师和各有关学科教师商议推荐。

（1）阅读体验：个性化阅读

　　课标指出"阅读是个性化行为"，"要珍视学生独特的感受、体验和理解"，"不应以教师的分析来代替学生的阅读实践，不应以模式化的解读来代替学生的体验和思考"，"要防止用集体讨论来替代个人阅读"。（p. 22）

　　阅读是读者二度创作的过程，不同的读者会对同一文本做出不同解读，"一千个读者会有一千个哈姆雷特"。这与读者的生活阅历和文化修养有关，生活阅历和文化修养不同，对文本的解读也就不会相同。教学活动应该关注的是学生的解读"独特"在什么地方，透过这种"独特"的解读，去感受学生的思维过程，进行有效指导，而不是牵强附和。一千个读者固然有"一千个哈姆雷特"，但都应该接近"莎士比亚心中的那个哈姆雷特"。所以课标在"有创意的阅读"时提醒要防止"远离文本的过度发挥"，这是有所指的。课标一再强调"阅读教学是学生、教师、教科书编者、文本之间的对话过程"，其实，所有的对话最终还是指向文本的，根本的问题还是学生阅读文本的原始体验，这是课程生成的依据。

　　新课改倡导合作学习，实行起来却出现了偏差。学生的独立阅读尚未完成，集体讨论便开始了，接下来便是教师的不断追问，学生独立阅读的时间尚不能满足，独特的阅读体验和思考也就无从谈起。

（2）"讲"基于"读"，朗读基于默读

课标在教学建议中指出："各个学段的阅读教学都要重视朗读和默读。"（p. 22）其表述顺序应该调整一下，默读在先，朗读在后。

先谈讲与读的关系。阅读教学应该基于学生的阅读体验，讲授应该以学生熟读文本为前提。教学中出现的偏差是，学生匆匆读一遍课文，所谓生生、师生"对话"就开始了。学生不能静下心来读课文，缺乏阅读体验，在这种情况下开始集体讨论，回答教师提出的问题，学生的独立阅读空间被挤占。其结果是阅读体验过程变成了寻章摘句回答问题的过程，最终给学生留下深刻印象的未必是文本本身，而是关系错综复杂的"对话"。对文本的阐释比文本本身还重要吗？学生之间"对话"，师生之间"对话"，甚至与教科书编者还要"对话"，唯独缺乏学生个体与文本默默地、悄悄地"对话"。失去了独立阅读文本这个根基，诸多"对话"的价值何在？一篇浅显的课文，怎么会有那么多费解的问题呢？泛泛的"对话"湮没了对文本的独立解读，学生的个性化阅读无法实现。

据此，我们提出的教学策略是多读少讲，熟读精讲。

再谈朗读与默读。朗读和默读是有先后之分的，朗读以默读为基础。不过在小学起始学段，儿童习惯于朗读而不习惯默读，这和儿童生活阅历和心理特征有关。低年级儿童直接通过有声语言把思维表达出来。默读是阅读思考的过程，朗读时是表达的过程。对文本的语言品味、情感体验、主旨理解应该在默读时初步完成，然后通过有声语言表达出来。

课标强调朗读，符合儿童用有声语言进行阅读的习惯，可以直观地表达对文本的理解，同时可以练习说普通话，与口语交际密切相关，一举两得。朗读是符合儿童心理特点的教学策略。

（3）课外阅读：少做习题多读书

课标对于课外阅读格外重视，在教学建议中指出："要重视培养学生广泛的阅读兴趣，扩大阅读面，增加阅读量，提倡少做题，多读书，好读书，读好书，读整本的书。"（p. 23）要求9年课外阅读总量达到400万字以上。

我们现实的情况是，教师迫于考试压力，语文教学固守课本，做大量习题，轻视课外阅读，阅读积累不足，学生的语文素养难以提升。

2008 年一项以某市中学生为对象的阅读调查显示：从小学到初中，完整读过 1~5 本课外书（不含杂志）的占 18.7%，读书不到 10 本的占 42.9%，没有完整读过一本书的占 1.5%。

2012 年 4 月第九次全国国民阅读调查结果显示：传统纸质出版物阅读量，2011 年我国 18~70 岁国民图书阅读率为 53.9%，人均阅读图书 4.35 本。其中，14~17 周岁未成年人课外图书阅读量最大，人均 10.68 本；9~13 岁未成年人，人均课外图书阅读量为 7.24 本。与 2010 年相比略有增加，但人均年阅读图书量仅是犹太民族的 7%。

这两项调查显然有很大差异。问题出在哪里呢？如果到书店进行实地调查，就会发现，中小学生购买的课外图书大部分是教辅书，而不是名著。这也是为什么课业负担沉重的未成年中小学生的阅读量甚至大于成年大学生的原因。

课堂上，学生来不及读书就听讲；课堂外，大量的习题替代了读书。读书本应从兴趣出发，可是练习册中那点儿少得可怜的文章片段也被禁锢在练习题的牢笼中，这样的阅读哪还有一点儿生气？本来滋养心灵的读书竟落到如此境地！读书方法的掌握是在大量阅读积累的过程中形成的，而不是在阅读应试技巧的训练中形成的。以题海湮没读书，而求阅读能力的提高，做法实在与初衷南辕北辙。

读书是语文教育的原点，少做习题多读书是教学改革的基本策略。

(4) 阅读视域：广泛的人文与科学领域

在现代文明社会中，阅读是一种学习方式，也是一种生活方式；一个人的阅读史就是一个人的心灵成长史。

阅读作为一种学习方式和生活方式，应该超越狭隘的"语文"视域，扩展至广泛的人文（包括科学人文）视域。阅读不应限于文学，而应跨越学科领域，广泛涉猎哲学、政治、科学、艺术，甚至宗教领域。长期以来，语文课程中的阅读大多局限于文学作品，而对其他领域的名著视而不见，几成空白。须知，精神营养的汲取犹如生理之于饮食，如果仅限于一种，再好的精神食粮也容易得偏食症。人的精神发育，不仅需要文学、艺术的情感熏陶，还需要哲学和科学的理性引导。从这个意义上说，广泛的人文阅读是构建人类精神家园不可或缺的土壤。

在语文教育中，把阅读视域扩展至广阔的人文领域，需要回答的一个问题是：跨学科的人文阅读与语文能力的形成有什么关系？

语文教育的核心任务是培养语言文字的理解和运用能力；同时，要通过语言文字的学习吸收优秀文化。二者对立统一。无论阅读哪个学科领域的名著，都可以实现语言学习的目标；不同学科有不同的言语方式，而要形成语文的综合表达能力，恰恰需要广泛的、跨学科的人文阅读。简而言之，学语文无外乎读书，读书就是在学语文。

从语文与文学的关系看，语文课程包括文学，但语文教育不等于文学教育。语文教育的基本目标是理解和运用语言文字，为学生未来的学习和工作奠定基础。

从人格培养的角度看，情感与理性的平衡是阅读视域需要思量的一个问题。弗兰西斯·培根在《论学问》中有一段名言："史鉴使人明智；诗歌使人巧慧；数学使人精细；博物使人深沉；伦理之学使人庄重；逻辑与修辞使人善辩：'学问变化气质'。不特如此，精神上的缺陷没有一种是不能由相当的学问来补救的：就如同肉体上各种病患都有适当的运动来治疗似的。"[1] 文学和艺术偏重于情感陶冶，而哲学和科学则偏重于理性启迪，二者不可偏废。培根的话可以从两个方面来理解：如果说读书可以弥补精神缺陷的话，反过来，读书也能导致精神偏食症。阅读偏好是个性使然，但语文教育应该在读书的理性倾向上做出引导。

需要指出的是，阅读视域的局限不能完全归咎于语文教育。哲学课可曾阅读哲学著作吗？政治课可曾阅读《共产党宣言》吗？科学课可曾阅读科学家传记和科普著作吗？艺术课程可曾阅读艺术史吗？历史课可曾阅读《史记》吗？中国古代教育"文史哲不分家"；现代西方教育阅读与写作是各学

---

[1] 培根. 论学问［M］//培根论说文集. 水天同，译. 北京：商务印书馆，1983：180.

科，尤其是人文学科普遍采用的学习方式。然而在我国，直至目前的基础教育新课程，"阅读"独属语文，与其他课程无涉，广泛的人文阅读只能由语文学科单独承担。当阅读视域扩展至广泛的人文领域时，读书的时代就到来了！

　　语文教育回归读书原点，将促使语文教育建构起开放的课程系统，实现课内与课外结合，以及跨学科的人文阅读。

五、写　作

修订版的课标在写作目标上有变化。为降低写作起始年段的难度，将第一学段定位为"写话"，第二学段开始"习作"，初中才是"写作"。

课标强调写作教学要贴近学生实际，"表达真情实感"，鼓励学生"说真话、实话、心里话，不说假话、空话、套话"；减少对学生习作的束缚，"鼓励有创意的表达，鼓励写想象中的事物"，提倡学生自主选题。这是从作文内容与表达两个方面来提出要求。

（1）表达真情实感

写作教学贴近学生生活是表达真情实感的前提。写作首先要解决"有话可说"的问题，也就是写作素材。生活是写作的源泉，离开生活，写作就会成为无源之水，无本之木。写作教学要充分考虑学生的年龄特点和生活状态，不能以成年人的眼光看待儿童的生活世界。在此基础上写作教学要解决"有话要说"的问题，使学生乐于表达。小学阶段的写作教学要特别关注儿童感兴趣的事物，激发儿童的表达欲望。

初中阶段的写作教学，面临中考压力，套题作文、宿构作文，脱离生活实际，偏重文字技巧，内容空洞，迎合舆论，言不由衷。"这种做法不但助长假大空的文风，助长文艺腔，对学生的人格成长也有很强的负面作用。"[1]所以课标一再坚持鼓励学生说真话、实话、心里话，不说假话、空话、套话。

"假大空"的文风也与浮躁的流行文化有关。娱乐大众的媒体导向，一些打着学术旗号的电视讲座，涂上"文化"色彩的畅销书等，都对青少年有广泛的负面影响，语文教学要有意识地介入，不能回避，不能实行"鸵鸟政策"。

---

① 温儒敏．就语文新课标的学习谈九个问题［J］．中学语文教学，2012（3）：9.

(2) 自由表达和有创意的表达

自由表达包括写作主题和文体形式的自由选择。小学阶段的儿童生活简单，但并不意味着生活单调；儿童认知能力弱，但想象力丰富，思维活跃。小学阶段写作教学要尽量让学生自由选题，写儿童感兴趣的事物，反映儿童生活情趣，展示儿童精神世界，使之乐于表达。儿童的心理特点也决定了文体形式自由选择的特殊性，例如寓言、童话、故事、科幻等，这些文体形式有利于发挥儿童丰富的想象力并保持纯真的童心。课标建议"写想象中的事物"，也正是考虑到儿童的心理特点。

有创意的表达与自由表达是相关的，长期的自由表达会保持和发展想象力与联想力，确立独立思考意识。语言与思维同步发展，有创意的表达需要转变思维方式，突破惯性思维定式。例如，变顺向思维为逆向思维，变纵向思维为横向思维，变聚敛思维为发散思维等。关键是表达的独特性，采用独特的表达方式，表达独特的感受和见解。

六、口语交际

口语交际是现代公民的必备能力。课标在课程总体目标中指出："具有日常口语交际的基本能力，学会倾听、表达与交流，初步学会运用口头语言文明地进行人际沟通和社会交往。"这里有两点需要注意：一是学会倾听，一是文明地进行沟通。二者都是就交际的尊重原则而言的。可见口语交际不是单纯的语言能力问题，也是交际态度问题。倾听是沟通的必要条件，也是人际交往的文明标志。从这个意义上说，口语交际含有文明礼貌教育因素。这是口语交际不应忽视的。

口语交际是听说双方的互动过程，因此教学活动主要应在具体的交际情境中进行。交际情境的设计是口语交际的关键环节，交际主题的设计要有针对性，使沟通活动能够持续有效地展开。当然最好是在真实的人际交往情境中进行，承担实际交际的任务，达成实际的交际效果。课标建议引导学生在教学活动和日常生活中锻炼口语交际能力。教学活动中的口语交际是可控的。教学交流情境中，不仅要关注学生讨论或回答问题是否正确，而且要关注语言表达效果。

七、综合性学习

综合性学习是新课程增设的板块，是课程形态变革的标志。综合性学习有三点需要注意：一是确立学生的自主地位；二是以实践性为特征，以活动为载体；三是学科本位与跨学科综合活动。

综合性学习是体验课程，从学生的兴趣、需求出发，主要由学生自行策划和组织活动，教师不能越俎代庖。教师的指导作用要因学生需要而定。在体验课程中，教师的角色不仅是指导者，更为重要的是促进者。课标建议"要加强教师在各个环节中的指导作用"，这种主张是不妥的，与体验课程特质相悖。尽管新课改从 2001 年就已经开始，但综合性学习举步维艰。受教学设施、师资条件制约，尤其是应试压力的干扰，综合性学习缺乏必要条件和实施空间。综合性学习亟待解决的是提供空间，而不是缺乏"指导"。

综合性学习大多以"问题"为中心，以探究活动为载体。综合性学习应该联系生活实际，关注自然、社会，组织社会实践活动。例如，组织环境调查、策划公益活动等。

综合性学习要处理好学科本位与跨学科拓展的关系。立足学科本位，兼顾跨学科拓展。学科本位活动的开展应注重语文知识综合应用和语文实践能力的形成。例如，举办读书报告会、影视作品研讨会，创办文学社团或刊物等。跨学科拓展也应以增强语文实践能力为目的。例如，就共同关注的热点问题搜集整理信息，调查访谈，用文字或图表、照片等非连续性文本展示学习成果。综合性学习的主题或过程是跨学科的，但手段或成果的呈现方式却是语文的。

以上从教学角度对语文课程标准做了概括解读，包括对课程性质、课程理念进行阐释与商榷；结合课程目标与实施建议，对语文教学的相关理念、语文教学现状以及应该值得关注的倾向提出了一些看法，并针对这些问题提出了相应的教学策略。

需要强调的是，早在 2001 年新课改伊始，课标提出的一些理念和教学目标对长期以来语文教育存在的一些弊端都具有一定的针对性。时至今日，语文教育现状有所进步，同时也出现了一些值得关注的倾向，语文教学现状与课标要求还有较远距离，达标还有漫长的路要走。即使课标再做修订，课程目标也不会有大变化，努力意味着接近！

小 | 学 | 篇

识字与写字

阅读

习作

口语交际

综合性学习

识字与写字

　　学会汉语拼音　喜欢学习汉字　有主动识字、写字的愿望　养成主动识字、写字的习惯　有较强的独立识字能力　会运用音序检字法和部首检字法查字典、词典　认识常用汉字 3000 个　2500 个会写　书写规范、端正、整洁　写字姿势正确　硬笔书写楷书　能用毛笔书写楷书　有良好的书写习惯

【解读概述】

　　小学阶段识字与写字是阅读和写作的基础，是语文教学的基本任务。根据小学阶段不同年龄学生语言发展的特征和小学语文识字、写字的规律，课程标准对识字、写字量做了适当调整，低、中年级适当减少了写字量，高年级相应增加了写字量，整个小学阶段识字、写字总量保持不变，仍然要求认识常用汉字 3000 个左右，其中 2500 个会写。

　　如何通过识字、写字教学，使学生由"喜欢学习汉字，有主动识字、写字的愿望"（p.7），到"对学习汉字有浓厚的兴趣，养成主动识字的习惯"（p.10），进而达到"有较强的独立识字能力"（p.12）呢？我们认为识字教学要抓住母语识字的根本，充分利用汉字特点，渗透汉字文化，有效地解决读准字音、理解字义、掌握字形的难题，使学生逐步对汉字产生兴趣，养成良好的识字习惯，提高识字效率。识字教学要遵循汉字学习的规律（即由独体字到合体字），先学习独体字和部首字，为后面的合体字学习打下坚实的基础。识字教学要依据学生身心发展的特点，尊重学生的认知规律，使之产生学习的需求。识字教学还要十分注重教学策略的运用，要注重引导发现，使学生渐渐学会用自己喜欢的方法或适合的方法识字，从而逐步培养学生的独立识字能力和主动识字的习惯。教师在教学中可以采用多种识字方法，如随识字、集中识字、注音识字、字理识字、字族识字、韵文识字、电脑识字

等。这些符合学生认知特点的措施和学生喜闻乐见的形式，会大大激发学生喜欢汉字和学习汉字的兴趣，逐渐养成主动识字的习惯，有益于培养学生独立识字的能力。

写字不是简单的技术训练，而是进一步感悟汉字文化、感悟汉字之美的过程。因此，在写字教学过程中，教师要引导学生掌握基本的书写技能，学会欣赏汉字的笔画、结构、布局、意韵的优美，把字写得规范、端正、整洁，提高学生的写字能力。在强化写字的同时，还要注重培养学生写字的良好习惯。课标在三个学段都提出了"写字姿势正确"（p. 8，10，12），"养成良好的写字习惯"（p. 8）或"有良好的书写习惯"（p. 10，12）的要求。写字姿势正确是指正确的坐姿和握笔姿势；落笔前仔细观察，落笔后尽量不改动，书写规范、端正，保持整洁；培养良好的写字习惯。这些要求实际上包含着培养良好习惯和消除不良习惯这两个同时进行的过程，例如书写规范，是在不断地纠正错别字、不规范字以及书写马虎潦草等不良习惯中，逐步养成的良好习惯。

【教学解读】

1　为什么学拼音

课标在总目标当中提出要"学会汉语拼音"（p. 7），并在第一学段目标当中具体阐述了汉语拼音教学的要求"能借助汉语拼音认读汉字，学会用音序检字法和部首检字法查字典"（p. 8）。

从以上的表述当中，我们不难看出汉语拼音是小学生学习汉字的重要工具，是学好普通话的基础。学习汉语拼音对发展儿童的语言、促进儿童早期智力开发等方面，有很大的现实意义。

掌握汉语拼音是学好普通话的基础。普通话与方言最显著的差异在于语音，语音的差异分别表现在声母、韵母和声调上，只有汉语拼音能够科学地、简洁地、通俗地说明这些差异。因此，说好普通话，纠正方言，拼音起着不可替代的作用。

学会汉语拼音，意味着小学生掌握了一种识字工具，可以进行独立识字。

低年段学生识字量少，阅读时遇到字、词上的困难，有了汉语拼音这一工具，就可以查字典、词典等，困难就会迎刃而解。所以学生一旦拥有了这种能力，就能自主地识字进而阅读。无论是课内阅读还是课外阅读，教师都要鼓励学生借助汉语拼音自己读文，这样既巩固了拼音识字，又能使学生提早独立阅读文本，激发学生的阅读兴趣。

低年段学生的想象力十分丰富，乐于尝试一切新鲜事物，及早在低年段进行写话训练是非常重要的。小学生从写一句话入手，想写什么就写什么，这些并不难。难的是这一时期掌握的汉字量有限，学生很难用文字进行语言表达，这样势必影响他们的写话兴趣。要想解决这个难题，最有效的方法就是借助汉语拼音替代没学过的汉字。采用这种方法，低年级的写话训练就能得以顺利进行。汉语拼音能扫除孩子写话中的"拦路虎"，使小学生把自己想说的话写下来，激发他们的写作兴趣，进而为中、高年级的习作训练做好铺垫，打下良好的基础。

示例

人教版一年级下册《识字1》教学片段

（学生自主学字、学词）

师：同学们，刚才我们读的这些词语都在《识字1》这一课中，你们看，这些词语正排着队，急着和小朋友们认识呢！（学生自由读并互相帮助）

师：谁来领着大家读一读？（一生领读，其他学生跟读）

师：生字宝宝和大家玩捉迷藏了。快，让我们去把它们找出来，认一认，让它们成为你的好朋友吧！（学生用"＿＿＿"画出生字，认一认）

师：哪位小朋友已经和生字交上朋友了？（请两名学生认读生字）

师：回忆一下我们平时识字的方法有哪些？

生：不认识的字可以看一看它的拼音。

生：同学之间可以互相问一问，还可以问老师。

师：那就采用你们喜欢的方法在小组内互相读生字，不会的可以看看拼音，同学间要互相帮助。

（1）音难字：

师：请同学们自由读一读这些字，你觉得哪些字的读音要特别注意，请你提出来。

师：你要提醒伙伴们注意哪些字的读音，为什么？（学生自由交流）

（教师点拨。屏幕出示：冰 bīng、丁 dīng、争 zhēng、鸣 míng）

师：这些音节的韵母有共同之处，（是后鼻韵母）读的时候要注意它们的发音。请跟老师一起来读一读。（教师范读，学生跟读）

师：这两个字，一个是平舌音，一个是翘舌音，请跟老师读一读，注意区别。（屏幕出示：苏 sū、争 zhēng）

（2）形难字：

师：从字形上看，你觉得哪些字笔画多，比较难记？（略）

从这个示例当中，我们可以看到汉语拼音在培养学生独立识字、学习普通话方面起到了不可替代的作用。当学生遇到不认识的字时，教师启发学生回忆识字的方法，借助拼音识字，这就能促使学生养成重视拼音学习的习惯。在学习汉字的过程中，教师引导学生自己去寻找在读音方面需要关注的字，然后示范、点拨，将后鼻韵母的字集中起来，让学生练读；再将平舌与翘舌音进行对比，引导学生注意区别。这些训练能很好地将汉语拼音帮助学生学习普通话的功能淋漓尽致地发挥出来。

2 如何教会学生正确地拼写音节

汉语拼音的学习目标是："学会汉语拼音。能读准声母、韵母、声调和整体认读音节。能准确地拼读音节，正确书写声母、韵母和音节。"（p. 8）课标没有把汉语拼音作为一个独立的领域提出其教学目标，而是在课标总目标、学段目标与内容中将其融在识字与写字领域中。由此可见，汉语拼音作为帮助学生识字、阅读、写话和学习普通话的工具，是小学低年段语文教学的重要内容之一。只有切实教好汉语拼音，让学生掌握这个工具，学生才能更好地使用这个工具，充分发挥这个工具的多种功能。

拼写音节是小学生入学后第一学期学习的内容，正确拼写音节对刚入学的学生来说，确实存在着一定的困难。关于拼写音节，课标只做了这样的表述，"正确书写声母、韵母和音节"。这里需要强调两点：一是书写要点，即指导书写时要注意：书写字母前，先认识四线三格；弄清字母的占位，并掌握字母的笔画名称及书写笔顺；抄写音节时，先写声母、韵母，后写声调。二是拼写规则，使用汉语拼音拼写时，要熟练掌握拼写规则，避免出现拼写错误。

　　掌握拼写规则要着重注意以下几个方面。

　　①"y、w"的使用：为了使音节界限清楚，汉语拼音方案规定零声母开头的音节，要分别使用隔音字母 y 和 w。例如：yi（衣）wu（乌）。小学阶段把这样的音节当作整体来认读，是为了不教拼写规则。

　　②"j、q、x"的用法：声母 j、q、x 可以和 ü 相拼，但是不和 u 相拼。汉语拼音方案规定，当 j、q、x 和 ü 相拼时，ü 上的两点要省去，写成 u。jqx 与 ü 相拼省写 ü 上的两点的拼音规则是拼音教学中的一大难点。我们可以采用编儿歌、念口诀、编故事等形式突破这一难点。如教给学生儿歌："小 ü 小 ü 有礼貌，见了 jqx 就脱帽"，这个儿歌顺口好记，学生只要念着儿歌，就会想到 jqx 与 ü 相拼的拼音规则，以帮助学生记忆。

　　③"iou、uei、uen"的使用：这三个韵母和声母相拼时，要去掉中间的元音字母，写为 iu、ui、un。例如：niú（牛）。小学阶段把这样的韵母当作整体来认读，是为了不教拼写规则。

　　④标声调：声调符号简称调号，要标在韵母上，不标在声母上，例如：jiā（家）、niú（牛）、tí（提）。单韵母只有一个元音，调号只能标在那个元音上，例如：ā（阿）。拼音标声调有句口诀："看见 a 别放过，没有 a 找 o、e，i、u 并列标在后，自成音节不用说。"其中"i、u 并列标在后"指的是 i 和 u 并列时，声调标在后面，如 liu 标在 u 上，hui 标在 i 上。

示例

　　调查表明，大部分小学生入学前已经掌握了大量的汉语拼音知识，声母、韵母、整体认读音节，对于他们来说已不是陌生的内容。如果教师不改变教学方式，定会抹杀学生入学时的兴趣萌芽，使他们觉得索然无味。讲故事是一种很好的激趣方式。

j、q、x与ü相拼：

（1）我们接着讲故事：j、q、x正玩得高兴呢，u过来了（一个小朋友戴着u的头饰），说："喂，你们干嘛呢？我也要玩！"j、q、x这三个小伙伴看了看u，说："我们不喜欢没礼貌的孩子。"过了一会儿，ü过来了（一个小朋友胸口有个ü字，戴着一副墨镜），他摘掉墨镜，说："你们好，我是ü，我们一起玩游戏好吗？"j、q、x一起笑着说："好啊，我们一起玩吧。"j、q、x和ü一起手拉着手，玩起了游戏。

（2）故事讲完了，你从故事中知道了什么？（声母j、q、x能与ü相拼，不能与u相拼。j、q、x与ü相拼时，ü要把两点去掉……）

（3）你们有没有更好的办法记住j、q、x与ü组成音节时，ü上两点省写的规则呢？

①ü见了j、q、x，摘下墨镜敬个礼。

②ü见了j、q、x，头上两点要省去。

③j、q、x，三兄弟，见了ü，把点去。

……

j、q、x与ü的拼写规则是拼音教学中的一个难点。教师能根据一年级学生的心理特征及教学实际，采取了切实可行的方式：讲故事、编儿歌。在绘声绘色的故事中，在浅显易懂的儿歌中，教师将j、q、x与ü拼写的难点进行了巧妙地解读，并深深地印在了学生的脑海里。

3 从象形特征入手——让学生喜欢汉字

课程标准在第一学段的识字目标中，明确指出："喜欢学习汉字，有主动识字、写字的愿望"，"初步感受汉字的形体美"（p.5）。这样的目标要求不仅仅是注重识字与写字的知识和技能，更重要的是培养学生对汉字和学习汉字的态度与情感。

汉字是世界上最古老的文字之一。象形文字是中国最初的文字，是古代劳动人民智慧的结晶。许慎在《说文解字·叙》中写道："象形者，画成其物，随体诘诎，日月是也。"象形字就是画物像它的形状，以此形状表达它的含义。在上万个汉字中，象形字只有 300 个左右，它是指事、会意、形声字的构字基础，是汉字系统的核心。

汉字的字形变化是渐进的，至今许多汉字还留有象形的尾巴，仔细琢磨就可以看出它的原形。小学生是以具体形象思维为主，因此，在识字教学中应从学生的年龄特点出发，恰当采用象形字的字理教学，即把抽象的汉字具体形象化，让学生了解汉字的构字特点，掌握汉字的构字规律及学习汉字的方法，能大大地提高学生积极、主动识字的愿望和能力。如学习象形字"舟"时，先出示一艘小船然后慢慢变成"舟"字的象形，利用象形字与实物之间的联系，让学生从情境中体会到象形字"舟"的由来。这样的设计符合小学生的兴趣特点，强化了学生对字形的记忆，对字义的理解。

在北师大版小学语文教材一年级上册第一个主题单元"字与画"中，第一课安排的识字内容就是借助 8 幅图认识"日、月、水、火、山、石、田、土"等 8 个汉字。通过字与画对照，引导学生看图认字，了解汉字从图画演变到字的过程。在人教版小学语文教材一年级上册"识字（一）"第二课，有"口、耳、目、羊、鸟、兔"等字的字理图，展示了"实物—古文字—今文字"的演变过程，使学生初步认识到绝大部分的象形字、指事字、会意字是由图画演变而来。这样采取字画结合进行识字安排，利于激发学生的识字兴趣，又利于进行识字的启蒙教育，使学生对汉字表义的特点形成初步印象。

在识字过程中，根据汉字的构字规律从象形特征入手，让学生了解构字的规律，培养学习汉字的兴趣，体会汉字的奥妙，是有效的识字途径。

示例

长春版一年级下册《山行》教学片段

1. 诗人杜牧实在是太喜欢这深秋的美景了，于是把车停了下来。这个字就是"停车"的"车"。（拼读音）

2. 我们再看这个字（出示"车"字字卡），"车"字是一个简化字，古时的写法和现在完全不一样。

3. 你们看，这就是古时候的车字（出示古文字"车"），仔细观察，这里像车把，这里像车辕，这里像车轮，后来经过很多很多年的演变，变成了这样（出示繁体"車"），最后简化为今天学习的"车"字。

4. 我们再来看看这些字。（出示：轮、辆、轿、轨）

5. 你们发现这些字有什么共同的特点？（这些字都带有"车"字旁，与车有关）

6. 小结。（略）

根据象形字的构字特点，教师能通过多媒体手段将汉字由图到字的演变过程呈现出来，让学生初步了解象形字的由来及楷书的形成，加强了学生对汉字字形的记忆，帮助了学生对汉字字义的理解，学生对汉字会逐渐产生浓厚的兴趣。从象形字的特征入手进行识字教学，体现了汉字构字规律及丰富的汉字文化，是识字教学的有效策略。

4 揭开汉字的神秘面纱

汉字是中国文化的活化石。它包蕴着深刻的文化内涵，浓缩了中华民族几千年的文明，直至今天，依然魅力无穷，显示着强大的生命活力。汉字起源于图画，在形体上，是由图画变为笔画，象形变为象征，复杂变为简单，以形表意，形意共体的方块字。

学习汉字是有规律可循的，掌握了汉字的构字特点，就会揭开汉字的神秘面纱。像人教版、长春版教材呈现了数量可观的"字理识字图"，用图画的形式展现象形字从甲骨文到金文、小篆、楷书的形体演变过程，目的是以此为载体，渗透汉字的构字规律，使学生感受到汉字内涵的博大。一个汉字就是一个故事，通过对汉字发展演变过程的讲解，从而引发学生的好奇心，激发学生的识字兴趣。

教学过程中，教师可用"字理识字法"，根据汉字的象形、指事、会意、形声等构字原理，引导学生通过看字理图、做汉字游戏、讲汉字故事等活动，从汉字音、形、义的关系着手进行识字教学，使学生初步感受汉字与图画的联系，了解汉字的构字规律和学习汉字的方法等。如教学"火"字时，教师就可以讲"火"的字理故事，学生听了这样具有厚重文化积淀的故事，定会产生主动识字、继续探索的强烈愿望。长此以往，学生借助字理识字、字族识字等方法，必将激发他们浓厚的识字兴趣，掌握有效的识字方法，形成较强的识字能力。

🍎 示例

长春版二年级下册《标点符号的争吵》教学片段

1. 看图画，认识"鼓"字。

请同学们看"鼓"字的字理图，说说"鼓"字的演变过程。（古文字的"鼓"字，像人手持鼓槌敲击鼓面的形状）

2. 加符号，认识"引"字。

（1）这是什么？（出示一张弓的图画）古人根据弓的形状，创造了象形字"弓"。

（2）这又表示什么？（在图画"弓"的旁边画上一支箭）把箭放到弓上，用力拉开，古代叫引弓。古人在象形字"弓"的旁边加上一个符号"竖"，就创造出了"引"字。

3. 比偏旁，认识"蹦、踩、挂、拐"四字。

（1）观察"蹦、踩、挂、拐"这四个字，你发现了什么？（这四个字都是形声字）

（2）根据偏旁判断，"蹦、踩"跟什么有关？（与脚的动作有关）"挂、拐"跟什么有关？（与手的动作有关）

4. 讲故事，认识"断"字。

在远古时代，人们在茂密的森林里发现了一棵参天大树，树上垂下一束束长长的丝絮，他们喜出望外。怎么才能把这一束束长长的丝絮带回家中呢？他们找来了锋利的斧头，将长丝切割成段。人们根据这一劳动过程，创造了

"断"字，"断"的左边表示一束丝，右边的"斤"是指有刃的工具。

根据本课生字的特点（"鼓"是象形字，"引"是指事字，"断"是会意字，"蹦、跺、拄、拐"是形声字），教师注重通过汉字的象形、指事、会意、形声的特点分析突破识字难点，引导学生通过看字理图、讲汉字故事、比较偏旁等学习活动，化难为易，化繁为简，使学生初步感受汉字与图画的联系、汉字中的智慧和学习汉字的趣味，从而提高识字效率。

5　从独体字到合体字——学习汉字的规律

识字教学是一个系统工程，构建识字体系，必须遵循汉字的构字规律。笔画是独体字构件，独体字是合体字构件。汉字是由 300 个左右的象形字（独体字）构成的，它们的组成形式与表现内容都是有规律可循的。象形字虽然数量不多，却是成千上万个汉字发展的基础，指事、会意、形声等都是在此基础上发展起来的，所以汉字教学要从学习独体象形字入手。

小学语文教材中识字内容的安排基本上是先从构字能力较强的象形字入手，使学生初步了解汉字的由来、发展，对汉字的象形特征产生兴趣，喜欢上汉字。如：人教版教材一年级上册《识字（一）》就集中安排了"口、耳、目、羊、鸟、兔、日、月、火、木、禾、竹"这些笔画简单的独体字，也是构字能力较强的偏旁部首，而后教材逐渐适当安排了简单的合体字，如：人教版一年级上册的《日月明》一课："日月明，鱼羊鲜，小土尘，小大尖。"这样有利于学生了解字形，理解字义，通过字形加深记忆。汉字当中 80% 左右的合体字为形声字，根据这一特点，像长春版教科书就集中安排了字族识字的内容，如长春版教材二年级上册《木字家族》《水字家族》等。通过这种方式，凸显形声字的形旁表义、声旁表音功能，使学生熟悉形声字的构字规律，逐步培养学生的独立识字和辨析能力。如合体字中的"两点水"和"三点水"，"单人旁"和"双人旁"，"衣字旁"和"示字旁"等，学生通过比较，认识到偏旁的变化可以引起意义的变化，逐渐掌握了这些字的构字理据。这样进行识字教学，有利于学生正确书写和运用汉字。

不难看出，从独体字到合体字的识字过程，是习得识字方法的过程。在这个过程中要着重强调：培养识字兴趣，注重识字方法，掌握识字规律，运用识字策略，引导独立识字，为自主学习提供广阔的空间。

示例1

长春版一年级上册《汉字家园（二）》教学片段

一、学习6个独体象形字

1. 初读：这节课老师除了让大家认识一些动物朋友外（图片），还给你们带来一些有趣的汉字。这些字也许你们在幼儿园时就认识，读一读：马、牛、羊、鸟、虫、鱼。

2. 检测：读6个生字，读时试着组词，理解字义。

3. 图字对照：这几个字还非常有趣呢！不信，请你们看书，仔细观察书上的图，你们发现了什么？

4. 演示字理：大家通过观察，发现了这些字与小动物之间的关系（动物形象与汉字字形相似）。你们想知道这些汉字是怎样演变的吗？（播放汉字由象形到楷书的演变过程，引导学生说说自己的发现）

5. 总结：我们的祖先多聪明啊！能根据事物的局部特征，创造出相应的文字，经过几千年的演变最后成为我们现在书写的方块字。

二、扩展练习

1. 贴图片："马、牛、羊、鸟、鱼、虫"这六种动物你们一定熟悉，能把你了解到的知识介绍给大家吗？（为了让学生更好地了解这些动物，老师也将准备的图片进行展示：世界上最小的蜂鸟、世界上最大的鸵鸟等）

2. 想一想：这6个字除了表示动物名称，还表示什么？

（可以表示属相，牛、马、羊是十二生肖中的成员；还可以表示姓，牛、马是百家姓中的成员……）

3. 说词语：好多词语里面有动物的名字，像"牛脾气"、"车水马龙"……你们还知道哪些？说给小朋友们听。

4. 总结：这些汉字在不同的情况下，表示不同的意思。会读这6个生字不是教学的最终目的，目的在于通过这6个字，使学生初步了解独体字（象形字）的构字理据。识字环节的设计旨在引导学生发现动物形象与汉字字形的相似，使学生初步了解汉字是从图画演变过来的，体会汉字的象形特征。拓展练习环节为学生识字提供了广阔空间，从字的本义到多义再到成语。这种多层次的练习，能使学生进一步了解和巩固所学 6 个汉字的字形与字义。

示例 2

长春版三年级上册《汉字家园》教学片段

1. 我们今天学习了 13 个生字，其中这两组字很有特点。火字旁与火有关，下面带有四点底的字又与什么有关呢？请你读一读书后的提示。

2. 你们再看看这两幅字理图。（展示"燕"、"熏"的字理）谁来说一说这两个字中四点底与什么有关？

3. 请你们猜一猜，"羔"字中四点底与什么有关？（看图，提示古时候，用火烤的羊都是小羊，所以羔就指小羊。这里的四点底与火有关）

4. 比较一下"羔、糕"这两个字，说一说怎样记住它。

（我们今天学习的"糕"字左边加了个米字旁表义，与小羊就没有关系了，羔在这个字里做声旁）

在这个教学片段中，教师建议学生通过读书后提示的方法来了解四点底所表达的意思，这一步看似很平淡，其实是引导学生掌握识字规律。通过"羔、糕"两个字的比较，引导学生理解独体字（象形字）与合体字（形声字）的关系。这样的教学设计可以使学生在潜移默化中理解汉字构字规律，激发学生学习汉字的兴趣，从而提高独立识字的能力。

6 笔顺和书写姿势真的很重要吗？

课程标准总目标中对书写有这样的要求："能正确工整地书写汉字，并有一定的速度。"（p.7）接下来在各个学段的教学目标中对书写均提出了不同层次的要求，尤其是第一学段对书写更为关注，提出"能按笔顺规则用硬笔写字，注意间架结构"（p. 7），"努力养成良好的写字习惯，写字姿势正确，书写规范、端正、整洁。"（p. 8）特别是在第二、三学段再次强调"写字姿势正确，有良好的书写习惯"（p. 10，12）的要求。从中我们可以看出，新课程标准对书写的笔顺和写字姿势十分重视。

汉字笔顺教学是小学语文识字教学的任务之一，它对学生正确书写汉字起到不可估量、受益终生的作用。指导学生运用正确的笔顺写字，是小学写字课的一项重要内容。汉字的书写笔顺是有一定规律的，一般是先横后竖，先撇后捺，从上到下，从左到右，从外到内，先里头后封口，先中间后两边等。每个汉字都有各自的书写顺序，按正确的笔顺书写，不仅可以提高写字效率，把字写得规范、端正、整洁，还能培养学生认真细致的书写习惯。

正确的写字姿势不仅能保证书写自如，减轻疲劳，提高书写水平，而且还能保证学生身体的正常发育，预防近视、斜视、脊椎弯曲等多种疾病的发生。教师首先要提高认识，从思想上真正引起重视：一是多示范，无论是平时的板书、批改作业等，都应当依照正确的书写姿势进行，从而在学生空白的书写领域首先刻下正确的姿势痕迹；再是勤纠正，书写姿势不是一下子就能掌握自如的，需要不断地巩固。学生在书写时，难免出现错误姿势，教师要及时地、耐心地给予指导，必要时可以手把手地纠正，强制性地迫使他们形成正确的书写姿势；如果条件允许，教师还要和家长取得联系，使学生在家做作业时也能得到及时地指导与纠正，从而使他们养成一个良好的书写习惯，促进写字技能的提高。

示例

浙教版第一册《正确的写字姿势》教学片段

1. 看图说话，明确正确写字姿势的要求

请小朋友看下面的几幅图，说说图上的小朋友在干什么？他们写字的姿势是怎样的？

仔细看图，讨论要点。

教师在引导学生讨论的过程中讲解要点：

①写字时坐姿要端正，两臂平放桌上，眼睛与练习本的距离为 30～35 厘米（大约一尺）。

②胸部与桌子的距离为 6～8 厘米（大约一拳的距离）。

③写字时还要把练习本放在胸部正前方，左手按在练习本一侧，右手握笔。

④握笔时食指较大拇指稍低，握笔点离笔尖 3～4 厘米（大约一寸左右）。

2. 练习要点（重点练习第四个要点）

①老师按要求做写字姿势示范，边做边讲解要点，引导学生理解"握笔点离笔尖 3～4 厘米"的实际概念与操作要求。

②请一个学生到前面，按要点尝试着摆好姿势，做好示范。

③引导学生注意要点，要求学生对照要求仔细观察，发现问题予以纠正。

④全班同学摆好正确的写字姿势，教师巡查，逐一点拨、纠正。

3. 巩固练习

①说说写字时应注意什么。

②同座位或小组反复练习，互相提示，互相帮助；教师给练习认真、姿势正确的学生以鼓励。

4. 出示《写字姿势歌》，组织学生读读背背

写字姿势歌

写字时，要做到：

右手握笔背挺直，

眼离书本约一尺，

手离笔端约一寸，

胸离桌子约一拳。

三个"一"，要做到，

字写工整视力好。

5. 总结

（1）强调写字姿势要点，总结本节课的学习情况。

（2）强调在学校要做到"三个一"，回家后也要做到。

（3）要求学生回家后请家长检查读写姿势，填好检查表。

学生刚一入学，教师就对写字姿势提出了具体的要求，这给学生今后的书写行为留下极为深刻的印记。在整个指导的过程中，教师不仅引导学生观察，还指导学生进行实践，并进行了细致的评价，这种做法符合学生的年龄与心理特点。根据学生的兴趣，教师又带领学生一起背诵关于正确书写姿势的小儿歌，使看似有点儿复杂的书写要求变得生动易记。更可喜的是，教师了解入学初期的学生学习习惯不够稳定的特点，将自己的教学行为延伸到了课外，请家长在家里配合填写书写姿势调查表，使学生在校内校外都能得到良好的督促与指导，从而使良好的书写习惯得以有效地培养。

7　从偏旁部首到类比识字

"偏旁部首"常常连在一起说，于是有人就认为"偏旁"和"部首"是一回事，这是一种误解。偏旁和部首，虽然有某些联系，却是两个不同的概念。

偏旁是合体字的构字部件。古人把左右结构的合体字的左边称为"偏"，右边称为"旁"，现在合体字各部位的部件统称为偏旁。如"认"字，由"言"和"人"两个偏旁组成。汉字总量的80%以上是形声字，由形旁和声旁组成，所以"偏旁"主要包含形旁和声旁两类。

什么是"部首"呢？一般地说，部首是表义的偏旁。部首也是偏旁，但偏旁不一定都是部首，偏旁与部首是整体与部分的关系。在偏旁中，部首的数量很少，常用的不过100多个。如"妈"、"妹"、"妙"、"姑"等字，具有共同的形旁"女"，"女"就是这部分字的部首。大量的偏旁是表音成分，主要是声旁，常用的有1000多个。如"驾"、"故"字中"加"、"古"，这类声旁叫做"成字声旁"。在小学语文教学中，把那些构字能力较强的成字声旁叫做"基本字"。

在小学识字教学过程中，可利用形声字形旁（部首）表意的功能进行教学。形声字大多是"左形右声"和"上形下声"，一般找到形旁，根据形旁提示的类属意义，大致可以确定这个字的字义范围。例如：根据形旁的类属意义即偏旁部首的类属意义，可以推测出："琪"是一种玉石，"骐"是一种马，"蜞"是一种虫子，"鲯"是一种鱼，"萁"是一种植物，"稘"是一种农作物，"棋"应该与木有关，"淇"跟水有关，等等。教学中也可以通过加减偏旁和换偏旁的形式进行类比识字。如："青、请、清、情、晴、睛、静、鲭、箐"，"包、泡、炮、抱、刨、袍、跑、疱、狍"。成串的比较会让学生在字义、字形和字音方面产生联系，利于学生识字兴趣和识字能力的培养。

示例

长春版一年级下册《汉字家园（一）》教学片段

一、指导识字

1. 初读生字

师：在这段小短文中，有一个生字，我们读一读。（晴）

2. 了解字义

（1）给"晴"字组词，理解字义。

（2）借助偏旁，进一步理解字义：

"晴"字是什么偏旁？（日字旁）"日"代表什么？（太阳）"晴"字一定与什么有关？（太阳）

3. 类比识字

（1）寻找"青"的朋友。

"青"字加上"日字旁"，就成了"晴朗"的"晴"。"青"字还有许许多多的朋友，你能帮它在课文里找一找吗？（清、睛、请）

（2）比较"晴、清、睛、请"四个字。

观察这四个字，你有什么发现？（引导学生发现这一串字在字义、字形和字音方面的联系）

二、小结

这四个字，都是"青"字家族中的成员。因为它们的偏旁不同，所以这四个字所表达的意思就不同。

教者识字环节的设计，旨在通过字族识字的形式，在比较偏旁中进行类比识字。根据偏旁提示的类属意义，以了解字义为突破口，让学生在学会一个生字的同时，学会一串新字；又在成串的新字比较中，让学生在字义、字形和字音方面产生联系，快速掌握汉字的音形义，体会汉字的构字规律。这种从偏旁部首到类比识字的教学，有助于学生识字兴趣的培养和独立识字能力的形成。

8 "多认少写"——提早帮学生打开阅读的大门

课程标准要求小学阶段学生"累计认识常用汉字 3000 个左右，其中 2500 个左右会写"（p. 7）。课标对小学不同学段识字、写字量做了适当调整。为使小学生提早进入阅读阶段，课标又提出"低年级阶段学生'会认'与'会写'的字量要求有所不同。在教学过程中要'多认少写'，要求学生会认的字不一定同时要求会写"（p. 21）。

识字的多少、快慢直接关系到学生的读写能力，特别是阅读开始的早晚和阅读能力的强弱。多认是为了尽早阅读，积累语言；少写是为了减轻负担，保证书写质量。

为提早帮助学生打开阅读的大门，在低年段识字、写字与阅读教学中，我们应注意以下几个方面。

一、区分识写要求，减轻学生负担。要求认识的字，只达到在本课认识并且放到其他语言环境中也认识；要求会写的字，应该做到会读、会写，逐步做到能在口头和书面表达中运用。识写不求同步发展。

二、掌握汉字规律，提高识字效率。把重心放在掌握汉字规律、总结识字方法上是提高识字效率的有效途径。如人教版一年级下册《识字4》，要求认识的 14 个生字中，带"虫字旁"的字就有 11 个。教学中如果根据这一特点进行设计，引导学生自主发现识字规律，总结识字方法，达到"举一反三"的效果。

三、语境中识字，边识边阅读。引导学生在具体语言环境中识字是一种很好的识字与阅读策略。如教学苏教版三年级下册《荷花》一课，初读课文圈出生字，让学生明白"字不离词，词不离句"；认读生字后再读课文，生字重复出现，唤起学生的有意记忆；读文后将生字以词语或短句的形式集中出现，如："挨挨挤挤、莲蓬、花骨朵儿……"换个形象你是否还记得"我"？品词析句、感悟内容时，再将识字穿插其中。这样在具体语境中识字，识字阅读相得益彰。

四、加强写字指导，提高写字质量。考虑到学生在第一学段身心发展的特点，课标提出"少写"。写的量少了，但质不能减。书写姿势、书写要求、书写习惯等都是写字教学重点强化的内容，要节节训练，课课落实。

🍎 示例

长春版一年级下册《鸟的乐园》教学片段

1. 交流识字方法

师：你们能记住这么多与鸟相关的字，一定有自己的好办法，与大家分享一下好吗？

（1）同桌之间交流识字方法。

①字理识字法；②鸟字家族。

（2）运用识字方法，巩固、拓展练习。

①鸽、鹃、鸦……都是鸟字旁的字。（表示与鸟有关）

②还认识哪些带鸟字旁的字？（他们都是鸟字家族的成员）

③练习：言字家族：说、话、识……

女字家族：妈、姑、姐……

鸟字家族：鹃、鸦、鹰……

2. 总结识字方法（略）

依托汉字识字规律，教给学生识字方法，提高识字能力，达到多识字、快识字、自主识字。《鸟的乐园》一课要求认识汉字12个，初步统计，用这样的方式识字，本节课绝大部分学生能够熟练掌握"字理识字"、"字族识字"的方法，平均认识汉字22.7个。积跬步终将至千里，精策略方能举一反三。

9 汉字为什么可以"集中识字"

识字教学是小学语文低年段教学的重点。众所周知，汉字认识、书写起来繁难，要提高小学识字教学的质量，必须解决小学识字教学的速度问题，而集中识字是提高小学识字效率的有效途径。

集中识字继承、发展了传统的识字教学经验，体现了学习汉字的规律，提高了识字效率。清代文字学家王筠，在其《教童子法》一书中就提出识字时要进行集中识字的主张，依据汉字构字规律先教独体字或单体字，后教合体字。1958 年，辽宁省黑山县北关小学（后改为实验学校），根据汉字构字规律，进行了集中识字的试验，两年内学生识字 2500 个。北京景山学校从 1960 年开始一直坚持集中识字，同样达到学生两年学会 2500 字的效果。

集中识字遵循了语言发展的规律，能促进小学生语言的发展，符合小学生的认知规律。小学生入学前已经认识了一些汉字，他们的识字不是"零起点"。专家研究表明：7~10 岁年龄段，小学生的注意力集中，记忆力好，功课不繁，是集中识字的"黄金时期"。因此，在各个版本的低、中年段的小学语文教材中都有集中识字的教学安排，如人教版小学语文教材一年级上册、下册和二年级上册有专门的识字单元，长春版小学语文教材 1~8 册都设有"汉字家园"板块。这些版本教材的识字教学内容以看图识字为基础，以形声字归类为主体，辅之以基本字识字、部首识字以及形近字对比、反义词对比等多种形式进行集中识字，使识字教学既有质量又有数量。可以说，集中识字能弥补随文识字、拼音识字、电脑识字等识字方法的不足。

集中识字是运用汉字本身的造字规律，充分发挥汉字的独特优势，立足于汉字学和现代脑科学的理论基础进行识字。集中识字能提高识字的效率，能让小学生尽早进入阅读，体会读书的乐趣。

🍎 示例

长春版二年级上册《汉字家园（一）》教学片段

1. 在游玩的过程中，我们还认识了这么多字，再来读一读："湖、泊、

滨、浴、滩、汽、温、澡"。仔细观察这些字，你发现了什么？（三点水旁、左右结构、形声字）

2. 谁能挑一个字给大家讲一讲，为什么这个字是形声字？（以滨为例提问）

3. 我们今天学习的这些字，都是形声字，都带有三点水旁，是水字大家族的成员。在水字大家族中，三点水表示这个字和水有关系，是形旁。掌握了这种识字方法，相信你们不用老师教，就能认识很多水字家族的字。（出示：沐、淋）

4. 利用形声字的规律，我们能自学很多生字。其实，水字大家族十分庞大，我们今天学习的这些字只是其中很少的一部分，如果同学们感兴趣，可以在课外书中再找一些这样的字，自己认一认、读一读。

在进行识字教学时，要依据形声字的特点，采用比较的方式，让学生了解水字家族中的成员，例如"湖、泊、滨、浴、滩、汽、温、澡"等字，就是通过分析、比较在异中求同——这些字左半部分" 氵 "相同，是表意部分；同中求异——这些字的右半部分不同，是表音部分。各版本教材中这样的集中识字内容很多，旨在让学生掌握识字规律，提高识字效率，为学生提早阅读打下基础，这就是集中识字的优势所在。

10　让生活成为识字教学的坚实后盾

谈到生活识字，课程标准指出："识字教学要注意儿童心理特点，将学生熟识的语言因素作为主要材料，结合学生的生活经验，引导他们利用各种机会主动识字，力求识用结合。"（p.21）由此可见，生活是最活的课本，社会是最大的课堂。单就第一学段识字教学来讲，教师要依据儿童心理特点和认知规律，建立一个开放的识字教学体系，引领他们到广阔的生活空间里主动识字。

一、让生活走进识字教学，变课堂为识字小天地

利用已有经验，联想对应事物。教师根据学生年龄特点，将识字与生活经验紧密结合起来，引发联想。如学习"马、牛、羊"等字，让学生联想小动物的外形、动作、叫声等特征，实现由"物"到"字"的转变，加深学生对汉字的了解，提高识字效率。

演示生活情境，激发识字兴趣。心理学研究表明：学习内容与学生生活情境越贴近，学生自觉接纳知识的程度就越高。教学中我们可以通过演示，在汉字与实物之间建立形象的联系。如长春版小学语文教材《比力气》一课，生字中有"提"、"扔"、"抓"、"拾"等字，就可以通过演示生活中的场景、动作等识记汉字；学习"笔"、"尖"、"灭"这样的字，就可以通过实物演示的方式让学生一目了然、过目不忘。

呈现生活原貌，旨在图文统一。第一学段识字内容多是图文并茂的韵文，通过图片展示、播放课件，在识字和生活间架起一座桥梁，激发学生作为生活主体参与活动的强烈愿望，让他们在轻松、愉悦的氛围中主动识字。

二、让识字教学走进生活，变生活为识字大课堂

校园内的墙报、标语、宣传橱窗等都是学生识字的载体，大街上的广告牌、商品上的价签、包装纸等都是学生识字的平台，沟通时发的短信息、留言条、电子邮件等也是识字的渠道，只要善于发现、留心观察，时时处处都有学生识字的素材。

教师可以在教室内开辟一方天地，建立自主识字墙，让学生比比课余时谁识字最多；结合教学内容，沟通课堂内外，制作丰富的生活识字卡，看看谁是识字高手；经常开展识记汉字竞赛，指引学生行进的方向；定期进行识字成果展示，用鼓励激起学生识字的渴望。

识字教学只有以生活为后盾，才会焕发出教学的活力。让我们秉承"生活即教育"，牢记"语文的外延就是生活"，推开门，打开窗，与学生一起在广阔的生活天地中，共享学习母语知识、掌握汉字规律的快乐。

🍎 示例

人教版教材二年级上册《识字7》教学片段

利用识字卡片，主动识记汉字

1. 休息时间，请你们到动物园看一看，用识字记录卡将看到的、听到的记录下来。遇到不认识或不会写的字，要动脑筋、想办法寻求帮助。

2. 以小组为单位，进行统计和展评，评出"自主识字小能手"和"识字标兵团队"。

识字记录卡

姓　名		时　间		地　点	
见到的四足动物					
见到的鸟　类					
见到的植　物					
新结识的小朋友					
新认识的汉字	共（　　　）个				
怎样认识的					

　　一张小小的卡片，将生活变成识字大课堂。有目的地观察、询问、记录、认知……在这一过程中，学生始终怀有浓烈的兴致，一切行动都变得积极主动；这一过程后，学生将为满满的收获兴奋着，所以这张记录卡既是一次识字活动的外显结果，更是识字征程中一个崭新的起点。不久，我们就会看到期待中的"于学习中生活，于生活中学习"的母语教育最理想的境界。

11　纠正错别字

汉字，是母语的书面符号，是中华文化得以流传和发展的媒介与载体。书写汉字是每个中国人必须掌握的一项基本技能。正确书写汉字是小学生学习汉字的一项最基本要求。然而，由于汉字系统的庞大和汉字内容的丰富，同音字、多音字、多义字、形近字等较多，极易在汉字书写过程中出现错别字。目前，小学生写错别字现象普遍，且有上升趋势。纠正错别字刻不容缓！

每一个汉字都不是部件的简单罗列，而是音、形、义的统一体，汉字运用过程中出现错别字现象，都与音、形、义有关，所以纠正错别字应从以下几方面入手。

注意字形

一是要注意形体相近的偏旁部首。汉字的偏旁部首有许多形体极为近似，稍不注意就会写错。如：冫—氵、辶—廴、礻—衤、卩—阝、幺—纟、户—尸等。这一类近似的偏旁，可进行比较，了解每个偏旁的意义。可采取记少不记多的方法，如从"辶"和"廴"的字有人分不清，其实从"廴"偏旁的字常用的只有"建、延、廷"三个，只要记住这三个基本字，其余多数字自然就是从"辶"了。

二是要记清字的笔画。如：切，是四画；迎，是七画。笔画记住了，"七"就不会写成"土"；"卬"就不会写成"卯"。再如：未—末、己—已—巳、戊—戌—戍—戎—戒，可以编成顺口溜帮助记忆。

讲清字义

有些字学生易混淆，皆因未懂字义、词义，教师应指导学生从基本意义上加以辨清。如"拾金不昧"的"昧"易写成"味"，教师可指导前者是"日"字旁，表示太阳落山，当"隐藏"解释，成语意思为拾到东西并不隐瞒下来，若写成"味"，成语就解释不通了。

掌握规律

有些错别字主要是由于学生不了解汉字的构字规律而出现的。如古时大凡和鬼神、祭祀有关的字都是"礻"旁，像"社、祖、神、礼、祈、福"等；凡表示与衣物有关的字大都是"衤"旁，如"被、袖、衬、衫、补"

等。这样从文字学的角度去作些浅显的解释，效果一定不错。

勤查工具书

纠正错别字，勤查字典、词典是十分必要的。学生读书或作文，常会遇到一些生字，读不准字音也不了解它的意思，遇到这种情况，教师一定要鼓励学生养成查字典、词典的习惯。要求学生只要动手写字，就尽量写正确，避免写错后再纠正。

示例

长春版二年级上册《汉字家园（一）》教学片段

师：木棉树大家可能不太熟悉，这种树北方没有。老师介绍一下：木棉树的树身高大粗壮，有人叫它英雄树。它在早春开花，花大多是火红火红的。木棉花是广州市的市花。（出示木棉花图）"棉"是生字，看老师书写。细心的同学发现了，这也是个木字旁的字。除了是木棉树的"棉"，还是哪个"棉"呢？

生：棉花。

师：对了！看，这就是棉花，棉花是一种木本植物，所以是木字旁。把它的棉桃采摘下来可以纺线，织出的布就是棉布。同学们组几个词试试。

生：棉衣、棉裤。

生：棉线、棉羊。

师：你们判断一下绵羊的"绵"是不是这个"棉"？

生：绵羊和树没有关系。

师：那它与什么有关呢？绵羊的"绵"应该是什么旁？

生：我想应该是绞丝旁。

师：对！你很善于思考，抓住了汉字的规律。老师把绵羊的"绵"写在下面。你们仔细观察观察，再读一读。

这个教学片段，教师能准确把握汉字的特点，抓住形声字的构字规律，引导学生根据形声字的表意部首来区分"棉"和"绵"这两个字，加深了学生对这两个字的印象，从而明晰字义，牢记字形。

12　写毛笔字：体会汉字的美感

课程标准在第二、三学段目标中提出了写毛笔字的具体要求，第二学段要求"用毛笔临摹正楷字帖"（p. 10）；第三学段要求"能用毛笔书写楷书，在书写中体会汉字的优美"（p. 12）。

汉字的形体美，即汉字符号自身外部表象所表现的美感，它主要体现在整体形状和结构特点上。如人的形体在身材上有高矮、胖瘦、大小之分，脸形有长短、方圆之别。汉字的形体，虽然整体上我们都称之为"方块字"，但是要具体观察每个汉字的形体，却是千差万别，形态各异，给人的感觉是气象万千，美不胜收。

汉字的优美在毛笔字中体现得尤为突出。"汉字的优美"相对于"汉字的形体美"来说，它应该是一个比较全面、比较综合的审美范畴，既包括汉字宏观上的形体美，也包括微观上的笔画美、笔法美，同时也包括结构上的布局美、哲理美和蕴含着的其他艺术上的美感。

在写毛笔字的教学中，要使学生切实感受和体会汉字的优美，一是要让学生学会观察，即"读帖"。引导学生观察汉字的字形结构，笔画走势。以楷体字的"斜点"为例：上尖下圆，状如瓜子，非常可爱，所以人们常把它称作"瓜子点"。王羲之说，"点之形式各有其形，或如蝌蚪，或如瓜瓣，或如鹗口，或如鼠矢"，"每作一点，常隐锋而为之"。二是要让学生经常练笔，即"临帖"。临帖就是在观察字的形态、结构、笔画，领会其精神内涵的基础上再下笔仿写。教师要引导学生在起笔、运笔、收笔的实践中体会汉字的美。例如"文"字点后长横画，两头细尖，细致观察，其收笔处往上挑笔后下顿成方笔。起笔逆笔向左，返笔顺右行，笔画较细劲而力度强。收笔时往上回锋下顿成方笔。教师要善于启发指导，善于给学生准确规范的示范；要让学生在体会中书写，在书写中体会，以体会促进书写，以书写加深体会。千万不可让学生机械被动地"抄写"。

在学写毛笔字的过程中，教师要灵活地、创造性地启发引导学生不断地发现美、欣赏美、体会美，进而再用手中的笔去书写美、展现美。

示例

语文版四年级上册《我写毛笔字》"大"字教学片段

1. 出示三个楷书字："舟"、"平"、"大"。请同学们仔细观察这三个字的结构，特别是"横"、"竖"、"撇"在每个字中的位置，看看你能发现什么？（横画贯穿字的中部，横画左右两部分长度相等。竖或撇穿过横画中间。横画上边的部分短一些，下边的部分长一些）

（分析：教师引导观察、比较，让学生发现结构上的细节）

2. 师出示楷书"大"（撇画闪动），介绍：这是我们要学的笔画"撇"。师范写（起头顿笔）："撇"是一个很帅的大哥哥，他的头发还有一点点翘起。"撇"要"撇"出去。（生书空）

师：我们还要学写一个笔画"捺"。"撇"和"捺"是兄弟，起笔要顿，"捺"收笔要踢出去。请同学们看老师的动作，观察每一个笔画的走势。（教师范写，学生书空）

（分析：一个字美观与否，笔锋很重要。强调范写十分必要）

3. 能写好撇和捺，我们就能把"大"请进来了。仔细看老师写"大"，每一笔都在米字格的什么位置。（学生书空）

（分析：间架结构需要米字格帮忙，让学生观察模仿是初学者的捷径）

4. 请你们先调整好写字姿势。（师巡视指导，纠正姿势。放舒缓的音乐让学生写字时心平气和）

5. 出示两位学生的作品放到投影上展示。仔细观察，你喜欢哪一个字？喜欢哪一个笔画？哪些地方还需要改正？自己再写一个满意的字。

（分析：培养学生观察、评价、反思的能力，让学生有成就感，同时也对所写的字的笔画和间架结构有了更深的理解）

过程比结果更可贵，小学生在写毛笔字的过程中，能提高观察、模仿的能力，也能在书写中展示自己独特的理解，从中感受汉字独特的美。

13　每日练字10分钟

受互联网等新技术的冲击，传承了数千年的汉字书写，当下正遭遇非同一般的"冷遇"，也为教师进行"写字教学"带来了极大的挑战和全新的思考。课程标准在实施建议中明确指出："按照规范要求认真写好汉字是教学的基本要求，练字的过程也是学生性情、态度、审美趣味养成的过程。每个学段都要指导学生写好汉字。要求学生写字姿势正确，指导学生掌握基本的书写技能，养成良好的书写习惯，提高书写质量。第一、二、三学段，要在每天的语文课中安排10分钟，在教师指导下随堂练习，做到天天练。要在日常书写中增强练字意识，讲究练字效果"（p. 21）。

怎样落实这一教学要求呢？我们有如下几点建议。

（1）提高练字意识。这里的"10分钟"练字并非一个单纯的数字，学生在课堂上的一切写字行为都是在练字：抄生字是练字，记笔记是练字，做批注是练字，写阅读感想是练字，誊写作文也是练字……从这个意义上说，"10分钟"所要保证的不仅仅是时间，更是一种意识，一种状态，一种效果。

（2）养成练字习惯。提醒学生练字时调整"两姿"（坐姿、执笔姿势），即书写时做到头正，身直，肩平，臂开，足安。这里的身直，不是身体要坐得笔直，而是身体要离桌子一拳，头自然下垂；足安特别重要，脚放好了，心才能静，才能写好字。"提笔即是练字时"，掌握正确的执笔姿势，不管在什么场合下写字，只要一提起笔来，就要一笔一画地写，认认真真地写，力求做到笔画清晰，间架合理，行款整齐，保证"做到规范、端正、整洁"。

（3）掌握练字策略。从教学目标定位看，瞄准一个"效"字，即日常书写时要增强练字意识，抓住汉字特征，确定训练重点，不求全贪多，不面面俱到；从教学方法选择看，立足一个"导"字，教师要科学有效地指导，随堂练习，讲练结合；从学生练字过程看，追求一个"恒"字，每天坚持练字10分钟，做到天天练，年年练，每个学段都要一以贯之。

只有这样，10分钟的练字时间才能无限地放大、延长，才能免遭"书写汉字"的冷遇，才能更好地落实"提高书写质量"的教学要求。

《每日练字10分钟》教学片段①

1. 导入写字

师：接下来，我们写一个"救"字。（教师强调坐姿和执笔姿势）

（生口述写字"口诀"）

师：希望你们都能端端正正写字，认认真真做人。

2. 指导书写

师：请同学们看屏幕，仔细观察，注意这个字的结构和笔画。

师：伸出手和老师一起书空，感受每一笔的走势。

师：看老师书写，请同学们认真观察，在心里感受一下，再把这个字工工整整地写在田字格中。

3. 教师巡视

（师：个别指导；在实物展台上对学生的书写情况进行讲评。学生再次修改自己写的字并和同学交流）

4. 反馈指导

师：回忆一下，刚才我们在写这个字的时候，是怎样一步一步完成的？请你按照这样的程序自己练习写一个"群"字。

（师：再次对学生的书写情况进行评价、修改）

5. 书写总结，指导整理书写工具

（此环节用时5分钟）

指导书写环节虽然每位教师都在做，但大都流于形式，草草了结，没有起到真正的指导作用，学生的书写质量很难提高。这节课的写字指导环节，教师通过引导学生进行观察、书空、感受、练习、讲评、修改、交流几个步骤，有效、高效地写好"救"字，再"举一反三"书写"群"字，体现了

---

① 此教学片段节选自赵春华老师执教的《与众不同的麻雀》（长春版教材二年级下册）一课，此课曾获第四届全国"七彩语文"杯教师素养大赛特等奖。

写字指导过程中的贵在"少"、重在"导"、果在"效"的策略，也体现了"每日练字10分钟"的强化要求。如果这样的写字指导每节语文课都能坚持，学生的书写水平想不提高都难！

经典课例 ┈┈┈┈┈┈┈┈┈┈┈┈┈┈┈┈┈┈┈┈┈┈┈┈┈┈┈┈┈┈┈┈┈┈┈┈

《识字3》教学实录

（执教：邹春红）

一、激趣谈话，揭题入境

师：小朋友们，通过这一组课文的学习，我想大家一定会有新的收获。今天，老师就和大家共同学习一篇课文。（板书：识字3）

二、图文结合，识记生字

师：这是一首对子歌，想不想不用老师教，自己先试着读一读？

（学生打开书自读课文，教师巡视帮助学生学习）

师：我们先读到这里，老师发现你们可真会学习，有的同学一边读课文一边画生字，有的同学一边读一边思考，还有的同学提出问题和小伙伴合作学习。相信你们的收获一定不小，谁勇敢地站起来，读一读课文？

（学生读文，师生正音）

师：你们已经把课文读通了，很好。刚才你们在自学时还画出了许多生字，遇到了许多不懂的词，是吧？那我们就一句一句地读，把刚才不会的字学会，把不懂的词弄懂。

师：（大屏幕上出示第一句）我们先来看第一句，谁来读？（生读第一句）

师："雾"和"霜"是今天要学的生字，我们来读读这两个字。

师：云和雪大家肯定见过，那雾和霜，小朋友有没有见过？

生：我见过雾，雾是一片白茫茫的，什么也看不清。

师：啊，是那种感觉，那我想问问你是在什么时候见到的？

生：早晨。

师：是的，雾一般在早晨出现，等太阳出来了，就慢慢地散了。因此，人们常常说晨雾。（板贴"晨雾"一词）我们来读读这个词。

师：你们见过霜吗？

生：就是天上下的小冰霜。

师（笑）：霜是下出来的吗？

生：不是，是在玻璃上结出来的，白白的就是霜。

师：什么时候会有？夏天有吗？

生：不是，只有冬天有。

（大屏幕上出示霜的图片）师：我们来看看图片，叶子上的白色晶体就是霜，在老师的家乡，每当深秋的早晨最爱出现霜，我们叫它秋霜。（贴"秋霜"一词）

师：好，一起读读这两个词。

师：我们看图（大屏幕上出示一组图片：朝霞、夕阳、和风、细雨），猜猜这该是文中的哪一句？可以看一看书。

师：这么多小朋友找到了，你说说吧！

生：和风对细雨，朝霞对夕阳。

师：好，那你来读一读这一句。

师：这一句中你画了哪几个生字？

生：有"朝、霞、夕"。

师：好，我们读读这三个字。

师：这个朝字还有一个音，谁知道？

生：它还念 cháo。

师：对了，它是个多音字，念 zhāo，还念 cháo，谁会组词呀？

生：朝代、朝鲜族。

生：朝阳。

师：好，我们再来读这句话，有没有不懂的词语呀？

生：和风是什么样的风呀？

生：细雨是什么样的雨？

生：我不懂什么叫朝霞，什么叫夕阳？

师：谁能给大家解决这些问题？

生：我知道温和的风就是和风，细细的雨丝就是细雨。

师：我们读一读课文。

（生读和风对细雨）

师：去掉中间的"对"字，和风细雨还是一个词呢！谁来读读这个词？（贴出"和风细雨"一词）

师：那和风细雨该是什么样的呢？

生：微微的风、细细的雨。

师：在春天经常会有和风细雨，吹绿了小草，滋润了庄稼，给人一种非常欢畅的感觉。

生：我知道夕阳就是太阳。

生：不对，夕阳就是晚霞。

生：不是，是月亮。

生：不对，夕阳就是傍晚的太阳。

师：（贴"夕阳"一词）对了。

师：那初升的太阳叫什么？

生：初升的太阳叫朝阳。

师：你们读一读，老师想起中央电视台的一个节目叫《夕阳红》，你们看过吗？那是什么节目？有人把老年人比作夕阳，把你们比作"八九点钟的太阳"，夕阳有夕阳的美丽，你们有你们的朝气。

（师贴"朝阳"一词）

师：我们知道朝是早晨的意思，那朝霞是什么呀？

生：是早晨太阳刚升起来的那片云。

生：不是。

生：是。

师（笑）：他说对了，就是早晨天空中的彩云。那晚上的彩云该叫什么？

生：晚霞。

生：夕霞。

师：夕也是晚上的意思，但我们平时不这样说，只说晚霞。（贴"晚霞"一词）我们来读一读。朝霞和晚霞都很美丽，我们欣赏一下吧！（播放朝霞

和晚霞的录像)

师：这几个词的意思都明白了，再来读读句子吧！（生齐读句子）

师（出示第三句话）：谁来读？

生：花对草，蝶对蜂。

师（点击"蜂"和"蝶"二字）：这两个字长得多像呀？我们把这两个字读一读。

师：再读读这个句子。

师（出示第四句）：我们接着读句子。（学生齐读第四句）

师：万紫对千红去掉对字，我们读一读。

生：万紫千红。它是成语。

师：看到什么景象的时候会用到"万紫千红"这个词呢？

生：什么地方五颜六色的时候。

生：有许多花盛开的时候。

师：说得真好，再来读读这个词，把它记下来吧！

师（出示"碧"字）：这个字认识吗？组个词。

生：碧绿，碧野。

师：想不想看一看碧野？（出示碧野的图片）看到了什么？

生：碧绿的荷叶。

生：碧绿的荷花。

师：荷花有绿的吗？

师：再读读这个字，把它牢牢地记住。

师（出示第五句）：我们接着读句子，谁来读？

师：这里的桃、柳、李、杨都指什么呀？

生：指桃树、李树、柳树、杨树。

师：李和杨还是生字呢，我们读一读，这两个字你还在什么地方见过呢？

生：李是个姓，我就姓李。

师：还有姓李和姓杨的小朋友吗？请你们站起来，老师很高兴认识你们，你们几个把这句话再读一读好吗？

师（出示第六句）：还有最后一句话，谁愿意自己读？

师：读读这个字（指"秀"字），谁来组词？

生：秀丽、优秀。

师：认为自己是优秀的孩子的就把手举起来，看看我们班优秀的孩子有多少。

师：好，没有举手的孩子请站起来，你为什么认为自己不优秀呀？

生：我学习不好。

师：那你来读读这个字，再读这句话。（生读）

师：你读得多好，谁说你不优秀呀！

师：去掉对字，我们再来读一读这句话。

生：山清水秀，鸟语花香。

师：我们一起来读。

师："山清水秀、鸟语花香"是什么景象呢？（出示"山清水秀，鸟语花香"的景色图）

师：美吗？如果你来到一个有山有水，有鸟有花的地方，你会怎样？

生：我会非常高兴。

生：我就盖个小茅屋搬进去。

师：那你们这里有没有山清水秀，鸟语花香的地方呀？给大家介绍一下。

三、复习巩固，练习书写

师：刚才，大家一边读儿歌，一边学习了本课的生字，弄懂了不会的词，你们学得非常认真，我们把黑板上的词再读一读。

师：黑板上的词读会了，（出示本课的字）我们再来读一读本课的字！

师：你们仔细观察今天学的字，看看有没有长得像的。

生：蜂和蝶长得像！

师：他们哪像呀？

生：都是虫字旁。

生：霜、雾、霞。

师：哪像呀？我们看一看。（师演示课件。三个字的雨字头闪动）

生：它们都是雨字头。

师：雨字头的字我们还学过哪些？

生：雪，雷。

师：还有没有长得像的？

生：李和秀长得也很像。

师：你们看这两个字，（点"杨"和"李"两个字）他们都是木字旁。

师：这两个字念什么？木字旁的字一般都与树木有关，我们以前就学过许多木字旁的字，谁来说一说？

生：树、村、桂。

师：你们学得真棒！生字我们都认识了，还有6个字需要我们来写呢！下面请你们仔细观察这6个字，在写这6个字时，你有什么小窍门儿吗？可以把这些字写得更漂亮些。

生：认真观察字在田字格中的位置。

生：写出笔锋来。

师：老师也发现一个小窍门儿，你们看这三个字，（出示"和"、"秀"、"香"）它们有什么共同点？

生：都是禾字旁。

师：在写这三个字时该注意些什么呢？

生：写"和"字时，禾字旁的捺要变成点。

生：写"香"时，禾字旁要写得扁些。

师：好，我们就来写一写其中的两个字。（教师范写：和、秀，生观察后书写这两个字，教师巡视指导）

师：写完可以互相看一看，谁写得好你就向他学习，写得不好的地方你给他指出来，让他改正。

四、练习朗读，扩展识字

师：生字我们都已经学会了，我们再来读一读对子歌吧！你们自己在下面先练习读一读，可以选择你喜欢的方式，如拍拍手，加上动作，或小朋友对着读都可以。

师：你们读得很认真。这是一首对子歌，我们对着读好吗？

师：谁勇敢地站起来读一读。

师：非常好，我们共同拍手来读好吗？能背下来的孩子可以不看书，背着读。

师：学到这里，小朋友们的收获可真不少呀！读了对子歌，还学会了那么多的字和词。老师告诉你们，我们今天学的这些字，在我们生活中还常常见得到呢。老师给你们带来了许多小包装盒，上面就有我们今天学的字，你们快来找一找吧！

（在教师给学生提供的包装盒上找生字。学生在小组内合作学习）

师：你找到了哪个字？

生：我找到了西瓜霜上的霜字。

生：我找到了雪碧中的碧字。

生：我在蜂王浆上找到了蜂字。

师：那上面还有许多我们学过的字，你来认一认，没有学过的字，你还可以问一问。（学生认读包装盒上面的字）

师：其实，在我们的生活中，处处都是识字的场所，比如，大街上的牌匾、灯箱上的广告、小朋友的名字等，只要你肯做一个有心人，在不经意间，你就会认识许多书本以外的汉字，愿每个小朋友从现在开始，都来做一个细心人、有心人，认识更多的汉字。

【课例评析】

邹老师借助对子歌进行识字教学，采取了分节读课文，认字学词再读课文，指导写字的路子。这节课有以下几个特点：

1. 认字学词与认识事物相结合。认字学词的效率比较高。在逐节读课文的基础上使学生不仅认识要求的 14 个生字，认识一批词语，而且很巧妙地增识了晨雾、秋霜、晚霞、朝霞、和风细雨、万紫千红、山清水秀、鸟语花香等词语，在这里，还渗透了成语概念。一些词语还注意联系儿童的生活经验，引导孩子进行初步理解。比如引导学生：你看到什么景象会情不自禁地说"万紫千红"？如果来到山清水秀、鸟语花香的地方，你会有什么感觉？

2. 要求认识的字词不仅在认识的过程中多次出现，而且采取了多种形式及时进行复习巩固，复习巩固的方法主要是归类复习。老师用这样一个问题来引导孩子，就是你看看这些字，有没有长得比较像的呢？孩子经过思考，提出三个是雨字头的字，就是"霜、雾、霞"。有两个虫字旁的字，就是"蝶、蜂"，并分别进行了组词。老师还注意新旧的联系，由"杨、李"两个字启发学生，带出学过的其他木字旁的字，如"树、村、校"等。

3. 拓展识字，老师让学生通过包装盒来复习本课刚认识的字，复习以前学过的字，同时增识自己还没有认识的字。再比如结合"李、杨"姓氏，引导学生认识其他姓氏字等。

4. 采取多种形式来读书，写字的指导也比较到位，这两点都值得肯定。

（崔峦）

阅　读

　　用普通话正确、流利、有感情地朗读　默读有一定速度　学习浏览　交流　讨论　敢于提出看法，作出自己的判断　多角度、有创意的阅读　师生平等的对话　阅读方法的指导　了解表达顺序　体会思想感情　领悟表达方法　非连续性文本　丰富积累　培养语感　背诵优秀诗文60篇（段）　课外阅读不少于100万字

【解读概述】

　　课程标准明确指出："阅读是运用语言文字获取信息、认识世界、发展思维、获得审美体验的重要途径。阅读教学是学生、教师、教科书编者、文本之间对话的过程。"（p. 22）这一理念的提出是对传统的阅读教学观念的一种冲击、突破与超越。就课标中提出的阅读教学中的"对话"理念，其实包括了"阅读对话"和"阅读教学对话"这两层含义。阅读对话就是师生各自与文本和教科书编者之间展开的对话过程。阅读教学对话则是师生之间、生生之间在课堂教学中围绕文本进行的对话过程。

　　"对话"是"阅读教学"的视角和方式。就课标视点中所列的关键词而言，"朗读"、"默读"等前六个关键词是对师生在阅读教学中采用的对话方式的列举和提升；"阅读方法的指导"、"了解表达顺序"等四个连续的关键词则揭示了"对话的内容和目标"；"背诵优秀诗文60篇（段）"和"不少于100万字"则以直观的数量要求，彰显了课外阅读积累的重要性。

　　那如何对话呢？首先要"认真钻研教材，正确理解教材、把握教材内容，创造性地使用教材"。（p. 19）"正确理解"守住了教学的底线，避免了阅读教学中的随意性，让我们回归教学的原点思考阅读教学"教什么"的问题。阅读教学应该发展学生运用语言文字的能力，获得语文学科独特的学习

工具、学习方法——这就意味着，我们的阅读教学要善于深挖语言文字的训练点，不能仅仅满足于"教到理解、感悟的层面"，而应进一步触及"语言文字"的实质，加强语言文字的实践运用，让学生获得言语智慧。也就是说，我们的阅读教学要坚守"工具性和人文性的统一"，不能偏重"人文性"而忽视"工具性"，要使工具性从"静态走向动态"，引导学生在阅读对话的过程中，既获得感知、理解"写了什么"的方法结构，更要领悟、学习"怎么写"和"为什么这么写"的言语智慧，让语文知识成为以隐性的形式存在的缄默性知识。从具体的操作层面而言，在阅读教学中需要关注学生语文学科基本学力的养成，在设计和组织阅读教学的过程中，注重通过"对话"，创设"语用环境"，在学生"简单描述"、"说出感受"、"了解表达顺序"、"体会思想感情"、"领悟表达方法"等课堂言语实践的过程中，即时点拨、提升，使学生获得语文学科的独特滋养。

【教学解读】

1　阅读兴趣从哪儿来

　　阅读的兴趣从哪里来？这是语文教学必须解决的原点问题。一切必须由此出发，而一切的教学实践又最终归于此。

　　阅读的兴趣来自于"思接千载，神驰万里"的思想漫游。阅读是和文本进行对话，其实质是超越时空、自由驰骋、积极活跃、自由无拘的心理活动。当读者进入这一阅读境界时，他就不受周围事物和时空范围的制约，思维任意腾跃，心灵自由驰骋。只有摒弃阅读的功利性目标，还原其启迪心智、发展精神的本体性价值，学生才会对阅读产生最朴素、最持久的兴趣。

　　阅读的兴趣来自于"循序渐进，由浅入深"的整体感知。禅宗有三句话非常著名："看山是山，看水是水；看山不是山，看水不是水；看山是山，看水是水。"它对于学生阅读能力发展的启发就是要沿着学生认知事物的规律、思维发展的规律、感知课文的规律、学习语言的规律来进行阅读，特别要讲究整体感知的循序渐进，由浅入深，让学生的阅读渐入佳境。

　　阅读的兴趣来自于"得法课内，得益课外"的双向滋养。随着阅读文本类型、阅读文本语言形式、阅读文本结构安排的发展，阅读逐渐成为一个极富挑战意味的意义解码过程。此时，若没有较为完备的阅读方法的支撑，学生的阅读热情将会逐渐消减，直至消失。

🐞 示例

苏教版六年级下册《明天，我们毕业》教学片段

一读课文，通文顺句

1. 教师在学生自由朗读课文后，相继出示文中的生字词：

眷恋　依偎　憧憬　矫健　教诲　遨游　雏鹰　炽热　五彩斑斓　博大精深

2. 读准字音后，教师让学生从上面的 10 个词语中找到 2 个表现人物情感的词语。

3. 教师引导学生谈谈"眷恋"和"憧憬"分别是一种怎样的情感。

二读课文，理清文脉

1. 作者在毕业时饱含深情地写下了这篇文章。其实这篇课文的 1000 多个字就会聚成了两个词语——眷恋、憧憬（或向往）。（教师板书）

2. 引导学生思考：课文哪些自然段抒发了自己毕业时的眷恋之情？哪些自然段又抒发了自己毕业时对美好未来的憧憬？

3. 默读课文 2～7 小节，想一想：回首在母校度过的六年时光，作者眷恋着母校的什么？

总结提升，掌握方法

这是一篇优美的散文。读散文，我们就应该读出散文的线索，读出散文的情感。这样，我们就能将这样一篇长文章读清楚、读明白，读出黑板上这样一个文章结构。

这是苏教版六年级下册《明天，我们毕业》一文的教学片段。教师以文中出现的两个表示情感的词语为教学的主线，引导学生初读全文，"能初步把握文章的主要内容，体会文章表达的思想感情"（p.10），使学生很快抓住

了散文的情感线索，以最直接的方式整体感知文本内容。那么，在具体的阅读教学过程中，我们又如何让学生在"有目的阅读"过程中依然享受那份阅读的快乐呢？

入情入境，诱发审美情感。本片段从情感真挚的关键性语词入手，找到了学生情感的共鸣点。学生此时就会自觉地借助审美情感来进行感知，做出判断，在语感直觉中，逐步对言语内容美和言语形式美两方面进行审美鉴赏，产生情感共鸣与情感愉悦。在这种强大力量的推动下，阅读真正成为了"语言和精神同构共生"的过程。而这一过程也必将诱发其审美情感，从而形成情感性比较鲜明的良好语感。

学法用法，提升阅读品位。尽管我们认为，感悟是学生个体的心理过程，它受学生原有的智力水平、生活经验和情感体验等因素的制约，因此是只可意会不可言传的。但是我们绝对不能对学生的阅读采取放任自流的方式。伴随着阅读内容的"升级换代"，如果学生的阅读长期得不到方法的滋养，无法给予他们在阅读过程中必需的方法、工具，为学生提供一种唯有在这个学科、这种课型的学习中才可能获得的经历和体验，提升其独特学科美的发现、欣赏和表达的能力，那学生涨涌起来的阅读热情就有可能消失殆尽。

2 朗读：用声音解读文本

朗读教学绝不是从生动丰富的范文中抽象出朗读技巧，对学生进行机械的训练，而是读者与文本和作者深度对话之后，用声音语调传达作者的思想感情。正如鲁迅先生所言："在瞎弄里摸索，自悟自得的毕竟是少数。所以朗读要以理解为基础，通过朗读又可促进对文章的感悟品味，它们相辅相成，必须有机结合。"教师在上课时，如能有效地指导学生朗读，朗读就有可能成为学生感知、想象、分析、推理、挖掘课文思想内容的有效途径。

示例

苏教版二年级上册《送给盲婆婆的蝈蝈》教学片段

1. 捧着这只从树林里捉来的蝈蝈，这个小男孩迫不及待地向盲婆婆家走去。看看图，你猜一猜，小男孩会对婆婆说什么？（学生通过想象，个性化表达自己的感悟）

2. 你瞧他说得多高兴啊。我们看看诗歌里是怎样说的？小朋友们自己去读读看。

3. 指名朗读后（"婆婆婆婆"读得较缓慢），教师评价：你读得可真不错。小朋友们想想看，这个小男孩，他捉到一只蝈蝈，大老远就跑过来了，还没到门口呢，就喊了，他会怎么喊？（"婆婆婆婆"连起来读得很急促）

4. 是的，小男孩的心愿就是给这位孤单的盲婆婆带来快乐。平常，他用自己的歌声来陪伴婆婆，现在他上学没时间了，还不忘找来一只蝈蝈陪伴盲婆婆。让我们一起听着蝈蝈的歌声去感受一下小男孩那美好的心愿。（全体有感情地朗读课文第二小节）

这是苏教版语文教材二年级上册《送给盲婆婆的蝈蝈》一课中的教学片段。这个片段给我们这些启示：

以情激情，拨动学生的心灵之弦。首先教师要善于创设朗读情境，让教师精彩的朗读导语、具体情境的创设、具体影像引发的感悟和想象，去激发学生的感情，拨动学生的心弦。其次，教师要尊重学生的不同感悟，尊重学生的不同朗读处理，倡导个性化朗读，唯有如此，学生才能通过个性化的朗读把文本演绎得丰富多彩。最后，要给处于不同能力、不同发展水平的学生以适切的朗读要求和朗读展示途径，并充分运用师生和生生间赏识性的互动评价，进一步激发其练习朗读，并用朗读表达自己的内心感悟。

精心预设，选准恰切的朗读内容。低年级学生掌握的词汇量少，对句子结构也不熟悉，而且内部言语还未很好地发展起来，我们就应该借助读物中的图画阅读，诵读儿歌、童谣、故事和浅近的古诗，展开想象，获得初步的情感体验，感受语言的优美。中年级学生形象思维能力更强，阅读时主体投入感陡增，选择情境性和画面感强的段落更利于训练学生的朗读。高年级学生的理性思维开始发展，并反作用于形象思维。此时我们的朗读内容选择角度应该更加多元：要么通过朗读感受文本的语言形式，要么通过朗读再现具体可感的场面，要么通过朗读表达自己阅读理解之后的感受……

循序渐进，训练灵动的朗读技巧。尽管我们不主张单纯的朗读技巧训练，然而朗读技巧依然是用声音表达情感的必要手段。俗话说"罗马不是一天建成的"，朗读能力的培养也不是一蹴而就的。我们在阅读教学的过程中，应该有明确的培养目标序列。从目标分解上，我们应该走一条从正确到流利，再到有感情的路径：先培养学生读准字音，不加不漏，不倒不跳的朗读习惯和能力；然后关注停顿恰当，语流顺畅，重点解决一字一顿的唱读，克服学生朗读时可能形成的固定腔调，或拿腔拿调；最后通过朗读实践，引导学生关注朗读时的抑扬顿挫，语调神情，显示出文章的风格神采，领会汉语语音之妙，深刻理解课文的深刻内涵。

3　童话、寓言：开启心智的窗口

童话和寓言是童年不可或缺的精神食粮。童话具有虚拟的人物和离奇的情节，以感性的形象思维为依托，幻想是它的核心；寓言则在短小精悍的故事中寄托一定的寓意，理性的抽象思维是其特色。在教学童话和寓言时，首先应该引导学生读懂这两类文学作品的内容，为进一步体会情感、明确寓意奠定认知基础。其次，根据两者不同的文本特性有针对性地设计教学活动，使学生体会文本核心价值：通过创设情境、品读语言、扮演角色等教学活动引导学生感悟作品中塑造的人物形象，体会童话中的审美情感，获得审美体验与审美感悟的提升；通过分析、比较、角色体验等方式引发学生思维的碰撞，在领会寓言的寓意过程中得到明是非、知善恶、识美丑的教育。真正激发学生在两类文体的学习中"向往美好的情境，关心自然和生命，对感兴趣的人物和事件有自己的感受和想法"（p.8）。最后，拓展美好的想象，提升思维的品质。通过续编童话继续拓展学生想象的空间，培养学生用语言文字表达合理想象的能力，让童话在学生心中播下的"精神种子"继续生根、发芽、开花、结果；通过告诫或举例的方式真正内化对寓意的理解，培养学生正确的人生观和价值观。引导学生在学习童话和寓言的过程中获得美好情感的熏陶、理性思维的提升，开启学生的心智。

🍎 示例

苏教版一年级下册《蚂蚁和蝈蝈》教学片段

1. 蚂蚁和蝈蝈分别是怎样过夏天的？用横线和波浪线分别画出来，并圈出表示它们动作的词。

2. 学生交流。看图，照样子再说几个动词并做一做：背、拉、_____、_____、_____；睡觉、唱歌、_____、_____、_____。（指导学生有感情地朗读这两句话）

3. 出示句式：有的_____，有的_____，个个_____。你能用这个句式看图想象，说说蚂蚁们搬粮食的辛苦或蝈蝈们图享乐的自在吗？

4. 读课文第三段，请你看图，想象一下，用同样的句式说说蚂蚁和蝈蝈冬天的生活。

5. 现在，你想对蚂蚁或蝈蝈们说些什么？

（想对蚂蚁说：正是有了夏天辛勤的劳动，才换来冬天快乐的生活；想对蝈蝈说：夏天的享受才导致冬天的又冷又饿，这是懒惰的结果）

这个案例是苏教版语文教材一年级下册《蚂蚁和蝈蝈》的一个教学片段。这个片段依托"看图想象，句式训练"达成两个目标：一是培养学生细致观察，并用恰当的词语描述蚂蚁或蝈蝈的动作的能力；二是通过看图想象，比较蚂蚁和蝈蝈过夏天的不同方式，引导学生真切领悟到"只有付出才有收获，不劳无获"的道理。

这个片段就是通过有效的教学活动引导学生感受童话所蕴含的情感，领悟其背后的道理。教师没有拘泥于文本的语言文字，而是根据低年级学生的心理及形象思维的特征，充分发挥了文本插图的作用，利用插图说好动作、观察插图想象生活场景，同时辅以句式引导学生将话说具体、说生动。学生在这样的语文活动与合理想象的活动中身临其境，切身体会了蚂蚁和蝈蝈不同的生活方式带来的不同结果，在告诫中获得了语言的发展、情感的熏陶和认识的提升。

需要指出的是，与寓言的结构不同，童话中的审美情感或蕴含的道理往往不是作者直接揭示出来的，而是在情节的发展中自然传递出来的，需要学生借助语言文字、文本插图、角色体验等载体去感悟体会，获得多元的认知。但是与寓言相同的是，两者都会在情感的交流与思维的碰撞中获得理解与体悟的提升，真正使心智受到启迪，生命获得滋养。

4 古诗：古老歌谣的审美意象

诗歌是抒写心灵的艺术，在所有的文学体裁中，它是最富有灵气与情感的一种表达形式。诗歌也折射出一个民族的思维方式和文化秉性。中国画法讲求"遗形似而尚骨气"，"虚实相生，无画处皆成妙境"。中国艺术中的这种以意统形，以神摄形，略于形式的美学追求也迁移到诗歌上，也形成了诗歌对美的要求。

让"模糊"成就诗歌教学的"朦胧美"。在古诗教学中，教师一定不能"带着手术刀解剖古诗"。尽管教材中会有理解诗句（或字词）意思的要求，但这绝不是我们漠视"中华民族重领悟、重意会的思维方式和审美习惯"的堂皇理由。我们应该尊重中华民族传统的审美习惯，创设贴切的情境，让学生意会，那种意思"似懂非懂"，意象"若隐若现"，才是小学生走近古代诗歌的最好办法。如若实解，则读古诗如同嚼蜡，索然无味。

让诵读成就诗歌教学的"韵律美"。古代诗歌充分表现出我们的母语——汉语的精华：由声韵构成的节奏感、韵律感；由对偶形成的骈俪形式美……对于小学生来说，抽象的文体知识和语辞学知识并不能让学生真正欣赏到这种韵律之美，唯有朗读才能让他们真正走进古代诗歌的意境，并真切感受古诗的音韵、节奏之美。因此教师在诗歌教学中尤其要重视朗读，通过朗读走进诗歌意境之美，通过朗读感受语言形式之美，通过朗读再现诗人情感之美。

让想象成就诗歌教学的"意境美"。把中华民族长久以来形成的情感表达方式和基本意象，如登高怀远、见月思乡、折柳送别、临水遣愁等传递给我们的孩子，让他们打开想象大门，走进诗的世界。让学生熟读精思、细心揣摩、融会贯通，主动参与诗歌意象的重建。在意象重建的过程中，潜移默化民族文化传统、审美习惯、思维方式，逐步丰满古诗的"意象"，理解中华传统文化。

📖 示例

苏教版六年级上册《观书有感》教学片段

1. 朱熹信步来到池塘边，他看到了什么？想到了什么？认真读读这首诗，看看谁能把这首诗读好，谁又能把这首诗读懂。（教师提出一些自学建议，如朗读的建议：第一层次是"字正腔圆"——本诗作者朱熹说过："凡读书，需读得字字响亮，不可误一字，不可少一字。"第二层次是"有板有眼"——诗有了节奏，就会给人美的享受。如理解的建议：利用工具书，联系插图，理解字词和诗句……）

2. 学生自由朗读，边读边悟。教师巡回指导，了解学情。

3. 指名学生朗读古诗。（教师相机根据上面提到的朗读要求，引导学生有针对性地评价）

4. 谁能用自己的话来描绘一下朱熹信步走到池塘边看到的景色？

这个示例是苏教版六年级上册《观书有感》的一个教学片段。在这个片段中，教师通过开放式导入，激情激趣，学生以诵读和想象为主要的学习方式，尝试着借助工具书、课文插图，以及自己原有的古诗诵读体验，调用多种感觉器官，自读自悟，发挥想象，自由言说诗人笔下描绘的景色。在这个过程中，教师并没有"强按住学生的头"，让学生在规定的路径中行进，而是让学生恣意挥洒情感，自由驰骋在自主审美的王国中，同时达成了以下几个目标：①在和学生的互动交流中，引导学生理解字词和诗句的意思。②抓住诗眼,感受池塘的"清澈明净"。③想象画面内容,感受池塘清新、自然的美。这个"走入画面,读景悟景"的教学片段,为接下来的"景理相融,深化理解"环节的教学奠定了牢固的情感基础。

5 故事:触动心灵的影像

教学叙事类作品时,首先需要强调文本精读。通过精读具体场景、矛盾冲突、典型言行、细节描写等,还原事件,认识人物,丰富阅读感悟,加深对此情此景中事情发展的必然性和人物内心的丰富性的理解,读懂特定背景中人物的言行。读出言中之情,言外之意,走进作品,走进人物内心,从而产生更加真切而细腻的感受和体悟。其次,在教学过程中掌握文章线索,选准教学落点,给学生的阅读打开一个突破口。教师在规划设计教学流程的时候,应该符合文本本身的起承转合,要么抓住情感发展线索,进行前后对比;要么抓住文本核心价值,加深对文章的理解和感悟。另外,教师也应引导学生了解表达方式,感知文体知识,在教学流程安排上尽量体现阅读的"双向"心理过程。在学生已经对故事情节和人物形象有了深刻的理解之后,设计匹配的学习活动,让学生在饶有兴致的学习情境中去探究不同表达方式的运用及表达效果。最后,教师还应在教学过程中鼓励学生凭借自己的经验,对课文内容进行观照,从而生发感想,并在尝试表达的过程中,将自己精神空间中零散的、漂浮不定的灵感转化成为可以触摸的精神之花。

🍎 示例

苏教版六年级上册《钱学森》教学片段

1. 导入:"冲破重重阻力,钱学森终于踏上了驶往祖国的海轮。1955 年 10 月 1 日,广阔无垠的太平洋上"……学生接读课文第一小节。

2. 这是多么生动的画面啊。假如把这一幕情景画成一幅巨大的油画,你觉得应该给这幅作品取个什么样的题目?

(《归途》——画面的直观描述;《祖国,我回来啦!》——饱含深情的内心呼喊；《梦想成真》——抓住钱学森的内心渴望，充满着喜悦和兴奋；《魂牵梦绕》——抓住文本中的核心词，题目表达了钱学森对祖国的无限牵挂；《快点！再快点！》——表达出钱学森迫不及待地回到祖国的心情……）

3. 小结：一个看似简单的画面，却让同学们读到了钱学森丰富的内心世界；几个简简单单的字，却饱含炽热的情感。让我们再来读读这段话，我想，此时这幅画面会给你更多的感触。（学生练习有感情地朗读—指名有感情地朗读—集体有感情地朗读）

4. 现在，你明白作者为什么将1955年10月1日钱学森归国途中在海轮甲板上的这一幕作为开头了吗？

  这个案例是叙事类文章《钱学森》的一个教学片段。这个片段借助于给画面取题目这一有趣的学习活动，达成了两个目标：一是通过命名，让学生走进画面，触摸到钱学森的一颗火热的心，感受其归国心切，进而感受人物的形象；另一方面也培养学生提取关键词语概括画面内容，抒发内心情感的能力。

  这个教学片段呈现出"以'像'感人，以'情'动人"的典型特征。这个年龄阶段的学生基本上以形象思维为主，他们习惯于与文本中的丰满而鲜活的形象进行对话，只有这样才能入境动情，产生强烈的共鸣。教师在教学过程中，应该让学生在经历作品中的"人物经历"的同时，抓住人物在特定的环境中的种种表现，在学生的反复阅读中逐渐走进人物的内心，揣摩人物的情感，并在此基础上用整个情感和心灵去感受、欣赏，进而迅速地在脑海中浮现出生动可感的画面来，并借助于文本中的这些"像"，借助于这些"情"，让阅读教学对话过程成为"像清而情动，情动而辞发"的情感场。

  在第三学段的教学中，一定要精读细节。这个教学示例中，教师的设计就找到了一个很好的"支架"，让学生从人物的细节中感知和理解那份爱国情怀，并依托于"取题"，引导学生去关注这些细节，让学生在品味细腻笔触的过程中，走进人物内心，从而产生真切而细腻的体悟。

6 写景文：一切景语皆情语

写景类文章往往通过运用描写、叙述、抒情等表达方式，来表达作者的情感。徜徉其间，我们往往能从或清雅、或浓烈的行文中欣赏到自然界迷人的风光，还能从字里行间触摸到作者丰富而炽热的内心。那么写景文的教学应该注意些什么呢？

写景类文章相对其他文体而言，语言更富有魅力，读者常被优美又富有节奏韵律之美的文字所吸引而身临其境。因此教学中教师应采取多种形式的朗读，让学生感悟无声文字背后所蕴含的美好意境和丰富情感，并且选择一些经典的篇章、片段让学生背诵，丰富学生的积累，培养语感。

教学写景文时，还应努力营造氛围，创设情境，拉近学生与"景语"之间的空间和心理距离。教学时应该在品词酌句的同时，引领学生抓住关键字词，体会景色特点；依据行文线索，感知写景顺序；通过比较分析，初步感悟拟人修辞手法的表达效果。在这样的语言实践活动中，让孩子不仅看景，更重赏景，逐渐进入作者的精神世界中去碰撞、去感悟，体悟作者表达的情感，从而产生情感共鸣，让文本的"美"逐渐实化为"画面美、文字美、情感美"相融合的"意境之美"。

教学写景文时，更应该让学生习得表达美的能力。感受文本的美是一种文学素养的习得，是一种精神领域的熏陶。利用文本资源的范例作用，培养学生表达美的能力，是学法的一种迁移与融通，有助于将学习所得内化为学生自身的语文素养。教师可以基于文本特点，找到最佳切入点，设计学生练说或仿写的训练点。

🍎 示例

苏教版四年级上册《九寨沟》教学片段

1. 激情导入：有人说，一望无际的大草原就是一幅巨大的水墨画。语言大师老舍给我们描绘出了一幅美丽的草原风景图。默读课文，想一想：这幅画上画了哪些景物？它们是怎样的？

2. 学生按要求默读课文，从文本内容中寻找描写景物的词句，并尝试朗读或说出第一小节描写的景物。（天空、小丘、羊群）

3. 出示图片，丰富意象：教师利用幻灯打出和文章内容匹配的精美图片（全景、天空、小丘、羊群、牛群），提出要求：认真观察这些画面，用几句话描绘一下草原的美丽风光。

预设：

①画面的质感（主要关注学生遣词造句及描述是否动情）

②想象的情感（主要关注、点评学生的想象是否合理？画面是否和谐？情感是否寄予描述之中）

③相机出示文中相关语句，引导学生感受情感。（重点关注两个比喻句和一个拟人句）

4. 教师总结：作者来到草原，身心是十分愉悦的。他的眼睛是愉悦的，因为他能欣赏到绮丽的美景；他的鼻子是快乐的，因为他能呼吸到清新的空气；他的心灵是快乐的，因为他能感受到一种从没有过的舒服。所以作者在描写草原绮丽景色的同时，也不由自主地写出了自己内心的感受。

5. 引导学生朗读写内心感受的部分（最后两句话）。

6. 教师组织师生和生生评读。

作者用生动的描写，丰富而又情感浓郁的联想，向读者展现了如诗如画的草原美景。寓情于景、情景交融是本文最突出的表达方式。

本教学片段中，教师十分注重创设生动的教学情境和动情的语言氛围，促进教师、学生和文本的互动，让不同层次的学生说出自己的不同体会和感悟，让他们的思维在交流中融会，让他们的思想在交流中激荡，让他们的情感在交流中升华。教学活动设计始终以感知为基础，既通过声情并茂的朗读感悟语言、积累语言、培养语感，受到美的熏陶，又引导学生从语言情境中展开想象，产生意境，提升学生丰富的想象能力；还在教学中引导学生结合具体情境理解词义、句意，体会作者遣词造句的精妙，学习表达方法，提升学生准确、生动的表达能力。

7 说明文：说了什么和怎么说

小学课本中的文章，可以分为两大类，一类叫做"说明性文章"，一类叫做"叙事性文章"。"阅读说明性文章，能抓住要点，了解文章的基本说明方法"是课标对小学说明文教学的总要求。这句话指明了小学阶段阅读说明文需要完成的两个目的：一是能抓住要点，掌握介绍的科学知识、生活常识；二是要了解文章基本的说明方法，学习这类文章的表达方式。至于"了解文章的基本说明方法"，对于小学生来说，主要是了解"下定义"、"列数字"、"举例子"、"打比方"、"作比较"等方法。

就说明文具体教学而言，我们的教学面临着三大"尴尬"—— 一是资讯的发达导致学生对所说明的事物缺乏新鲜感；二是由于文体意识的缺乏，小学生不善于用不同的方法来学习不同的文体；三是教学过程中缺少课内外的勾连，教学呈现相对封闭性。如何解决这些难题呢？

首先，要敢于整体创新设计，激发学生的学习激情。学生对学习说明文最厌烦的是老调重弹，所谓"说明对象、说明方法、说明顺序"这些套话，他们一点就熟，无须喋喋不休。不管是教学内容的选择与重组，还是教学流程的设计与组织，视角一定要新。不能仅仅拘泥于课本，应以课文为原点，以说明文的知识性、趣味性来激发学生的兴趣为着眼点，精心设计，巧妙构思，在读明白"说明顺序"、"说明对象"、"说明方法"的基础上适度扩展、生发教学内容。

其次，要善于抓住重点，让学生拥有独特的阅读体验。说明文大都是按要说明的对象来组织材料的，抓住了要点，就抓住了文章的纲，也就能大体把文章读懂了，因此，"说了什么"一般特别点明，特别是在第三学段中，更重要的是"怎么说"——"通过语言文字的学习，初步体会作者的表达方法"这个目标的达成。"方法"不同于"知识"，对其的认知和掌握必须以"实践"为基本手段，因此教师在教学中应该通过语言感悟赏析、方法学习迁移等手段促成方法的策略化，使学生获得阅读此类问题的方法。

最后，要敏于文本语言，让学生在语言学习中获得言语智慧。说明文语言的最大特征是具有准确性，也兼具趣味性、生动性和形象性。因此，同一文本，往往是叙述和描写的语句并存。要善于结合具体的文本表达，让学生围绕着"说明什么"和"如何说明"这两大思维落点，通过对比、辨析等多种方法，感受说明文的语言特点，以"同一说明内容用不同的说明方法练"和"不同的情境用相同的说明方法练"这两种不同的途径和策略，加强课内和课外的语用时间，使学生获得言语智慧。

示例1

人教版八年级上册《奇妙的克隆》教学片段

在《奇妙的克隆》一文的导入时：

1. 教师先板书 Clone，然后问："谁愿意来读一读这个英语单词？谁知道这个英语单词的意思？"教师板书：克隆。

2. 通过预习，谁能用一两句话简要说说"克隆"的意思？（初步了解学生的学前状态）

3. 我国明代有位大作家在他的一部著作里就写到了克隆的设想。谁知道他是谁？这部著作叫什么？

4. 认真读读课文，想一想：吴承恩在《西游记》中对克隆技术的设想符合如今人们对克隆技术的了解和认识吗？

这个示例是人教版语文教材八年级上册中《奇妙的克隆》的一个教学片段。这位教师一开始就将"克隆"这一要了解的说明对象置于一个"结构化"的知识背景之中，学生极易被这有趣的情境吸引，就不会觉得学说明文是一种负担。更重要的是，教师大胆选择和重组教学内容，将课文内容看成是解释新问题的"信息库"。这样的话，学生接触文本的方式和角度都发生了较大的变化，学生也就乐于在变化了的情境中主动地投入学习。这样教师不但能了解学生掌握课文知识的情况，而且对丰富学生知识、开阔视野、培养能力、启迪思维都起到很大的作用。

🍎 **示例 2**

1. 出示根据原文第二小节改编的语段：科学家发现火星上有干涸的河床。2004 年 3 月以后，人类进一步证实了火星上有水的推断。那么，火星上的水是从哪里来的呢？

2. 教师引导学生思考：说明文要求语言简洁、浅显。第二段文字更简洁，我们是不是可以将原文改成第二段文字？为什么？

3. 教师总结：说明文的语言除了要求简洁之外，还要求科学、严谨。必要的时候也要更形象，使读者更容易接受某些观点，更容易感受被说明的对象。同学们刚才的讨论就证明了这一点。

这个示例是苏教版五年级下册《火星——地球的"孪生兄弟"》中的一个教学片段。这位教师通过语段对比，让学生置于强烈的认知冲突之中，学生通过与原文内容的深度接触，逐步领悟原文表达的精妙。互动环节中教师的即时点拨则让学生对于"怎么说"的策略选择智慧由感性逐渐上升至理性，为今后类似情境的语言实践提供了较好的语言表达范例。

8 词语：语境中的色彩

词语教学的目的是提高学生理解语言和运用语言的能力。在词语教学中，学生首先应该对词语的基本语义有一定程度的了解，但重要的是感受词语的表现力。"能联系上下文和自己的积累，推想课文中有关词句的意思，辨别词语的感情色彩，体会其表达效果"。（p. 12）在词语教学中还应该注意以下几点：①营造词语学习的意境。对于学生而言，词语不应该仅是一个意义符号，更应该是其头脑中一幅生动的画面，引导学生在特定的语境中理解词语，去感受词语所创设的意境，能丰富对词语的感受。②发掘词语的表现力。汉语丰富的语汇造就了多样的遣词造句，这也往往寄托着作者别样的情感，教师可以在教学中采用辨析、替换、造句等多样形式，引导学生感受作者独特用词所彰显出的表现力，感受这样用词的"所以然"。③丰富词语的内涵。有时，词语的理解可以有"即时"与"滞后"之分，教师可以引导学生在读懂文本的基础上再次回应开始时理解的词语，学生联系前后文，带着感悟再度回顾对词语的理解时往往丰富了词语背后的内涵。

📖 示例

苏教版六年级下册《广玉兰》教学片段

1. 教师引导交流：如果这四种形态的花同时出现在你的面前，你更愿意将目光停留在哪一种花上？

生：我愿意将目光停留在"含苞待放"的广玉兰上。

师（及时追问）：咦，文中说的是"含羞待放"，你说的是"含苞待放"，你觉得哪个词语更好？

生：含羞待放。因为含羞待放可以让人感受到含苞待放的广玉兰就像一个羞答答的少女，亭亭玉立，让人忍不住要去呵护她，保护她。

生：我觉得作者一定也很喜欢这含苞待放的广玉兰，所以把她当成人来写了。

2. 教师小结：你看，一个看似简简单单的"羞"字就让我们感受到了花苞的娇嫩可爱，更感受到了作者对这种花的喜爱，你们真是作者的知音啊！
（指名学生有感情地朗读）

　　这个案例是散文《广玉兰》第三自然段的一个教学片段。这个片段通过品读"含羞待放"的花形，使教学活动达成了两个目标：一是紧扣文本关键词的理解发表自己的见解，培养学生"扣住关键词将感受谈具体，谈深刻"的能力；二是通过比较"含苞待放"与"含羞待放"的区别，引导学生感受修辞在表情达意上的妙处，从而加深与作者的情感共鸣，也喜爱上这一形态的花。

　　这个教学片段就体现出了"含羞待放"一词在特定语境中的色彩与独有的生命力。我们经常发现学生谈感受会脱离文本，只有内心"一时的冲动"，而缺乏从遣词造句中获得感悟，更谈不上体会词语在表达效果上的妙处。因此，教师在教学的过程中，应该抓住这样的教学契机，通过有效的点评让学生关注词语，反复揣摩，不光读懂词语的表面意思，更能由表及里，体会词语在表情达意上的作用，让词语的内涵丰富起来，感受到咬文嚼字真正的乐趣。

因此，在第三学段的词语教学中，我们不能光满足于词义的理解，应该明确词语的教学目标，真正关注词语在语境中的色彩，打通理解与运用的壁垒，提高学生用好词语进行表情达意的能力。在这个教学片段中，教师敏锐地抓住了学生生成的"错误资源"——含苞待放，引导学生与"含羞待放"进行比较，通过词语的辨析，学生感受到了"羞"字所描绘的花苞形象，体会到了这样一个用词所蕴含的作者情感，直接触摸到了词语蓬勃的表现力及"语言文字的温度"，进而产生运用它的美好期待。

9 阅读的个性化：一千个读者有一千个哈姆雷特

"阅读是学生的个性化行为。"（p.22）课标中的这句话道出了阅读的一种精神属性——它是读者"思接千载，神驰万里"的心灵历程。阅读是和文本进行对话，可能是读者和作者的心灵共鸣，也可能是读者和自己的内心对话……而不管是哪种对话，其实质都是超越时空、自由驰骋、积极活跃、自由无拘的心理活动。当读者进入这一阅读境界时，他就不受周围事物和时空范围的制约，思维任意腾跃，心灵自由驰骋。

阅读教学要在长期的反复涵泳体味的过程中习得语言，发展思维和情感，形成语感。教师在这一过程中的主要作用就在于充分调动和发挥学生学习的主观能动性，"鼓励自主阅读，自由表达"（p.3），在现实的语言情境中切身感悟语言规律和意蕴，并使之成为他们意识中带有个性的东西。因此，在处理教材和对待学生的阅读体验时应有那份豁达，"不应以教师的分析来代替学生的阅读实践，不应以模式化的解读来代替学生的体验和思考"（p.22），而应给学生创设一种心灵上的自由与宽松，使他们有机会讲述自己独特的体验和有创见性的理解。

🐟 **示例**

　　苏教版六年级上册《詹天佑》一文主要记述了詹天佑克服重重困难，修筑京张铁路的经历。在这篇文章中有这么一句话："有一家外国报纸轻蔑地说：'能在南口以北修筑铁路的中国工程师还没有出世呢！'"

　　一位教师是这样引导学生理解这句话的含义的：教师提出了一个开放性的问题：从外国报纸的这句话中，你读到了怎样的言外之意？一石激起千层浪，学生的阅读体验丰富而又独特。有的说："从这句话中可以看出，当时中国的科学技术很不发达。"有的说："这句话也反映了京张铁路的修筑难度的确很大。"有的说："我从这句话中进一步感受到了詹天佑的爱国情怀。"有的说："从这句话里面我读到了外国报纸对我们中国工程师的极端藐视。"……教师面对着这么丰富的课堂生成资源，相机提问：这么多答案，其实汇成了一个意思，你觉得是什么？

　　阅读教学中如何有效落实"阅读是学生的个性化行为"（p.22）这一基本的理念呢？这个教学片段给了我们启示：

　　首先，思维本身是自由的，是超越时空的。学生往往是带着生命体验进入到阅读中去的。认真分析这个教学片段，我们不难发现：正是教师的发问方式，打开了学生的思维，学生在思考这些问题时早已经跳出了书本本身，将自己的思维触角伸向了更为广阔的历史时空中。

　　其次，要坚守"正确理解"的底线。尽管人们说"一千个读者眼中有一千个哈姆雷特"，但是这句话的潜台词是——他们还是"哈姆雷特"，而不是"堂吉诃德"。面对着课堂中生成的丰富的差异性资源，教师不能简单地做"课堂中的判官"，而应充满智慧地在学生的个性化阅读体验之间"搭桥"、"织网"，体会到不同解读之间的区别和联系。

　　最后，要注重"语感直觉"的形成。言语作品不仅具有字面意义或语表意义，而且还有言外之音或语外之意。英国病理学家贝弗里奇认为，有相当一部分的思维并无足够可靠的知识作为有效推理的依据，而需借助审美情感来进行感知，做出判断。对学生来说，言语内容美与形式美对他们的思维活动是潜滋暗长的，不容易被察觉，但却是启动他们直觉思维的强大力量。因而，在让学生感知言语内容美与体悟言语形式美的过程中，要尽力诱发其审美情感，从而形成独具鲜明情感的良好语感。

10　课外阅读怎么读

课外阅读是一种个性化的学习和生活方式，它是依据学生的爱好和兴趣而维系的独立的读书活动。但是，课外阅读也不是一种无序的自由阅读，特别是在当今这样一个快餐式、浅表性、消遣性阅读盛行的时代。那么，作为一线教师，我们应该怎样引导学生进行课外阅读呢？

让阅读从容优雅地走进学生生活。智慧的语文老师会想方设法合理选择和推荐课外读物，让阅读从容优雅地走进学生的日常生活，使其成为童年生活的一部分。"读什么"是课外阅读首先要解决的问题。低年级学生识字量少，阅读处于起步阶段，可以从绘本阅读起步，借助图文并茂的阅读材料初步感受阅读的乐趣。教师应该根据学生的身心发展特点，引导学生逐渐从绘本走向文本，从儿歌、童谣到童话、故事，从故事到文学，从单篇走向整本……

让阅读扣准学生心灵发展的脉搏。阅读是一项带有强烈个人情感和主观色彩的活动，要"加强对课外阅读的指导，开展各种课外阅读活动，创造展示与交流的机会，营造人人爱读书的良好氛围"。（p. 23）教师应善于挖掘并转化学生个性化阅读过程中的个性化资源，如：优秀读本互荐、阅读笔记交流、读后感演讲、作品语言赏析（高年级可以采用）等，使阅读成为丰富学生的精神经验，活跃个性生命，加深文化内涵的滋养生命的过程。

在阅读实践中培养阅读能力，提升阅读品位。一个优秀的读者，总能不断地享受阅读带来的精神愉悦。要让学生享受到阅读的乐趣，首先应该使其成为优秀的读者。一方面教师在进行自己的语文教育实践活动时，应着意于"精神"，得益于"技能"，让学生在长期的阅读浸染中，逐渐领悟阅读方法和阅读策略。另一方面，教师应时刻关注课外阅读的价值走向，针对学生阅读过程中出现的障碍和盲点，通过阅读交流活动，调整阅读关注点，提升阅读品位。

《走进〈水浒传〉》阅读指导片段

1. 引导学生基于已有的个性化阅读经历谈各自的读书方法，交流初读成果（成语卡、歇后语卡、兵器卡、人物卡、故事卡、评论卡、名号卡……）

2. 教师总结提升：从书中吸收不同的营养，这种归类整理也是一种做读书笔记的方法。

3. 引导学生根据前期自读《水浒传》的记忆，描述林冲形象。在此基础上，出示《水浒传》不同章回中的片段，引导学生精读相关段落。

4. 师生尝试多种阅读方法。（对比：同中读异，异中读同；联系：情节、环境、生活）

这个示例选自课外阅读指导课《走进〈水浒传〉》。这堂课的教学内容的选择对于学生课外自主阅读具有指导意义：一、为学生前期阅读搭建交流平台，满足学生展示成果的心理需求，并给予学生如何展示自己的阅读成果做出示范；二、为学生走进原著搭建对接平台，满足学生能力发展的现实需求，引导赏析小说人物的方法；三、为学生后续精读搭建一个实践平台，满足学生自主阅读的成长需求，并给学生一把走进原著的钥匙。就具体的教学流程来说，教师十分强调学生的主体地位，强调学生的自读自悟，教师不过是充分挖掘和转化了学生在前期阅读中的个性化理解和感悟，从整体泛读向局部精读跨越，从单篇感悟向整体感悟跨越。

经典课例

《林冲棒打洪教头》教学实录

（执教：戚秋月）

教学目标

1. 通过故事情节（或情境）对比阅读，初步感知"对比反衬"的手法。

2. 品味语言，品读人物，初步习得"关注言行，结合背景，揣摩心理，走进内心"的方法。

3. 通过品读感悟，让学生对《水浒传》产生浓厚兴趣。

教学过程

一、回顾情节，初步感悟

（师指读课题）

师：这个故事里说到了哪几个人？你能简要地说说他们各自的身份和他们之间发生的事情吗？

生：这个故事里说到了林冲、洪教头、柴进。林冲以前是八十万禁军教头，现在则是阶下囚，洪教头是柴进的师傅，而柴进是庄主。这篇课文讲的就是林冲棒打洪教头的事情。

师：你关注到了林冲这个人物身份的变化。不过，他们之间发生的故事，你说得太简单了，听不出故事的情节发展。

生：我来重新说说故事的情节发展。这篇课文讲八十万禁军教头林冲在发配沧州的途中，来到了柴进庄上，受到柴进的厚礼款待。洪教头不服，百般挑衅，林冲被逼无奈，和他比武，最终打败洪教头。

师：这样一来，就是没有读过这篇文章的人也了解了故事的大概。

师：读了这个故事，你能分别用一个字或词语来概括林冲或洪教头的言行吗？

生：林冲武艺高强。

生：洪教头自以为是。

生：我觉得洪教头还显得有些骄横莽撞。

生：我觉得林冲还有一个特点就是善忍。

生：林冲还会审时度势。

师：这个词用得好。只有审时度势的人才有可能取胜，否则只会自取其辱。

师：我们读了几遍课文后，大家就对林冲和洪教头有了这么多的认识和理解，真不错！我相信，等我们走入具体的情境中，仔细阅读，慢慢揣摩，对他们一定会有更多的理解和感触。

二、对比阅读，走入内心

师：请同学默读课文的第三小节，想一想：初次见面时，洪教头是怎样挑衅的？而林冲又是如何忍让的？他们心里各自会想些什么？自己特别有感触的地方就试着多朗读几遍。

（生默读课文，找出相关的语句读，并作简要的圈画批注。教师巡回指导，了解学情。其间和几个小组进行小范围的讨论）

师：读了这么长时间了，应该有些新的感受或理解了吧。大家一起交流交流。

生：林冲看到洪教头挺着胸脯，歪戴着头巾，心想：来者不善，这样装扮之人肯定不是好惹的。我现在是个囚犯，还是少惹事吧。

生：我觉得洪教头现在很心虚。他怕自己的地位受到威胁，所以想给林冲一个下马威。他对林冲的问候置之不理，而且还有意侮辱林冲，说他是来骗吃骗喝的。

生：我来补充，我觉得一个"冷笑"和一个"跳"字，让我感受到洪教头其实是很心虚的。但在这种情况下，他不能在气势上输给林冲。因此他只能用表面上的骄横无礼来掩饰心虚。

师：你们抓住了洪教头的装束、神情、语言和动作，仔细地揣摩，走进了洪教头的内心。那谁还能再来说说林冲？

生：我觉得林冲现在是"忍"字当头，所以他才会看到洪教头之后连忙站起来躬身施礼，并且让座。

生：我也关注了林冲在这个时候说过的唯一的话——"不敢，不敢"。作为八十万禁军教头，肯定不是一般之人。他连说两个不敢，要么真的是不敢，要么就是故意的。

师：你觉得哪种可能性更大。

生：我觉得他是故意的。我联系了后面的内容，发现他是有战胜洪教头的把握的。

师：俗话说"士可杀不可辱"，林冲应该也可以算个"士"，这个时候为什么会这样呢？

生：我觉得林冲这个时候这么忍让有三个原因：一是因为自己是客，他要给柴进面子，因为洪教头是他的师傅，他不能得罪主人的师傅。二是因为自己现在是个囚犯，不能在这个地方再惹是生非了。三是他也想迷惑一下洪教头，让洪教头觉得自己确实是个骗吃骗喝，没有真才实学的人。

师：这么一聊，我们把林冲的心思也看了个透。以后读故事的时候，我们就要抓住人物的言行举止，多多揣摩人物的内心。

师：谁能把这精彩的一幕用朗读再现出来？（指名三名学生分角色朗读柴进、洪教头和林冲的话）

师：看来，比武是在所难免。练武、比武之道就是为人之道。俗话说"外行看热闹，内行看门道"，那么你从他们比武时的几个回合中，又看出了哪些门道呢？

（生自读批注后小组交流）

师：你看出了哪些门道？

生：比武还没有开始的时候，洪教头就已经注定要输了。因为他显得不够沉稳。

师：也就是说在比武时他太心浮气躁了，犯了比武的大忌。你真是内行。那我们可以从哪里看出洪教头的心浮气躁呢？

（学生讲述第4、第5小节的相关内容）

（师引导学生有感情地朗读第4、第5小节）

师：还看出了哪些门道？

生：林冲现在还是在忍，不想和洪教头撕破脸皮，否则他不会战了四五个回合就主动说自己输了。他是给洪教头面子，不想惹出新的是非出来。

师：始终结合着当时的背景来看具体的文章内容，这是一种走进人物内心的好方法。

生：林冲当时也是很有心计的。他主动说自己输了，也是想寻找机会给洪教头点教训。他说"小人带着木枷，就算是输了吧"，就是在寻找机会把自己身上的木枷去掉。

师：这也可以叫做智慧。

师：有谁关注过他们真正的比武过程，并从中看出了一些门道？

生：我从"把火烧天"和"拨草寻蛇"这两个招式中看到了两个不同性

格的人。洪教头很歹毒，他每一招都想置人于死地；而林冲是以守为攻，小心应对。

生：我关注了林冲的三个动作——"一横"、"一退"、"一扫"。我看出了林冲武艺高强。面对穷凶极恶的洪教头，他都轻松地化解。

……

师：真是一段精彩的描写。不仅写出了比武过程，还刻画了两个性格鲜明的人物形象。而你们的发言更精彩！

（师引导学生读好第7小节）

师：人们说，林冲是梁山第一等好汉。那么在你看来，林冲算得上好汉吗？

（生回答略）

三、拓展阅读，丰满形象

（师出示《林教头风雪山神庙》相关片段，指名学生朗读）

师：从这一回中，我们读到了一个谨慎善忍、深藏不露的林冲形象。那么在这个片段中你又读到了一个怎样的林冲呢？

（生回答略）

（师小结）

【课例评析】

在这个教学课例中，教师通过"以读促思，以思促读"的方式，让学生在自读自悟的基础上，以开放性的问题为线索，通过对文中人物神情、动作、语言反复的朗读咀嚼，在交流阅读体悟的同时，逐渐形成一种新的阅读结构——抓住人物神态、动作、语言，揣摩人物心理，在对比阅读中结合人物处境走入文中人物丰富的内心世界。同时，也通过对课文语言文字的朗读品味，让学生初步感受到古典文学的熏陶，培养学生热爱祖国传统文化的感情，进而对古典名著《水浒传》产生浓厚的兴趣，形成美好的阅读向往和期待。

教师在执教过程中，进行了准确的阅读选择。作品中的人物是"行动中的人物"，情节是表现人物的手段。教师通过问题情境的创设，让学生在了解故事梗概的基础上，依托情节的发生、发展和结果，弄清楚来龙去脉，把握行文的思路和结构，明确人物和情节之间的关系，让他们在经历作品中的事件的同时，抓住人物在特定的环境中的种种表现，逐渐走进人物内心，揣摩人物情感。这样的设计，使学生在具体的语言文字的涵泳过程中，不仅能揣摩到人物丰富的内心世界，还能体会到语言文字的精妙。更重要的是，由于教师的教学流程设计抓住"行动中的人物"这条线索，也就提供了在人物命运的改变中感受人物性格的变化发展，从而感受形象的丰富。

（金东旭）

习　作

【课标视点】

写话和习作　自由创意表达　真情实感　读写结合　自主修改　具体明确　写见闻　文从字顺　易于动笔　记实与想象　读书笔记　常见应用文分享习作

【解读概述】

小学阶段习作的总目标是："能具体明确、文从字顺地表达自己的见闻、体验和想法。能根据需要，运用常见的表达方式写作，发展书面语言运用能力。"（p.7）第一学段（一、二年级）定位于"写话"，第二、三学段（三至六年级）定位于"习作"，到了第四学段（初中阶段）才称为"写作"。每一个学段都设定了明确而具体的教学目标。各学段的具体目标充分关注小学生的习作现状，关注"本我"的真实表达。新课标将"对写话有兴趣"、"写自己想说的话"放在小学生写话起始阶段，重点培养学生写话兴趣和自信心，而兴趣则是最好的老师，兴趣更是习作最重要的内驱力，也是后续习作发展的原动力。

新课标在小学阶段习作领域中重视"培养学生观察、思考、表达和创造的能力"（p.23），表达要源于生活实际，本真的生活体验和经历，才能唤醒其深入的思考、积极的态度、个性的表述。只有为学生打开广阔的习作空间，解除束缚，才能实现主动表达。习作教学常常充斥太多的技术性要求，过于强调规范性、标准性，冲淡了自由表达和有创意的表达。而课标强调"改进作文命题方式，提倡学生自主选题"（p.23），并运用联想和想象丰富表现手段，运用网络等多元信息平台丰富习作展示形式，使习作成为学生乐享之事。

为切实提高学生的习作水平，课标还提出了一些具有可操作性的环节，例如重视积累。第一学段要求"在写话中乐于运用阅读和生活中学到的词语",第二学段中提出"尝试在习作中运用自己平时积累的语言材料,特别是有新鲜感的词句"。"语言的学习不是一蹴而就,它是一个长期积累的过程。""厚积"方能"薄发"。叶圣陶先生认为:指导学生习作,"空口论点没用的,该去寻到它的源头,有了源头,才会源源不断注出真的水来"。习作的源头就在于学生"心中的积累",一是生活的积累,经历与直接经验。二是阅读的积累,间接丰厚的储备。换言之——积累是表达的根,表达是积累的果。积累的本质在于经历过程,丰厚阅历;持之以恒,形成习惯。积累的目的就是运用。

再例如,注重修改及修改中的合作——"注重评价主体的多元与互动"(p. 27)。正确全面的作文评价能促进学生人格的健康发展、写作能力的提高,也能为学生习作注入永不枯竭的动力。它能检验和改进学生的写作活动,优化学习过程。学生参与评价,就会对学习目标越来越明确,其后续学习就会越有效;学生利用评价信息改进自己学习的机会越多,其学习的主动性自然会越强。学生通过来自各个主体的评价和反馈,反思、诊断,调整自己的学,多主体的评价从不同的角度提供了有关学生学习发展状况的信息,有助于参与者在对话与协商中有所收获,更加全面地认识自我,提升自我。

新课标还从习作书写的姿势和态度上,从习作的速度上予以了相应的关注,更关注学生语文素养的全面提高。

【教学解读】

1 写话和习作:调节适当的高度

习作目标,第一学段定位于"写话",第二学段开始"习作",是为了降低学生写作起始阶段的难度,重在培养学生的写作兴趣和自信心。

第一学段"写话"是儿童初次体验书面表达的初级阶段,课标提出了三点要求:

①对写话有兴趣,留心周围事物,写自己想说的话,写想象中的事物。

②在写话中乐于运用阅读和生活中学到的词语。

③根据表达的需要,学习使用逗号、句号、问号、感叹号。(p. 8)

从要求的表述中看出，对于学龄初期儿童的写话内容、题材、方法等均是从儿童兴趣出发，写想说的话，展开丰富的想象，自由表达。"留心周围事物"、"写想象中的事物"初看上去要求似乎过高，其实不然，根据儿童认识世界的规律，首先就是通过各种感官接触人、事、物、景等，通过耳朵听、眼睛看、鼻子闻、嘴巴尝、手触摸等，经历并留心每一种体验，这既是他们的兴趣又是在积累题材。"想象"也恰恰是低年级学生的特长，心理学研究表明，儿童时期是想象的巅峰时期，鲁迅先生说："孩子是可以敬服的，他常常想到星月以上的境界，想到地面以下的情形，想到花卉的用处，想到昆虫的语言，他想飞上天空，他想潜入蚁穴。"所以刚刚从曼妙、丰富的童话世界，从妈妈温柔、善良的睡前故事，站在丰富、神奇的大千世界，他们的言语是插着想象的翅膀的。这种想象尤其需要老师的呵护与珍视。所以在学龄初期可以想写什么就写什么，不要有束缚和限制。孩子小可能不太清楚什么内容适合于写话，教师可以站在儿童的视角，关注儿童的生活经验、经历和需求，挑选出他们感兴趣的内容加以提示，创设发挥想象的契机，适时给予选材的指导。

为了培养写话的兴趣和自信心，写话的形式也可以尝试丰富多样。一般低年段可以采取看图写话的形式，它遵循了儿童思维发展的特点，即低年段学生形象思维丰富的特质；老师还可以创设情境写话，亲身的体验与经历胜过间接的讲解与说教；还可以利用图文互补的呈现方式，尝试图文补白写话，激发写话兴趣，充实写话内容，丰富写话形式。

"写话"的初步兴趣与自信培养起来了，过渡到第二、三学段的"习作"，应该是呈螺旋式上升的一种循序渐进的过程。第一学段与第二、三学段从"写话"到"习作"的过渡承接显得尤为重要。一方面呵护和珍视儿童"写"的兴趣依旧是前提；另一方面习作所需的知识技能，不能是直接灌输，而应创造新奇、愉悦的写作氛围，唤起习作欲望，使学生"有话要说"。教师在培养学生的习作热情时，不妨尝试以下几种方法：

一、创设情境，身临其境

在情境中写作，学生有人可写、有事可记、有话可说，自然生发出真切的感受和体验。它能给学生提供兴趣盎然的材料来源，并培养学生在一种应急状态中灵活的应变能力。

情境习作是激发学生的习作欲望，调动学生习作兴致的一种场合、一种背景、一种状态。在操作中，情境的创设，首先必须贴近学生的生活，其次是营造出人意料的氛围。这种习作训练模式的目的在于给学生持续写作的素材，使学生习作"言之有物"、"言之有情"。

二、设计活动，参与体验

心理学研究指出：在学生缺乏学习动力，尚没有明确学习目的的情况下，可以利用他对其他活动的兴趣，"迁移"到学习上，使他满怀兴趣地投入学习活动。教师给学生提供了一个能够开发和张扬学生创作和实践的教学现场——任务或游戏等，使学生产生积极参与、乐于体验的情绪。活动是儿童的天性，活动的号召力远远超过一个命题，活动习作的教学过程对记忆、行为、认知等的刺激是直接、形象、切身的，它及时提供、生成了鲜活的写作素材。[1]

教师可以尝试开展以下活动——场面活动、体验活动、游戏活动，在活动中积累素材。

三、网络平台，展示风采

充分利用现代高速发展的网络平台，为作文教学提供一个新型的写作环境，提供更加丰富的写作资源，这是一种新型的习作方式。教师可以创建班级 QQ 群空间和博客群组，借助网络资料开发学生的兴趣。

示例

表演哑剧游戏——打乒乓球[2]

（第一场）

1. 教师拿出两个球拍和一个乒乓球，把第一排的两个书桌搬到教室前面，摆成球台，用学生的铅笔盒做成"球网"，接着走到学生面前，示意学生举手，意思是谁愿意与老师比赛打乒乓球。（一个学生接过球拍，准备和

---

[1] 朱水根. 新课程小学作文教学［M］. 北京：高等教育出版社，2006.
[2] 此示例选自《长春市小学语文新课程培训资料汇编》（2002）。

老师打比赛)

2. 教师拿出评分牌，请两个学生到讲台前分别为两名选手记分，并伸出三个手指，示意对方选手打三分决定胜负。

3. 师生比赛。(师赢分后做出兴奋的样子)

4. 三分打满后，带领全班同学为获胜方鼓掌。

(第二场)

1. 教师把乒乓球放入口袋，示意学生到前面和老师继续打球。

2. 师生进行"无球"乒乓球赛。(教师在打球时做出种种夸张诙谐的动作。如往后倒退；左边接一个，右边接一个；把球抛向空中，过很长时间才把球打过网……)

在潜移默化的情境设计活动中，儿童言语的兴趣、意识和欲望被激活，接下来的表达则顺理成章。

根据学生生理、心理、思维发展等规律，把"写话"与"习作"自然顺承，并调节到适当的高度，不仅培养的是儿童的说写能力，而且交际能力、活动能力以及生活的态度、精神的成长都是同步进行的。淡化文体，降低小学阶段作文难度，"这不仅能焕发学生的主体精神，增强学生学习作文的自信心，又能激发学生的写作兴趣"。

2 自由创意表达：不拘形式的"形式"

课标分别对各学段习作提出了如下要求：

第一学段：对写话有兴趣，留心周围事物，写自己想说的话，写想象中的事物。(p.5)

第二学段：观察周围世界，能不拘形式地写下自己的见闻、感受和想象，注意把自己觉得新奇有趣或印象最深、最受感动的内容写清楚。(p.6)

第三学段：养成留心观察周围事物的习惯，有意识地丰富自己的见闻，珍视个人的独特感受，积累习作素材。(p.7)

从以上表述中可以看出，新课标对于学生自由、有创意地表达非常关注，鼓励学生能不拘形式地写下自己独特的感受，做到说真话，吐真情。教师在指导学生习作时应贴近学生实际，试想一下，如果学生喜欢写的内容教师不让写或没有机会写，不感兴趣的内容却被要求必须写，写作时过分强调形式，规定应该怎样写，不应该怎样写，这些约束就会使学生失去写作兴趣。为了使学生能够自由有创意地表达，不拘形式，可以尝试以下几种策略。

一、题材丰富多彩，拓展表达空间

写作题材只有贴近孩子们的生活，孩子们才会感兴趣。叶圣陶曾说，"生活如源泉，文章如溪水，泉源丰富而不枯竭，溪水自然活泼地流个不停"。[①] 对于刚学习写作的小学生来说，只有写亲身经历的事情，他们才有话可说。教师要引导学生用心体验生活，通过各种方式、运用多种方法，创设各种情境，使写作过程不再枯燥，进而变得丰富多彩。比如低年级教师可带领学生做画鼻子、抢凳子的游戏，高年级教师可带领学生做传话的游戏等，提供机会让学生参与活动，让学生成为活动的主角，久而久之，学生热爱生活，会观察生活，写起作文来也会有话可说，有内容可写。

二、体裁灵活多样，不拘文体形式

以往的习作很多时候会要求字数，要求学生必须写记叙文，这就限制了学生的写作灵感，对于一些热爱阅读、思维灵活的学生来说，完全可以尝试着写一些说明性、议论性文体，或是诗歌等，使学生的作文百花齐放。比如低年级关于自然现象、课间游戏的习作，就可以允许学生写一些简单的小诗歌，学生获得了成就感，会激发写作兴趣。中高年级的习作，允许学生写介绍某件物品的说明性文字，或是针对某一话题发表看法的议论性文字，这些都能给学生带来挑战的快乐。这种不拘形式的习作往往是学生们喜闻乐见的。

三、自主命题，让学生成为习作的主人

课标在习作教学建议中指出："为学生的自主写作提供有利条件和广阔空间，减少对学生写作的束缚，鼓励自由表达和有创意的表达。鼓励写想象中的事物，加强平时练笔指导，改进作文命题方式，提倡学生自主选题。"（p. 12）

---

① 叶圣陶．叶圣陶讲作文［M］．长沙：湖南教育出版社，2008：36．

著名特级教师于永正也曾经说过，"为什么有些学生在写作文的时候，经常抓耳挠腮？很大一方面是因为我们给他们的题目太大、太空洞，使学生产生'老虎吃天、无从下口'的感觉"。[①] 在写命题作文的时候，学生对教师规定的命题作文不感兴趣，没有亲身的生活经历，生编硬写，写出来的作文当然枯燥无味，不够精彩。在教学中变教师规定题目为学生自主命题，引导学生写自己感兴趣的内容，给学生自主发挥的空间，这样不同个性、不同水平的学生都能根据自己的生活实际选择可写的内容，从而体会到习作的乐趣，使学生易于动笔，乐于表达。

🍎 示例

有趣的图形作文

活动内容

用以下四个图形"△ △ — ○"（两个三角形、一条直线、一个圆），发挥你的想象力和创造力，每个图形都用上，并且只用一次，图形的大小、方向、顺序不限，把它们组合成一幅图画，并给这幅画起一个充满诗情画意的名字。

写作建议

可从以下几个方面中任选其一来写：

1. 以活动过程为内容来写，行文过程中写清活动的环节，注重同学的表现和自己的感受，重点写你印象深刻的几幅画，做到详略得当。

2. 以自己创作的画为话题发表看法，写出自己由这幅画想到的道理、含义等。

3. 根据自己创作的画编一个小故事，展开丰富的想象，可以采取画中事物自述的形式。

---

① 于永正. 于永正文集［M］. 徐州：中国矿业大学出版社，2002：157.

例文

诗情画意

望着我自己创作的那幅《舞者》，我仿佛置身于幽静的林子里。那里，有一位孤傲的舞者在独舞。她的舞姿体现出她对生活艺术的追求，同时，又有一种勇气在高傲的舞步中飞扬。她在舞台上的辉煌，也不知是用多少艰辛换来的。正是"台上一分钟，台下十年功"啊！她优雅的步子，也仿佛在时时提醒我们：面对生活中的事，都要用平和的心态去对待。

这是一堂语文课，我岂能在课上画画呢？

原来，这一课老师请我们用两个三角形、一个圆形和一条直线画一幅画。听到要求，我心里不由得激动起来，但，我又有些疑惑：这要怎么画？正在我疑惑不解时，一个念头蹦了出来，何不画一位舞者呢？说干就干，不一会儿的工夫，《舞者》就出世了。

这时，我环顾四周，只见有人在奋笔疾书，有人好像已经有了头绪，有的还在苦想。不过，"才子"还是有很多的。比如，单文博的《展翅飞翔》，大气磅礴；逄锦博的《愿者上钩》，意味深长；而张贺禹的《时光流逝》更是别有一般韵味：图画上圆形的时钟，滴滴答答的指针……无一不在提醒我们：一寸光阴一寸金，寸金难买寸光阴……

快要下课了，我再一次凝望那位"舞者"，一支舞已结束，另一支舞又将开始；一堂语文课结束，但简洁的美却萦绕心中。

（张昕然）

不拘形式，思绪驰骋，这种充分享受表达的自由，显然唤醒了孩子们创作的灵感和热情。"为学生的自主写作提供有利条件和广阔空间"（p. 23）。

当然，"不拘形式"不是不要形式。在大量的课内阅读教学与课外阅读积累中，学生会接触到许多形式，也会潜移默化地掌握各种形式，并根据相应需要，自由选择运用各种表达形式，正所谓是"不拘形式的形式"。

3 读写结合：开启习作之门的金钥匙

课标习作教学建议中提出，"要重视写作教学与阅读教学、口语交际教学之间的联系，善于将读与写、说与写有机结合，相互促进"。这里涉及读与写、说与写结合的问题。

读写结合，在我国有着深厚的传统经验，早在西汉时期就有人对读与写的关系进行过专门的论述。杨雄曾言："能读千赋，则善为之矣。"读写结合作为一种成熟的概念出现，是在现代语文教育家黎锦熙 1924 年出版的一本语文教学法专著《新国语教学法》中，他在其中有"作文与读法教学联络"的提法。

关于读写关系问题，古今中外，不乏深刻的理解与阐述。

文章怎样做，我说不出来，因为自己的作文是由于多看和多练习，此外并无心得和方法。

——鲁 迅

读与写关系密切。善读必易于达到善写，善写亦有裨于善读。二者皆运用思考之事，皆有关学科知识与生活经验之事，故而相通。

——叶圣陶

阅读教学不能与母语教学和母语的各种表达方式相分离，不能与书写的初级阶段相分离。

——联合国教科文组织第 28 号建议

读写结合作为一条行之有效的教学原则，一直以来备受重视。读写结合是利用"读"与"写"互相迁移、同步发展的规律，在完成各自相对独立的教学任务的同时，通过"读"来促进"写"，通过"写"反过来促进"读"，实现学生语文素养的整体提高。读与写的"结合点"，是开启读与写这两个"锁"的"钥匙"。

从我国现行的 12 套课程标准小学语文实验教科书编写的角度看，各版本教科书都力求体现"读写结合"。从横向上看，注重写作与阅读、口语交际、综合性学习等相互联系，都关注了听说读写之间的内在联系，力图体现语文的综合性，便于教师在教学中引导学生将阅读和习作能力转化、迁移、渗透，特别是在体现阅读和习作的关系上，着力体现"以读促写"与"以写促读"。从纵向上看，习作内部相互照应，螺旋上升，最终达成总目标，在构建习作领域目标体系的过程中，基本按照逐项分解、设"法"布"点"、螺旋上升、整体推进的思路进行的。即在不同阶段，考虑到学生识字量与阅读量以及认知水平，将课标中的学段目标要求细化并落实到每个局部，既突出整体性，又体现阶段特征。

从习作教学的角度看，读和写之间的关系是很复杂的。不是简单得如同硬币的两面。读写结合不仅包括立竿见影的显性结合，还应该包括隐性结合。学生在阅读过程中会发现有很多因素影响到写作，比如选材的典型性、环境描写对人物心理的衬托等。但学生不会将这些因素很好地结合在一起，也不知道以怎样的方式结合。阅读会对学生的写作产生十分深刻的影响，读写结合时教师应加强对阅读中的写作要素的理解和体会，读写之间的显性迁移就会被隐藏。

在具体的习作教学中，实现写与读结合的基本策略大致有以下几种。

①仿写

仿写就是"依葫芦画瓢"，是提高学生写作能力的最有效的方法之一。仿写包括对句子、段落和篇章的仿写等。可以是句子仿写，也可以是片段仿写，或是结构仿写。

②改写

改写，主要是针对课文的情节、表达方式、人称等进行的创造性的写作训练。小学生习作，一是愁没东西写，二是词语匮乏。如何解决这个问题？作为练笔，改写是一个好办法，既解决了写作内容，又解决了写作形式。改写时，课文中的词语、句子、结构方式，学生能用多少就用多少，促进由被动语言向主动语言的转化。改写，包括整篇改写和部分改写。整篇改写，如改换叙述的人称，把古诗、古文改为语体故事等。部分改写，如改写开头，改写结尾，改换词语、句式，等等。

③补白

许多文学作品使用的语言常常是一种具有审美功能的模糊性语言，包含着许多"不明确"与"空白"，把这些内容留给读者，可以调动读者的思维积极性。补白，就是针对课文某一情节进行的扩充式的写作训练方法。这种方法能让学生在练习中对课文内容有更深入的理解。

④续写

续写，是要求学生在理解课文内容的基础上，根据故事情节发展的情况，借助联想和想象，对课文内容进行延伸式的写作训练。

⑤批注

在阅读时，边读边在疑惑之处、思考之处做上批注，便于读后整理自己的思路，这既是一种读书方式，也是一种学习能力的培养，更是一种最经济、最有效的课内练笔形式。

⑥缩写

缩写练习有助于加强学生对文章的理解，提高学生归纳总结和书面语言表达的能力。

缩写其实就是书写原文的精华和梗概，一般不加入任何个人的评论和解释，在中高年级都可进行。

⑦引申

引申，是要求学生在所学课文的基础上，由此及彼，引发开去，写话题作文、材料作文。

示例

《我的战友邱少云》一文，当学生们对课文内容有了整体了解，并被邱少云的英雄精神所震撼时，请学生为课文的插图配文，补白，训练思维。

学生一："火苗蔓延在草丛中，也蔓延在邱少云的身体上，但他的身体似与大地融在了一起，只有那双眼睛迸射出如火般的刚毅，似要吞噬掉敌人的碉堡……"

学生二："他目光坚定，牙齿紧紧咬住双唇，双手青筋暴起，十根手指深深地扎进泥土……"

这些合理的想象，使学生的认知能力得以提升。

阅读与习作整合时，读、说、写交融，将语言形式的运用与课文内容的理解有机整合，将评、导整合于学生读、说、写实践的全过程。其基本模式是：

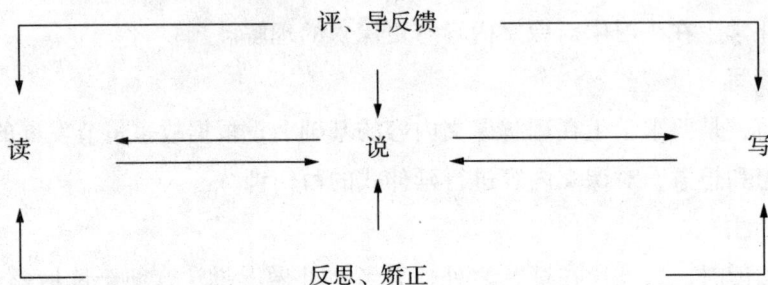

总之，读为基础，写是关键；从读到写，写中促读；突出重点，多读多写，是语文教育经验之精华。

4　自主修改：在自评与互评中碰撞成长

课标在第二、三学段的习作目标中，明确提出有关习作修改的要求，第二学段中指出："学习修改习作中有明显错误的词语。"第三学段中进一步强调："修改自己的习作，并主动与他人交换修改，做到语句通顺，行款正确，书写规范、整洁。"

早在新文化运动时期，我国语文教育界的先贤，就开始关注作文批改的效益问题。刘半农提出"二次批改"，罗农文提出"面改"和"同学互换改"，叶圣陶强调"自改"。

国外也比较重视作文修改的效益。如美国流行的"三阶段写作进程"理论，已把"修改定稿"列为学生完成习作的一个必要阶段；日本富永大洋提出的一种"引起共鸣、发生反响"的作文法，也主张让学生相互传阅和批改作文。

突破传统的由教师单向做精批细改的单一方式向学生自主修改的方式转化，不仅有利于改变教师耗费精力而收效甚微的现状，更为重要的是有利于确立学生的主体地位，调动学生习作的兴趣和积极性。

培养学生自改和互改作文的能力，要遵循循序渐进的原则。

一、教给修改方法

无论是习作，还是修改，都要有示范引领这一步骤。在引导学生参与评改的过程中，教师首先要使学生明确评改的具体要求，统一规范修改符号。教师可以拿出一至两篇典型的评改示例，指导学生按一定步骤和方法，边读边评边改。包括格式是否正确、书写是否工整、纠正错别字、校正标点、修改病句、扩展段落、调整结构等，让学生逐渐掌握评改方法。

二、师生讨论交流

教师可以把要评改的典型文章下发给学生，先由学生自行练习修改，然后全班交流讨论，一起研读，明确哪里需要修改，怎么改。学生在自行评改的基础上，参考老师、同学的修改建议，进而完善自身的评改技能。如此反复切磋、交流、沟通，学生就会逐步掌握习作的评改要求、步骤和方法。

三、学生互动评改

在学生初步掌握了评改方法的基础上，教师就可以放手让学生们互相交换习作，进行互动式习作评改。在评改之前，让学生明确本次习作的重点及具体要求，然后对习作进行点评。内容包括评价、改动、建议和学习。

具体步骤：

①默读文章，相机点评。

②圈画、删减、增补、修订、调整、眉批。

③对全篇进行总评。

④教师评点。

⑤返还作者手中，进行信息反馈、再修改。

在互动点评过程中，教师要告诉学生，对于同学的习作，要报以欣赏的态度，善于发现习作的闪光点，借鉴别人习作的优点。

四、学生自评自改

叶圣陶先生认为，"改的优先权应该属于作者本人"。习作成文后，可以自读自改；也可以在互动评改后，针对老师、同学、家长的意见进行再次修改，使修改更具针对性和实效性。

课标在评价建议中提到："要引导学生通过自改和互改，取长补短，促进相互了解和合作，共同提高写作水平。"互动评改将使学生的习作水平呈螺旋式上升趋势，促进言语能力、交际能力、鉴赏能力的发展。

示例

我家里的蜗牛

半个月前，科学老师让我们去买蜗牛进行观察实验，我和妈妈买了一只，还给它买了个蓝色的家。

经过几天的相处、观察，我发现蜗牛的外壳是咖啡色的，略带螺旋形黑灰条纹。它爬行很缓慢，喜欢待在潮湿的地方。

蜗牛分头腹尾三部分。头上长有两对长触角，一对长，一对短，长触角的顶端是眼睛，眼睛底下一直到头部都是触角。小触角是鼻子，头的下面是嘴，要不仔细观察是发现不了的。爬行的时候是用腹部底下的腹足爬行，它能分泌一种黏液，在爬过的路上留下清晰的痕迹。它的尾巴在壳的后面成三角形。它的身体伸缩自如，有时能伸出4~5厘米，柔软的，没有固定大小，全部展开的时候有10厘米长，非常美丽。蜗牛喜欢吃苹果、各种菜叶，尤其喜欢吃白菜叶。

但是要记住它可是个害虫。

（王儒均）

同学点评如下：

小作者对蜗牛进行了细致地观察，它的样子，各部位的特征、用处都介绍得十分详细，但我们读起来像是在看科普知识大全，文中缺少有趣的事件，显得有些生硬，不够生动。

针对同学评语补充了如下内容：

我在咖啡盒里放生菜叶给它做家。起初刚来的几天，它很胆小，从不爬出盒子，我一碰它，它就躲进壳里，半天也没动静。可是没过多久，它可能熟悉了，便大摇大摆地到处乱爬，每天都和我玩"捉迷藏"。有时粘在桌子腿上，有时粘在墙上……我得强行把它抓进盒子里，它还很不情愿，总是把身体紧紧地贴在上面，让人大费周折。

上面的示例，是《我家里的蜗牛》习作后同学互评与互评后的修改。

在互动点评中，评者准确找到了习作的症结所在，既肯定长处，又提出中肯的修改意见，同时也增强了自身写作经验；作者也针对评改建议做出恰当调整补充，提升了写作活动的自主性。这种多向性、创造性思维的激发，在一定程度上扫清了学生习作的畏难情绪，增强了自信。

放手让学生自己修改习作，养成修改习作的习惯和能力，是当前习作教学刻不容缓的任务。我们语文教师常常认为，习作批改就是教师自己的事。其实习作教学活动中，"评"与"改"是辩证统一的。"评"不是教师的特权，"改"不只是作者的任务，而应该是师生双方共同参与、积极互动的过程。

5 写见闻：开放的视野，多元的体验

课标在"总体目标与内容"中指出："能具体明确、文从字顺地表达自己的见闻、体验和想法。"（p. 7）在"学段目标与内容"中，又针对不同学段的学生，明确提出了写见闻的相关要求。

首先在第二学段的写作目标中指出："观察周围世界，能不拘形式地写下自己的见闻、感受和想象，注意把自己觉得新奇有趣或印象最深、最受感动的内容写清楚。"（p. 11）接着在第三学段的写作目标中指出："养成留心观察周围事物的习惯，有意识地丰富自己的见闻，珍视个人的独特感受，积累习作素材。"（p. 13）

写作就是写生活中的点点滴滴，纵观古今中外的优秀作品，都不是凭空想象出来的，而是来源于生活中的素材，有的原汁原味给人以朴素之美，有的经过渲染给人以震撼之感。素材来源于生活中的见闻，是朴素的道理。来自生活的见闻是孩子们进行写作的好素材。

如何让孩子主动关注身边的见闻，开放视野，实现多元体验呢？

一、随时随地搜集见闻，丰富写作素材

生活中的见闻随处都有，关键是要引导学生做一个生活中的有心人。社区体验、校园生活、亲近自然、关注媒体等都是贴近生活、获取见闻的渠道。

社区是我们生活、居住的地方，学校是我们学习、玩耍的地方，这些地方经常有一些让人印象深刻的事情发生。要做个有心人，就要在生活学习中关注身边的人和事。寻找机会亲近自然，在不一样的经历中搜集更新的写作素材。密切关注媒体，这是获取见闻最便捷、范围最广的途径之一，而媒体报道的事件多是社会热点问题，极易引起孩子们的关注。通过以上多种角度的搜集见闻，实现学生视野的开放性。

二、鼓励多种方法记录见闻，创新表现形式

见闻的记录方式不必仅仅拘泥于普通写作，现在学生们都有自己的个性，用创新的方式记录下见闻，学生更喜欢别出心裁与众不同的表达，这样学生的兴趣会更加浓厚。教师可以让学生尝试以下表现形式：

①转述见闻，谈感受。

②写写报道，播新闻。

③画画图画，配文字。

④拍拍照片，写说明。

在习作中多运用这些表现形式，学生必定会乐于记录下身边的见闻，也会在这创新的记录方式中产生多元的体验。

🍎 示例

《写见闻》习作设计

一、回顾引入

上周我们就开展了争当"小拍客"——用自己的镜头记录身边事和"新闻播报员"——新闻读报活动，并让大家都做了记录，下面就请大家把你们保密了许久的成果拿出来吧。

二、小组合作，初步交流

1. 用简短的话概括见闻。

2. 指导题目。

三、小组交流，指导内容

1. 小组交流见闻。

2. 汇报。

提升：说清见闻要从以下几方面入手：事情发生的时间、地点、人物、事情经过、结果，语言流畅、生动、有趣，有自己的看法和评价。

四、丰富内容，充实见闻

1. 丰富交流内容。

2. 再汇报。

3. 引导学生评价，再充实。

五、丰富见闻的表现形式

1. 出示我的空间日志，观察记录形式有哪些不同。（对话较多）

2. 引导学生发现更多的表现形式。（连环画式、配图式等）

其实写见闻并不一定非得是一篇文章，表现的方式可以是多种多样的。你可以用自己最擅长的方式把你的见闻记录下来。

六、落笔成文

上面是一位教师在作文课上指导学生写见闻的流程。我们看到课前学生便做了很长时间的准备，用了比较新颖的方式观察和记录身边的见闻，而且一直保密，这样就没有过多重复的见闻出现，由此学生们的视野更加开放。

而在指导见闻表现形式方面，教师也给予学生很多的引导和提示，鼓励学生用多元的方式来记录见闻，实现学生个性的张扬，不同的表现方式通过再次交流，必定会让学生获得多元的体验和感受。这正是课标中提出的"要培养观察周围世界，能不拘形式地写下自己的见闻、感受和想象"。

6 记实与想象：立足根本，生成个性

课标在第一学段中指出："对写话有兴趣，留心周围事物，写自己想说的话，写想象中的事物。"（p.9）在第二学段中提出："观察周围世界，能不拘形式地写下自己的见闻、感受和想象，注意把自己觉得新奇有趣或印象最深、最受感动的内容写清楚。"（p.11）第三学段强调"能写简单的记实作文和想象作文，内容具体，感情真实"。（p.13）

按新课标要求，记实作文与想象作文并重。在作文指导中，既要从真实入手，立足根本，培养学生留心观察周围事物，写生活中的见闻，同时，还要引导学生进行适当的想象，培养学生敢想、爱想、会想的意识，发展学生的创造性思维，生成个性化习作。

一、记实作文，深根固本

新课标"评价建议"中指出："写作材料准备过程的评价，不仅要具体考察学生占有材料的丰富性、真实性，也要考察他们获取材料的方法。要引导学生通过观察、调查、访谈、阅读等途径，运用多种方法搜集材料。"（p.30）由此可见，记实乃小学生习作之根本。所谓记实作文，其本质就是引导学生写真实的生活，记述周围发生的事情。

①搜集信息，素材真实

信息时代，图书、杂志、电视、网络各种媒体都时刻向我们传递着信息，我们要引导孩子学会搜集信息，正确地处理信息。例如：10月6日是"老人节"，可以提前一个星期向学生布置作业：在电视、报纸、网络上搜集有关老年人晚年生活的资料，对社区内的老人进行采访，并组织学生在班内把搜集到的资料进行整理，然后交流。在此基础上，完成习作。

②学会观察，落到实处

观察应该是多角度、全方位的，只用眼睛仔细看是不够的，要调动多种感官参与观察：用眼睛看、用耳朵听、用鼻子闻、用嘴巴尝、用手触摸……比如观察一种动物，我们用眼睛去看它的外形、颜色、动作，还要用手去抚摸它的皮毛，用耳朵听它的叫声……这样全面、细致的观察之后，作文才会写得形象、生动。

观察应该是有序的，有整体、有局部、有特写。比如写某处景物，可以由远及近，先写举目远眺，映入眼帘的整体印象，然后随着游览的路线，逐步观察局部景物，而针对自己感兴趣的景物，则可以聚焦镜头，着眼细节，浓墨重彩。这样的描写才会生动，给人一种真实之感。

总之，指导写记实作文一定要让学生用事实说话，对真实的见闻和经历进行仔细观察、细致描绘，写人要让读者如见其人，写景要让读者如临其境，如此才能深根固本。

二、想象作文，激活个性

新课标指出："为学生的自主写作提供有利条件和广阔空间，减少对学生写作的束缚，鼓励自由表达和有创意的表达，鼓励写想象中的事物。"（p.23）亚里士多德说过："没有想象，心灵就不会有思想。"作家秦牧说："想象是一副能使思维飞翔起来的翅膀。"想象作文恰恰为学生提供了想象、不拘形式写作的空间。

把"想"无限放大的同时，也不能忽略了"象"的价值，想象不能天马行空、毫无意义，想象要建立在生活逻辑和生活原型的基础上。教师要适当引导，创设情境，提供表象，促进学生把记忆系统中的信息进行重新加工、组合。

独创性是想象的特点，激活表象，个性表达是想象的诉求。基于生活却不能限制空间，要让学生想象的翅膀自由飞翔。那么教师在指导时就要注意从不同角度、不同方向、不同层次引导，拓展思维的范围，有效催生个性的表达。

示例

《未来的学校》习作指导

教师在引导学生想象时，带领学生细数现实中校园生活的异彩纷呈，在此基础上，引导学生思考，有哪些设施不够完善，怎样才能够让学习和生活更加便捷，目前你在校园生活中有哪些烦恼，如何才能使校园生活带给我们更多快乐、更多收获？这就极大地激发了学生的想象力和创造力。他们有的把学校建到宇宙中去，有的设想自己当了校长，把校园变成孩子们的乐园，有的还为自己设计的学校配上插图。如在一位同学的笔下，未来的学校校园一个星期换一个地方，有时在天上，有时在海里，有时在大森林中，校内建筑都是花园别墅的样子，不仅有音乐室、历史室、校医院，还有娱乐室、心理放松室。学生的桌椅也很奇特，只要一按绿键，课文内容和插图就在桌上显现出来。学生在校用餐也有创意，只要把手指放进盘子里，智能厨师便能知道学生需要补充什么营养，并把富含那些营养的食品送到学生面前……

以上的示例中，教师就是在生活逻辑与生活原型中，找到激发想象的点，多角度、多层次，引导激发学生自由创意、独具个性的表达。

总之，记实是根本，它立足生活；想象是生成，它源于生活。在记实作文中认知，在想象作文中发展。立足根本，今日是翔实描述，明日是踏实钻研；生成个性，今日是想象创意，明日是创造奇迹。

7 常见应用文：走进别样天地，对话丰富世界

课标在总目标中提出，"能根据需要，运用常见的表达方式写作，发展书面语言运用能力"，（p.7）意在传达一种书面表达的社会观和价值观。在第二学段具体要求中强调，"能用简短的书信、便条进行交流"，（p.11）在第三学段的习作目标中也明确提出，"学写读书笔记，学写常见应用文"。（p.13）足见，随着信息社会的到来，社会生活需要用简洁的语言方式传递信息、整理信息、接受信息。①

由于应用文独特的应用性质，在实际生活和交往中显得尤为重要，而它简洁的实用性质又决定了它概括、抽象的特点，可以说有一定的难度。教师一方面要立足平时阅读教学中有关应用文的学习指导，另一方面在撰写应用文体时能适时创设相应的生活情境，从而引导学生理解应用文体的真正实用价值和使用功能。

生活中常见的应用文有通知、便条、书信、日记、启事、实验报告……写这样的应用文体时应关注格式、表达方式、用途。尽量使学生明确写应用文和具体的生活实际需要相关联，教师可以组织相应活动，培养学写应用文的积极性。

这里面要尤为重点提出的就是读书笔记这种应用文体。"读书笔记"是在阅读书籍或文章时，遇到文中的精彩部分或好词佳句和自己的心得、体会，随时随地把它写下来的一种应用文体。古人有条著名的读书治学经验，叫做读书要做到：眼到、口到、心到、手到。这"手到"就是指读书笔记。写读

---

① 温儒敏，巢宗祺．义务教育语文课程标准（2011年版）解读［M］．北京：高等教育出版社，2011：196.

书笔记，对于深入理解、牢固掌握所学到的知识，对于积累学习资料，以备不时之需，很有必要。

自古以来，我国的文人、学者都很重视做读书笔记。做读书笔记既是消化书本知识的有效手段，又可以积累有用的材料，训练思维的逻辑性和条理性，提高分析问题和解决问题的能力。唐朝的著名文学家韩愈，在《进学解》里讲他写读书笔记，说："记事者必提其要，纂言者必钩其玄。"他读记事的历史书，把重要的事件摘记下来。他读哲理书，把主要论点摘出来。

做读书笔记，方法是多样的，不同的方法作用不同。一般来说，读书笔记有四种常见形式：摘录式、提纲式、批注式、心得式。

摘录式读书笔记：根据读书内容摘录精彩词句或喜欢的段落。摘录时能准确、工整地将喜欢的内容抄写下来，摘录的内容应该对自己有所帮助。

提纲式读书笔记：以记住书的主要内容为目的，通过写内容提纲，明确主要和次要的内容。

批注式读书笔记：在读书过程中，将自己对人物、作者、行文语言、构思等的认识、感受、体会、启发、质疑，以眉批的形式写在书或便签上，也可以对有关语句画记号、标重点。

心得式读书笔记：阅读书籍或文章时，对文本中出现的令人感兴趣的主人公，印象深刻的故事情节，或从中得到的教育启示，能联系相关的内容、自己的生活实际，把感悟、联想、收获写出来。

学生可以根据不同的阅读内容、阅读能力的差异、阅读的兴趣等采取不同的读书笔记形式呈现，以便学生读有所获，读有所得，并在逐渐学写读书笔记的过程中，培养读书的习惯，提升阅读的品质。

🍎 示例

读《匆匆》　悟《匆匆》

客有为齐王画者。齐王问曰："画孰最难者？"客曰："犬马最难。""孰最易？"曰："鬼魅最易。"

这是《韩非子》中所记的齐王与客人的一段对话。正如文中所说，狗和马每天都能见到，所以要画得像不容易；而鬼谁都没能见到，怎么画都可以。朱自清名篇《匆匆》妙就妙在这里，马和狗尚且能见到，可以描述出它的外貌，而"时间"则是一个极为抽象的概念。它虽然每天都在我们身边，可它却难以言表。而朱自清就是把这么一个抽象的、模糊的东西写得十分具体，而且真真切切，明明白白，给人一种触手可及的感觉。

有时我也思索关于时间的问题，但总是想到一半就不敢往下想了，总有一种心慌慌的感觉。这篇文章在把时间的特点表达得淋漓尽致的同时鼓励我们将其化为动力。实乃另辟蹊径之作！

（张开）

上述示例，是学生在学完朱自清的《匆匆》后完成的一篇读后感。此文是朱自清的名篇代表作，可谓经典中的经典，即使成人领悟也有"可意会不可言传"之感。而小作者却引用《韩非子》中齐王与客人的一段对话，巧妙地将朱自清行文之高妙形象地进行对比。文字表达简练，不仅自己参透了其中的真谛，也令读者有豁然开朗之感。从头至尾没把"珍惜时间"挂在嘴边，但从字里行间，我们分明读到了"珍惜"和"触动"，从而被触动，去珍惜！

小学阶段是学生阅读积累的黄金季节，让学生在有限的时间内获得无限的积累能量，打破封闭的教室，回归社会，引入大社会（与生活交往、阅读名著、接触网络等媒体），与知识为友，与大师为友，与真理为友，静心阅读。

正如课标所言："写作是运用语言文字进行表达和交流的重要方式，是认识世界、认识自我、创造性表述的过程。写作能力是语文素养的综合体现。"

8　分享习作：多元读者群的助推动力

写作的兴趣和自信，作为一种内驱力，是来源于写作的合作和交流中所产生的成就感，而这一点是过去被忽略的，课标对此有意做了强化，在不同学段分别提出"愿意与他人分享习作的快乐"（p. 11），"修改自己的习作，并主动与他人交换修改"（p. 13）等要求。"分享"习作，营造多元读者群已然成为助推学生习作的潜动力。

一、习作与读者的关系

"作文教学应该是'发表自己'与'诉诸他人'的统一。"写作训练要有"假想读者"的意识，这是著名作家朱自清提出的。朱自清说，在写作活动中，一般的师生都有了假想的读者，则"往往不去辨别各种体裁，只马马虎虎写下去。等到实际应用，自然便不合适。"在他看来，"假想读者"除了父母、教师、同学或朋友外，还有"全体同学、各社团、政府领袖……"正是从这个意义上，朱自清说："写作练习是为了应用，其实就是为了应用于种种假想的读者，写作练习可以没有老师，可不能没有假想的读者。"①

平时学生习作只有老师在看，由于老师这个读者的特殊性——教师是教授主体，不是接受主体，所以这个读者又多以"指导"为主，不是真正意义上的读者，而真正的读者是一种交流、感受、共享、理解、共鸣……的状态。

二、为作者提供读者群

为学生创设了一个较大的读者群。学生完成习作后可以与同班同学交流欣赏，他们年龄相同，朝夕相处，兴趣、爱好、话题相仿又能彼此了解、沟通；还可以请老师和父母阅读，他们可以从评判者转化为读者和朋友，平等地阅读、民主地讨论；如果可以的话，学生们还可以串班进行交流和评点。

三、作者主体性的发挥

当一篇习作得到越多人的关注与指点，那么作者的自我习文便有了价值的引导，习作热情随之也会被点燃。而相对而言自己也成了别人习作的读者，他也会明了读者在作者心目中举足轻重的地位，自会倍加珍惜这个角色和评点别人习作的机会。角色的转变也为自身习作注入了动力。让他们意识到自己拥有一批忠实的读者，不能辜负读者的期望，也让他们意识到自己也是别人忠实的读者，不能怠慢了作者的习作，这种互有意识，便形成了良性的、积极的循环状态。

---

① 韦志成. 语文教学情境论［M］. 南宁：广西教育出版社，1999.

正如张化万老师所说："必须让学生的作文有更多的读者，更多的倾听者、欣赏者，让学生得到情感满足，在沟通中获得成功的心理体验，懂得写作文的意义，增强作文的社会责任感。"①

🍎 示例

跑

跑虽然是一种运动，但人生却也恰似一场赛跑。

——李秋实、张元鹏

记得当时全年级 20 个人都站在一条起跑线上，我的心情无比紧张，不只是因为人多，更多的是其他同学都好像胜券在握、胸有成竹的样子，每个人摩拳擦掌，跃跃欲试，但是当我想起自己赛前的苦练时，一种自信心打消了紧张的念头。

随着裁判员的一声枪响，我们每个人都跨出起跑线，像离弦的箭一样向前冲去。我们互不相让，仿佛一匹匹骏马奔驰而来，跑道上更是尘土飞扬。在跑到多半圈时，我们渐渐拉开了距离。我跑在第一位，后面的同学也在穷追不舍。我咬着牙，拼命地跑，终于遥遥领先了，30 米、20 米、10 米，我终于到达了终点。

（张元鹏）

虽然夺得冠军时的喜悦冲淡了赛前无数次练习的辛苦，但是，冠军背后的付出更加发人深省：珍珠贝炼出珠光宝气的珍珠的背后，隐藏了它成年累月血与肉磨合的痛苦；蝉在其用响亮的喉咙鸣叫的背后，经历了寒冬腊月无数次雪与风的洗礼……总之，任何事物成才的背后都有一段耐人寻味的经历。

学习也是一样，我们只有打好基础，以后的路才会"瓜熟蒂落"、"水到渠成"，越走越轻松；以后再学习也会举一反三，触类旁通了。

人生也是如此，在人生的漫漫长路上，我们需要坚实的积淀，所以人生恰似一场赛跑，赛跑不但要做好"练习"，而且应掌握一些战略战术。

---

① 管建刚. 我的作文教学革命［M］. 福州：福建教育出版社，2007.

诚如以上所说，要想功成名就，之前的努力是必不可少的，名声的显赫与付出的多少形成了正比的关系。我们正处在应努力充实自己的年龄，应该好好珍惜时间，利用每一分每一秒。华罗庚爷爷说："勤能补拙是良训，一分辛苦一分才。"爱迪生也曾说过："天才是一分灵感加上九十九分汗水堆积而成的。"收获与播种虽然意思相反，但却存在着因果关系，我们现在多付出辛苦，就是在为以后登攀人生高峰架上一部云梯。

当然，比赛中的战略也是很重要的，我们要学会运筹帷幄。什么是"经营人生"？"经营"指的是有盈有亏，有伸有缩，掌握一个度。如果一开始赛跑你就冲在前面，慢慢你的体力就会消耗掉。老子曾在《道德经》里提到："持而盈之，不如其已；揣而锐之，不可长保。"就像田忌赛马一样，我们只有学会运筹帷幄，做事待人才会像庖丁解牛一样对任何物体都能做到游刃有余。

"众里寻她千百度，蓦然回首，那人却在灯火阑珊处。"跑虽然只是一种运动，但却蕴藏了深刻的含义——跑就是一种跨越，而跨越也不仅仅是赛场上的，而应是学习，乃至人生上的转变。我想，在我们即将毕业之际，我应该像在赛场上飞奔一样，为自己的中学生涯开一个好头，一跃千里，鹏程万里。让我们从一点一滴的积累开始，一步一步踏平坎坷，攀上生命之巅！

（李秋实）

教师评语：

我觉得两位同学合作这篇"跑"的作文是一种跨越。我欣赏张元鹏在赛场上拼搏的精神，我欣赏李秋实领悟赛跑内涵的参透力。表与里的结合，达到了完美的和谐。

同学评语：

文章的思路清晰，叙事的语言简洁，议论循序渐进。张元鹏善跑，那一次完美而又令人振奋的冲刺夺冠，令我们至今热血沸腾；李秋实善写，每一次习作独特的领悟和感受，都会给我们的心灵带来不一样的冲击，这一次合作给人的感觉是二人合一的双震感效应——跑得精彩、悟得透彻！

但愿在今后的学习中，我们都能像本文写的那样，充分准备，刻苦练习，运用恰当的方法去学习不同的知识。同时能站在"经营人生"的高度，"经营"自己，把握每个生活的瞬间，无论惊涛还是骇浪，我们都要勇往直前。

心灵之窗——李秋实回评：

在写这篇作文时，我想起了《跨越》那篇课文。从"始制文字，乃服衣裳，龙师火帝，鸟官人皇"到如今高楼林立，发展迅速的时代，人类正是靠着一次次的跨越才有今日的辉煌。如果没有跨越，人类怎能揭开宇宙那用星星月亮编织成的面纱？如果没有跨越，莱特兄弟怎样发明闻名遐迩的蒸汽机？如果没有跨越，中国人怎能实现飞天梦想？……这一切的一切都证明了一个人乃至一个国家甚至世界正因有了不断的跨越，才能实现梦想。

"一年之计春为早，春秋大业志当先"，有了梦想与志愿，我们应该为之跨越，也只有不断地超越自己，才能攀登成功之巅！

上述示例，显然证明了行文的分享、创作的分享、思想的分享、成长的分享、精神品质的分享，当分享成为一种自然和惯性，促进和发展自然能加快脚步！

经典课例 --

《描述人物外貌并转述通知》教学实录[①]

（执教：于永正）

"创设描述性的言语交际情境，进行说、写训练"，是于永正"言语交际表达训练"体系中的一种做法。描述性的转述训练，较纯转述性训练有一定难度，因为描述的部分，实际上是观察后再表达的训练。但是如果学生训练有素，这种课往往会上得很精彩。于永正公开执教的《描述人物外貌并转述通知》一课，曾经得到专家和教师的广泛好评。

执教的对象是徐州市鼓楼小学一年级的学生。第一课时，上课铃响，于老师还没有来。一位陌生的年轻阿姨走进教室，小朋友们都瞪大了惊奇的眼

[①] 于永正. 小学"言语交际表达训练"作文实验［M］. 济南：山东教育出版社，2004：65 - 68.

晴。这位阿姨说:"小朋友们,我是鼓楼区文教局的,找于老师有件事。局长要他带着教学计划参加座谈会,时间是今天下午两点,地点是文教局一楼会议室,请于老师按时到会,不要迟到。我还有别的事,不等他了。于老师来了,请小朋友们告诉他。"当于老师走进教室,小朋友们纷纷举手,要向于老师转述阿姨的话。这是于永正巧设的言语交际情境。于老师询问学生:"有人找我? 哪儿来的? 是男的,还是女的?""文教局的老师我都认识,你说说这位阿姨的样子,我猜猜看,她是谁。——看样子,她有多大岁数?"以此把学生引入"描述人物外貌"的教学环节。学生先是七嘴八舌,教师适时引导与小结,而后学生观察得越来越细,伴随着认识的深入,精彩的语言脱口而出。学生争相发言,一个比一个说得准确,说得具体。下面是第二课时的教学——

师:小朋友,方老师多好啊! 不辞劳苦地跑到我们学校送通知。上节课大家把方老师的样子说得非常形象,把听课的老师都给逗乐了。说出来了,能不能写出来呀?

生(齐声):能!

师:现在,我给大家出个题:方老师。(板书:方老师)请把方老师的样子和她来干什么事写下来。写好了,咱们打电话请方老师来,读给她听听,让她评一评,谁写得好,谁写得像她——咱们还这样开头:"上课铃响了,方老师来到我们教室……"下面接着写方老师多大岁数,个儿怎么样。我请一个上节课没轮到发言的小朋友说一说。上节课没轮到发言的请举手。

生:方老师二十多岁,中等个儿,(老师纠正为"中等个儿")不胖不瘦,很苗条。

师:说得不错! 接着往下说。对,说长的样子。

生:方老师瓜子脸,戴着金丝眼镜,一双大眼睛……

师:想一想,用个什么词来形容? 炯炯——

生:一双大眼睛炯炯有神。嘴巴下面长着一颗黑痣。

师:这个特点大家都记得非常清楚。(生笑)

生(接着说):方老师穿着紫色毛衣,蓝色牛仔裤,脚穿高跟皮鞋。

师:说得好! 她是来干什么的? 接着说下去。

生：方老师通知于老师，今天下午两点到文教局开座谈会。

师：说得很完整。现在请同学们把这位同学说的话写下来。一共分两节，第一节写方老师的样子。第二节写方老师来干什么。比一比，看谁写得又快又好。咱们请邓老师（该班的班主任）这就去给方老师打个电话，请她再来一趟。

（学生积极性特别高。教师巡视辅导。其间，请三名学生读了写好的第一节，即外貌那一节；请两名学生读了第二节，为全班同学起到了示范和引导的作用。20分钟后，多数学生写完。方老师走进教室）

师：小朋友，方老师来了。看，刚才是不是她送通知的？

生（高兴的）：是的！方老师好！

方：小朋友好！

师（对方）：方老师，感谢您老远地来为我送通知。小朋友非常喜欢您，把您给写下来了。

方：是吗？读给我听听好吗？

师：不过，还有少数同学没写完，请您稍等一下。（转身对学生）同学们，已经写好的，读一读，修改修改；没有写好的，加快速度，方老师等着听呢！

（学生们非常兴奋，读的读，写的写）

师：我看，同学们都写好了。请大家坐端正。（转脸对方老师）方老师，现在请同学们读自己写的作文，您来评评，看谁写得好，写得像您。

方：好，那就请同学们读吧！正好我包里有几张画片，谁写得像我，我就赠他一张画片。（小朋友鼓掌）

生（读）：方老师。（师说明："这是题目。"）上课铃响了，方老师走到我们教室。（师将"走到"纠正为"走进"）她中等个儿，二十多岁，长得很苗条。脸白白的。（方插话："小朋友，我的脸不白，请改一改。"众笑。于老师插话："是怎样的就怎样写。大家对照一下方老师，不合适的地方赶快改过来。"众大笑）方老师戴着一副金丝眼镜，一双大眼睛炯炯有神。嘴巴下面长着一颗黑痣。她上身穿着紫色毛衣，下身穿着牛仔裤，真帅！方老师是来送通知的，通知于老师今天下午两点到文教局开座谈会。

方：不是我帅，是小朋友写得帅。上学不到一年，就能写出这么好的作文！来，赠送你一张画片！

（学生鼓掌）

（接着又有四位小朋友读，每个都得到了一张小画片。下课铃响了，前排的一位小朋友非要求读不可）

方：于老师，就请他读一读吧！

师（对小朋友）：你是不是很喜欢方老师手里的画片？（众笑）

生：不是的，不是的！我想让方老师听听。

师：机会确实难得，读吧！

生（读）：一位女老师走进教室。她姓方，今年28岁。（师插话："你怎么知道的？"生答："刚才方老师看我的作文时告诉我的。"众笑）方老师中等个儿，大眼睛，双眼皮，鼻梁上架着一副金丝眼镜。她穿着紫毛衣，蓝牛仔裤，脚上穿着高跟皮鞋。方老师来干什么呢？是来通知于老师下午两点到文教局开会的。局长说，千万别迟到，迟到罚酒三杯。（众大笑）

师（对方）：局长这样说过吗？

方：没有，是这位小朋友自己加的。（众笑）

师（对小朋友）：迟到怎么罚酒三杯呢？

生：过春节的时候，我爸爸请客，有位叔叔迟到了，结果罚了三杯酒。（众笑）

师：这是徐州人喝酒的规矩，开会没有这个规矩。你想，开会哪儿来的酒呢？（众笑）不过，我一定不迟到。

方：没想到这位小朋友写得这么有意思！方老师奖励他两张画片！

（学生热烈鼓掌）

师：小朋友们，下课了，我们只好读到这儿了。

方：真可惜，没有时间听更多的小朋友读作文了。这样吧，于老师把这篇作文改过之后，凡是写得好的，我都送一张画片，我这里还有好几张呢！（说完，从提包里取出十几张画片交给于老师）这件事就拜托于老师了。

师：谢谢您！叫您破费了。（众笑）

（学生们鼓掌欢送方老师，下课）

【课例评析】

　　一年级的学生言语交际达到这样高的水平，令人赞叹，也让人思考：是什么创造了这样的教学境界？概括地说，原因是情境创设具有真实性，而且情境负载着"教什么"的课程内容，情境本身也是颇具戏剧性的教学内容。

　　杨再隋对这堂课的评价是教师教得活，训练落到实处，学生确有收获。可将其归结为两点：一是教师精心设计言语交际的语言环境。"由于老师精心的教学设计，让学生在一定的语言环境中，跃跃欲言，不吐不快，当儿童的表达欲望被激发起来的时候，兴之所至，妙语连珠；情之所生，妙笔生花。"二是教师指导适度。"本课的教学特色十分鲜明，儿童语言训练的过程就是儿童言语交际的过程。教师让学生明确：对谁说？为什么要说？说些什么？学生按照要求，围绕中心，突出重点，有话可说，努力说得更好。老师的话不多，主要是在思维导向上、层次衔接上、突出重点上进行引导和点拨。因此，教师教得活，学生学得活，训练落到实处，学生确有所收获。"①

　　这堂课是借助情境创设来实施教学的。描述性的转述训练也可以利用生活本身提供的情境进行。如，学生进行大队集会，到外面参观，到郊外秋游，可请学生向没参加活动的教师或同学描述所见所做，转述所闻，等等。

　　这堂课的情境创设是基于真实的生活，而且所创设的情境包含了课程内容，即"描述人物外貌并转述通知"；情境本身是颇具戏剧性的教学内容，即以情境所提供的言语交际活动来进行"描述人物外貌并转述通知"的表达能力训练。这样做，不仅表明了教师具有很强的课程意识，而且由于教学内容本身的适度，也能够达到教学的最终目的。

　　于永正的高明，在于他不但明了课程要"教什么"，而且知道学生的生活是什么样的，也就是说他的作文课真正根植于现实生活，将作文与生活熔于一炉，和谐统一。

（潘自由）

---

　　① 于永正，潘自由．小学"言语交际表达训练"作文实验［M］．济南：山东教育出版社，2004：69．

口 语 交 际

【课标视点】

说普通话　复述与转述　讲故事　说见闻　交谈　发言

【解读概述】

口语交际能力，是运用语言与他人交流的实践能力，是衡量学生整体素质的语文素养的重要标尺。课程标准对口语交际提出新的教学要求，凸显出教育工作者们在语文教育中对其更加关注。

课标强调"口语交际能力是现代公民的必备能力"（p. 24），并提出：义务教育阶段，口语交际教学总目标是使学生"具有日常口语交际的基本能力，学会倾听、表达与交流，初步学会运用口头语言文明地进行人际沟通和社会交往"（p. 7）。在具体目标中，根据小学生身心发展的特点，按三个学段制定层次目标，包括说普通话、复述与转述、讲故事、说见闻、交谈、发言等内容，对学生在每个学段应达到的水平进行了明确表述。例如"复述与转述"，要求学生在第一学段"能认真听别人讲话，努力了解讲话的主要内容"，"听故事、看音像作品，能复述大意和自己感兴趣的情节"（p. 9）；第二学段"听人说话能把握主要内容，并能简要转述"（p. 11）；第三学段"听人说话认真、耐心，能抓住要点，并能简要转述"（p. 14）。其要点是，第一学段目标听故事能复述大意，第二学段把握主要内容简要转述，第三学段抓住要点进行转述。由此可见具体目标的制定梯度明显，层次明晰。

口语交际的实施建议，主要包括教学建议和评价建议。教学建议：第一，"应培养学生倾听、表达和应对的能力，使学生具有文明和谐地进行人际交流的素养"；第二，"教学活动主要应在具体的交际情境中进行，不宜采用大量讲授口语交际原则、要领的方式，应努力选择贴近生活的话题，采用灵活的形式组织教学"；第三，"重视在语文课堂教学中培养口语交际的能力，鼓励学生在各科教学活动以及日常生活中锻炼口语交际能力"。（p. 24）评价建议："须注重提高学生对口语交际的认识和表达沟通的水平。考察口语交际水平的基本项目可以有讲述、应对、复述、转述、即席讲话、主题演讲、问题讨论等。"（p. 31）并且应按照不同学段要求，综合考察学生的参与意识、情意态度和表达能力。由此可见，课程标准关于口语交际凸显两点：首先，尊重学生的沟通与交往体验，注重口语交际实践能力；其次，重视课程资源开发和提供实践机会，鼓励学生在各种场合积极参与，自信地表达。

口语交际应从以下几个方面入手：第一，应为学生提供真实的交际空间，以真实的交际活动为依托来发展学生的交际能力；第二，在丰富的教学生活中寻求口语交际话题，给予学生实践机会；第三，充分发挥课堂教学的作用，立足教材，随文练说——利用教材中的图文或背景知识，引领学生联系实际训练，如看图说文、续编故事、演课本剧等，提高学生的口语能力；第四，口语交际能力培养应与阅读、写作能力培养互为补充，共同发展。

【教学解读】

1　说好普通话

课程标准在总目标中规定："学会汉语拼音，能说普通话。"小学阶段是儿童语言习得的最佳时期。英奈波格认为，儿童语言习得的关键期是 10 岁前。这期间，儿童已具备学说普通话和声母、韵母发音能力，但因受地区方言或周围环境等因素影响，发音常常不准，因此推广普通话是小学语文学科一项重要任务。

指导学生学说普通话可以从如下几方面入手。

第一，激发兴趣，使学生爱说普通话。兴趣是学生学习动机中最现实、最活跃、最持久的因素，是学生学习的内在动力，应变"要我说"为"我要说"。这就要求教师要做一个细心人，将学生感兴趣的话题搬上课堂，让学生畅所欲言，各抒己见。发言的前提是要使用普通话。有些学生对感兴趣的话题能很好地组织语言，如因普通话不过关而丧失发言机会，就很遗憾。这就激起同学们的内驱力：为了争得发言权，就要学好普通话。举办多种形式的比赛活动也是激发学生学习普通话的有效途径，如讲故事、说相声、演小品等。

第二，借助拼音纠正方言。课程标准指出："能读准声母、韵母、声调和整体认读音节。能准确地拼读音节。"可见，汉语拼音不仅是识字工具，也是纠正方言学习普通话的工具。我国南方一些地区由于方言发音习惯，讲普通话时经常在拼读 in 和 ing，en 和 eng，an 和 ang 时，前鼻韵母和后鼻韵母分不清楚，而东北地区则易在 zh、ch、sh 和 z、c、s 发音上混淆，因此教学中，要关注这些地域发音特点，利用正确拼读音节、纠正方言，指导学生说好普通话。

示例

游戏：生字宝宝和拼音宝宝①

师：生字宝宝看到你们，特别想跟大家一起玩捉迷藏。它们藏在课文里了，小朋友们，看你们能不能找到它们？找到了，用你的铅笔画一个圈把它们圈起来，它们就跑不掉了。

（学生们兴致勃勃地寻找生字）

师：（将生字卡片贴到黑板上）生字宝宝要跟大家打招呼，它特别想知道是男孩子的声音好听还是女孩子的声音好听。

（男生和女生比赛读生字）

师：老师好像听到有人在哭，你们听到了吗？原来是我们的拼音宝宝在哭，它们找不到家了，你们能帮帮它们吗？只要你们把它们拼出来就知道它们的家在什么地方了。

（学生们为生字标注拼音）

师：看拼音宝宝它们终于回家了，我们真高兴。让我们用高兴的心情再来把它们美美地读一遍吧！

_____

① 本资料选自语文网《大家都说普通话教学设计》。

这个示例中，教师非常生动有趣地将几个小游戏与拼读汉字联系在一起，使孩子乐于学习普通话的同时，还借助拼音很好地学习了发音。

第三，强化教师的言语示范。儿童学习语言的基本方法是模仿，从发音、用词到掌握语法规则无不如此。教师的言语示范必须做到发音标准规范，以正确的言语发音示范影响学生。学校要对普通话说得不好的教师定期进行专门培训，使他们达到相应的普通话等级。

2　复述：概括大意与再现情节

课程标准指出，学生"听故事、看音像作品，能复述大意和自己感兴趣的情节"，"复述完整准确、突出重点"。复述，是指学生把读物的内容用自己的话说出来。复述的过程，既是对读物大意的概括，对内容情节的再现，更是锻炼记忆、积累词句、进行口语表达的实践过程。

低学段以简要复述为主，即用概括性语言简单表述课文内容。针对低学段学生的认知特点，复述应以句式训练为依托，从课文中的一句话、一段话到一个故事指导学生进行复述。此外也可引导学生结合板书、挂图等进行简要复述。

中学段以详细复述为主，即围绕文章中心，有详有略、生动具体地再现内容。在训练学生复述课文时，应引导学生把握以下几点：第一，复述要有条理性，交代清楚事情的起因、经过、结果等；第二，复述要突出重点，情节发展应与原文一致；第三，复述时语言应力求准确。

高学段以创造性复述为主，即在充分理解课文的基础上，通过联想和想象，进一步充实内容。创造性复述的方式很多，如改变体裁、改变人称、改变结构、补充情节、刻画人物等，可以根据文本的不同特点采用不同的复述方式。

示例

拥抱大树①

师：丹尼尔拥抱大树的事情结束了，从那以后，那不起眼的小店和门前那株默然挺立的洋槐出了名，每次路过那儿的人们都忍不住驻足深思。学习了本文，你对纽约这座城市有什么认识？

生：以前我只知道纽约是美国的一座繁华都市，今天我感觉到那里的人都能履行自己的职责。

师：何以见得？

生：一位爱护树木的人写检举信，不是为了打击丹尼尔，而是履行一个公民的责任。

生：绿化管理局认真地做出处罚，这是履行管理职责。

生：丹尼尔把自行车锁在树上，为了安全和方便，虽然不是有意损害树木，而且他也没有意识到触犯了法律，但是史登局长签署罚款通知书，判定丹尼尔"虐待树木"，这也是他在履行管理职责。

师：可是最终丹尼尔并没有挨罚，难道纽约这座城市的执法力度不够强？

生：绿化管理局能够接受别人真诚的认错，并能想出既能教育丹尼尔，又能使大家得到警醒的好方案，我觉得纽约这座城市充满了人情味。

生：从老师给我们的补充材料中，我看到丹尼尔免于挨罚，也并不是顺利的，还惊动了市长，"拥有大树"并不是结局，事件还在继续发展。因为市长朱利安尼认为，管理局执法是对的，但无权决定免去罚金，只有法官才能做出裁定。丹尼尔应该向法庭求情。丹尼尔最后还是上了法庭，因为他真诚地拥抱了大树，法官免去了罚金。这又使我们看到了一位履行职责的市长。

生：我觉得丹尼尔也是个能履行自己职责的人，当他犯了虐待大树的错误之后，首先是承认错误，而且认真地接受了特别方案中的要求，他为自己的行为承担了责任。相信他以后一定不会再犯同样的错误。

---

① 方倩. 拥抱大树——教学案例反思［EB/OL］.（2011 – 10 – 18）［2012 – 11 – 09］. http://wenku. baidu. com/view/d18f6d4ff7ec4afe04a1df4a. html.

生：纽约的市民与官员们把树木当作亲人来对待。我通过丹尼尔拥抱大树的事件，认识了纽约这座城市中许多可敬可爱的人……

这是一节小学四年级语文课《拥抱大树》中的一个教学片段。在四年级时，学生有了初步的概括理解能力，教师可以提出简要复述文章内容的要求，即抓住课文的主要内容进行简洁地复述。这堂课当中，教师设计了复述的语言实践训练环节，引导学生抓住关键词"职责"，把丹尼尔拥抱大树这件事情讲述清楚。这一训练既切实将复述训练落到实处，又找到了引导学生理解文章的支点。

3　转述：听清楚与说明白

课程标准要求小学生"能认真听别人讲话，努力了解讲话的主要内容，并能简要转述"，"能抓住要点，并能简要转述"。转述是综合训练倾听与表达的能力的重要途径。

学会倾听。"听、说是在特定的情境中进行的，是定向的语言交流。听，……只能不断调整自己的思维，与说的人保持一种动态平衡。"① 只有学会听才能有目的地说。信息接收不准，将有碍于准确地表达。因此，在实际教学中，教师应注重指导学生学会倾听：耐心听同学发言，要抓住要领，把握逻辑顺序。在日常教学中，应注重倾听习惯的养成。

示例 1②

师：刚才，你们在说话时用上了"喵喵"、"汪汪"、"呱呱"等表示声音的词语，它们叫象声词。谁能用上象声词说说别的小动物在干什么？

生：天亮了，公鸡"喔喔"地叫，叫人们快快起床，到田里耕地。

生："喔喔……"公鸡在草地上大叫，好像在说："快起床了，天亮啦！"

---

① 刘毅. 语文教改新趋势［M］. 开封：河南大学出版社，2000：216.
② 高微拉. 基于案例研究的口语交际训练例谈［EB/OL］.（2006 - 01 - 08）［2012 - 11 - 20］. http：//www. 16×777. com/ztxl/jxlw/sklw/sylw20. html.

生："快起床了，快起床了，小朋友们，你们要上学了！"公鸡站在屋顶大叫，"喔喔喔……喔喔喔……"

生：老师，我发现他讲得和别的小朋友不一样，他把象声词"喔喔"放在句子的后面了。

师：你不光听懂了别人说话的意思，还听出两位同学说话的不同之处，真了不起！

上述示例老师抓住教育契机，对学生不失时机地进行鼓励，有利于学生倾听习惯的养成。

锻炼表达。单纯的倾听训练不是最终目的，最主要的是让学生把听到的说出来，锻炼他们的表达能力。在小学阶段，除了利用课堂发言、讨论锻炼表达之外，还应创设转述情境，提供锻炼机会。

🍎 示例 2

《学会转述》——利用文本内容，练习转述①

（一）创设广播通知情境，练习转述

师：小朋友，你们听，小广播在播送通知呢！

（课件播放：下面播送一个通知，明天下午，班级举行树叶贴画比赛，要求同学们带齐彩笔、胶水、剪刀、白纸和采集来的树叶。请同学们准时参加）

师：同学们听清楚了吗？这一则通知就在我们的课本第 119 页。请大家齐读课文，了解比赛的时间、地址、要求。

师：真不巧，李雷请假了，谁乐意把这个通知转告他呢？

（二）尝试练习

1. 请你们把你的同桌当成李雷，把消息告诉他。注意：对别人说话时，

---

① 曾丹. 学会转述——口语交际教学设计［EB/OL］.（2012 - 04 - 11）［2012 - 11 - 25］. http://dco88.com/p - 933700767804. html.

先打招呼，说的时候应该用眼睛看着他，声音不要太大，让对方听清楚就行了。

2. 同桌互说，纠正说得不够清楚的地方。

3. 师扮李雷，学生练习转述。大家一起评议。评议要点：是否将通知内容正确清楚地转告了李雷，交流时态度是否文明礼貌。

4. 请两组同桌上台表演，同学进行评议。

这节课是利用生活中的平常事让学生转述给别人一件事、一段话，通过听与说双向互动的过程，锻炼学生的口语表达。这一示例提示我们，作为教师应创设多种情境进行多种方式的口语交际练习，充分挖掘现实生活中的语言资源，同时又服务于生活，使学生能够实实在在地学到有用的口语交际基本能力。

4　讲故事：再现与创造

课程标准指出，应培养小学生"能较完整地讲述小故事"、"讲述故事力求具体生动"、"表达有条理，语气、语调适当"、"注意语言美"等，鼓励小学生讲故事，提高口语表达能力。以皮亚杰为代表的认知相互作用论认为：儿童语言发展是与周围环境相互作用的结果。教育者应该通过组织丰富多彩的活动，为孩子提供多说的机会。讲故事是学生所喜欢的方式，可以有效锻炼口语的表达能力。

再现故事。孩子喜欢听故事、讲故事，小学低学段适合开展故事情节的复述表演。通过再现部分故事情节，投入地运用和领悟部分语言；在此基础上，逐步引导学生能够完整地再现故事，学生的语言运用能力在这个过程中会不断提高。

创编故事。要注意两点：一是小学生词汇量相对贫乏。讲故事时要帮助学生积累词汇，或者创设情境让学生运用生动形象的词汇说一段话；二是小学生生活经验少。语言与经验密不可分，要开发学生的生活经验，丰富语言素材，进行个性语言创编故事。

口语交际《编故事》教学片段①

师：你认为怎么样才能把图上的内容说完整呢？

生：应该按照一定的顺序说。

师：这幅图你想按照怎样的顺序说呢？

生：由近到远、由远到近。

师：很好！那就按照自己喜欢的观察方式来看图，先自己说一说你有什么发现。

（学生自由活动说图意）

师：谁来说一说你的发现？

生：我在图的近处发现了有四只小猴子，它们在玩球。在它们旁边有一条小溪，远处还有高高的山。

师：我觉得同学们说得不错。但是如果用上一些生动形象的词语会更精彩。（教师出示词语：可爱的、活泼的、聪明的、机灵的；绿油油的、碧绿碧绿的；长长的、弯弯的、清清的；高大、茂盛、青翠；五颜六色、花花绿绿）

师：把喜欢的词用在你的句子中，体会一下表达效果会有什么不同。

师：啊，多好的词语啊！我们要学会用它们……

上述示例，看图说话，符合低年级学生认知水平。先引导学生观察图片，讲述内容，然后提供一些生动形象的词汇，丰富了表达内容，增强了表达效果。

---

① 叶思彤. 口语交际：编故事 [EB/OL]. (2008 – 6 – 23) [2012 – 12 – 05]. http：//www. vastman. com/Article/jiaoan/jiaoanl/10031. html.

5 说见闻：太阳每一天都是新的

学生每天在校内外会与社会、他人接触，会有所见、所闻、所感。向学生提出口述见闻的要求，为其留心观察周围世界、善于捕捉新鲜事物提供了教育可能。口述见闻有利于积累口语表达的素材，提高学生听说兴趣与能力。课标明确表述：第一学段要求学生能够"简要讲述自己感兴趣的见闻"，第二学段要求学生"能清楚明白地讲述见闻，说出自己的感受和想法"，通过锻炼学生"说见闻"来提高口语交际能力。

在教学中，教师应采取多种途径、方式为学生提供说见闻的机会。可利用说话课或其他机会让学生将自己的见闻口述出来，采取自练自说、同桌互说、小组轮说、全班说等多种形式，引导学生进行说话表达的练习。

示例

教学札记之课间见闻①

课间是短暂的，但它却是学生个性最张扬，生活最真实、最有趣的时空。如何引领学生有意识地关注它并能运用生动的口语表达出来呢？我应用了"举三反一"的方法，首先为学生提供示范，让学生感悟课间的很多细枝末节都可以作为生动的事说给大家听。"老师示范：课间的时候，老师看到……同学们，你们在课间看到了什么？听到了什么？把你看到的和听到的说一说。"学生们表达的兴趣被很好地调动起来，纷纷讲起课间看到的景象。

另外，面对学生的口述，教师要给予恰当的引导、精当的修正、真诚的鼓励。这是学生爱讲述、会表达的关键和动力。

———————————

① 毛伟东. 课间见闻——教学案例［J］. 语文教学与研究，2012（8）：80.

6 交谈：声音的面容

交谈，是人际交往的重要手段，是交谈双方在特定的语言情境中进行定向的语言交流。听者，不能按照自己说话的习惯去听别人说话，必须不断调整自己的思维；说者，要根据对方的身份、修养、心态、与自己的关系等诸多因素来调整说话的内容、情态等。对于小学生，课标提出要"文明地进行人际沟通与社会交往"，"与别人交谈，态度自然大方，有礼貌"，"表达有信心"，"表达有条理，语气、语调适当"。因此，我们在教学中应注重培养小学生在交谈的过程能够恰当地运用语气、语调、体态语，并具备自信、大方、有礼的交际心理，让学生感悟到文明而又富有感染力的交谈魅力。

示例

学生小组练习对话①

生：小蚂蚁，你在干什么？（学生大声大气地说）

师：假如我是小蚂蚁，你这样没礼貌，我肯定不回答你的问题。（故作不高兴的样子）

（生难为情地坐下）

师：害羞了，请自信地站起来再说一次，肯定会说好。

生：小蚂蚁，你好！

师：多有礼貌的小白兔，真讨人喜爱。（边说边伸出大拇指）

生：小白兔，看见你很高兴！

生：你拖着大青虫干什么？

师：换一种问法会不会更好一些？（老师期待地看着发言的学生）

生：小蚂蚁，我看你拖着大青虫往家的方向走，能告诉我为什么吗？

（教师不住地点头）

---

① 高微拉.基于案例研究的口语交际训练例谈［EB/OL］.（2006－01－08）［2012－12－10］. http：//www.16×777.com/ztxl/jxlw/sklw/sylw20.html.

上述示例告诉我们，要培养学生善于交谈的能力，首先要做到引导学生使用礼貌用语。课堂上教师做出的点头和伸拇指等体态，就是对语言的一种示范和引导。同样是询问小蚂蚁的话，学生直接问"你拖着大青虫干什么"显得生硬没有礼貌，换一种询问形式，就会感悟到交谈可以很文明且富有感染力。

7　发言：说什么与怎么说

课标关于"发言"有如下目标："能较完整地讲述小故事，能简要讲述自己感兴趣的见闻"；"能清楚明白地讲述见闻，说出自己的感受和想法。讲述故事力求具体生动"；"能根据对象和场合，稍作准备，作简单的发言"。可见，对学生的表达训练是呈梯度的。怎样培养学生发言的能力呢？

首先，话题要让学生感兴趣，让学生"有话可说"。语言来源于生活，只有贴近学生生活，能够激发他们的兴趣，才会有话可说。因此，教师要在生活中充分挖掘口语交际话题。这是教师应该重视的。

🍎 示例

学会赞美①

师：可能有人会说，赞美不就是夸别人吗？这个还要学吗？是要学习的。请看书上的图。（投影：妈妈做好了饭，一家人正在吃饭）

师：妈妈上班很辛苦，回到家又忙着做饭。吃着妈妈做的可口饭菜，你准备对妈妈说些什么？想一想再说。

生：妈妈，您今天做的饭菜可真好吃！

生：妈妈，您今天做的菜味道真美，不咸也不淡，正好！

生：妈妈，您今天做的菜真香，我本来不想吃饭的，有了这道好菜，一碗米饭准不够！

---

① 于永正．口语交际——学会赞美［EB/OL］．（2006－05－24）［2012－12－15］．http：//bbs. xxyw. com/dispbbs. asp？boardid＝668Id＝75066.

生：妈妈，您做的菜越来越好吃了！

师：说得都不错。大家说说，妈妈听了哪句话会更高兴。

生：说得比较具体一点的，妈妈会更高兴一些。例如第二句。

生：第三位同学虽然没说菜的味道怎么样，但说有了这道菜，胃口大开了，她挺会说的。这句话妈妈听了会更高兴一些。

师：有比较才有鉴别。这么一比较，哪句话更好一些就看出来了。所以，赞美也要学一学，要会赞美。我们可以总结出两条：第一，赞美要尽量说得具体一些，虽然只是一句话。如第二位同学说的"味道美"，"不咸不淡"，这就不是笼统的夸奖。如果说到某一盘菜，就更好说具体了，比如红烧肉、炒韭菜等，就可以说味道怎么样，烂不烂，嫩不嫩，脆不脆等。第二，有时可以不直接说，而是换个角度说。如第四位同学说的。比方我们赞美一位同学写的字好，你可以说他写得入体，可以说他写得匀称，可以说他写得有力，但也可以不直接说字的本身，可以说："哟，这是你写的！你不说我还以为是请书法家替你写的呢！"

……

其次，要鼓励学生大胆表达，说"童"话。孩子是天真无邪的，他们通常想到什么就说什么。教师要善于捕捉孩子的个性化语言，不要轻易地下好与不好的结论，逐步引导他们掌握更复杂的句子和更丰富的词语。学生发言时，教师一定要营造轻松融洽的氛围，鼓励学生大胆发言。这样长期坚持，学生发言的胆量大了，发言的质量也就能得到有效提高。

最后，教师要多进行积极评价，增强孩子的表达自信心。好表现是孩子的天性，喜表扬是孩子的特点。得到较多的赞许，孩子也会自我接受，显得自信。因而，现代儿童教育提倡多鼓励、多表扬、少批评。在培养学生语言表达能力的过程中，教师要善于对孩子的点滴进步给予及时的鼓励，促进其自我肯定的形成，增强其表达的自信心。

《奇妙的动物世界》教学实录①

（执教：陈红）

教学对象：小学二年级学生

教学内容：根据人教版小学二年级下册第五单元"热爱自然，了解自然"的专题而安排的。

设计理念：本设计注重巧妙地创设情境，激发学生的交际欲望；注重培养学生收集资料、整合信息的能力，使学生实现书面语言和口头语言灵活地转换的目标；注重多向互动，提高交际实效；注重师生评价、生生评价，提高学生的表达、倾听和与别人沟通的能力，进而在交际过程中使学生了解更多的动物趣事，培养学生关注动物和爱护动物的情感。

教学目标：

1. 创设生动的情境，围绕动物世界的奇妙进行交际，激发学生了解动物的兴趣。

2. 指导学生收集资料，教给学生整合资料的方法。

3. 培养学生倾听互动的意识。

4. 培养学生关注动物、爱护动物的意识。

教学重点：

创设生动的情境，指导学生围绕动物世界的奇妙使用规范的语言进行交际。

教学过程：

一、利用焦点话题，引入奇妙的动物世界

师：2008 年对于中国来说不是平凡的一年。在体育方面我国有一件举世瞩目的大事，同学们还记得吗？

生：奥运会。

---

① 陈红. 口语交际《奇妙的动物世界》教学案例［EB/OL］.（2009 - 12 - 03）［2012 - 12 - 15］. http：//mcex. e21. cn/E. ReadNews. asp？NewsID = 2234.

师：在北京有一位先生也想为奥运做点什么，他的方式很奇特，买了一只鹦鹉，请人教鹦鹉说话，说的就是"北京欢迎您"，他已经教会这只鹦鹉用36种语言说"北京欢迎您"。

生：哇！好厉害呀，鹦鹉会说36种语言呢！

师：的确，鹦鹉是多么奇妙呀！不仅会说话，而且还会用36种语言说同一句话。其实在大自然中奇妙的动物不仅仅是鹦鹉，还有很多很多。好，今天让我们一起来走进奇妙的动物世界吧！（板书"奇妙的动物世界"）

（由奥运导入，紧扣奇妙，很自然地引入了本节课的内容）

二、学生汇报资料，了解更多的奇妙动物

师：课前，同学们收集过一些动物的资料。同学们认为哪些动物很奇妙呢？

（生举例回答）

师：我们来评一评刚才几位同学讲得怎么样。

生：××的声音很洪亮，说得很清楚。

生：××说袋鼠的时候很神秘。

生：××说刺猬的时候声音小了一点，希望以后声音响亮一些。

生：他们都说到了这些动物与众不同的地方。

生：我发现他们在说动物的时候，有的说的是身体结构奇妙、生活习性的奇妙，还有本领的奇妙。

师：同学们真会听！老师也觉得我们说话的时候要做到声音洪亮、口齿清楚。而且，我们在说的时候一定要注意说到它与众不同的地方。

【实时评析】

通过汇报资料使每个学生都有交际的机会，并都能主动参与交际。通过生生互评和教师归纳，渗透交际时应注意的问题。

三、师示范口语交际，并总结交际方法

1. 师：听了同学们的介绍，陈老师也有奇妙的动物要说。是什么呢？现在老师说你猜：身上背座房子，爱在雨后出来散步。（生答：蜗牛）

师：你是怎么猜出来的？你了解蜗牛吗？我们一起来看看蜗牛，看看它的真面目。（播放课件）看了动画后，你知道了什么？

师：同学们真会听、会说。同学们还没有了解到蜗牛与众不同的结构。（出示文本材料，生默读）

师：的确，在蜗牛腹部的触角下面有一张嘴巴，它嘴里有一条长舌头，舌头上有一万四千四百多颗牙齿呢！这些牙齿分为一百行，蜗牛还要冬眠和夏眠呢！

2. 师：同学们，假如你向别人介绍蜗牛，怎样才能做到别人一听你介绍，就能永远记住它呢？现在你来听一听老师的介绍。

（师示范：蜗牛背上背着房子，喜欢在下雨后出来……）

3. 师：同学们评一评老师讲得怎么样？老师是怎么讲的？

（根据学生发言板书整理）

师：我们在向别人介绍动物的时候，应该做到口齿清楚、声音洪亮，神态大方、自然，还不能忘了介绍它的奇妙之处。动物的奇妙处有一些不一样，有的动物是身体结构的奇妙，有的是生活习惯与众不同，还有的是它的本领与别的动物不同。同学们讲的时候一定要分得清。

【实时评析】

注重了生生评价、师生评价。教师逐步引导学生进行交际，并做好示范，总结并明确了交际的要求。

四、通过电教手段，引导学生尝试表达

1. 师：好，刚才老师介绍了蜗牛，同学们能不能也来试一试呢？（电脑出示比目鱼图片，播放视频资料）

师：刚才，你们看到了什么？

2. 师：你们觉得比目鱼，应该怎么讲？同桌试着讲一讲。

（全班交流。生与生评价，师生评价）

【实时评析】

先让学生观看视频和图片，再引导学生记住比目鱼的主要特点及形成的原因，然后让学生试着讲一讲，最后在全班交流，使学生体会到了介绍动物的全过程（由不知—了解一些—加深印象—试着讲讲—全班交流）。降低了交际的坡度。学生讲后，先让生生之间进行评价，然后教师再评价，这样学生就会不断规范自己的交际语言。

五、角色变换，采访游戏

师：现在陈老师就是比目鱼，也可以是蜗牛，同学们有什么问题，都可以采访老师。好，我先来和同学们打个招呼："大家好！我是比目鱼。嗨！我叫蜗牛，小朋友们好！你们有什么不明白的问题可以采访我哦！"

生：请问蜗牛，你觉得你哪里最奇妙呀？

师：我们的舌头上有一万四千四百多颗牙齿呢。

生：蜗牛，你好！你能告诉我为什么你要长那么多牙齿吗？

师：这位同学真有礼貌！我们知道蜗牛是吃草的茎长大的，如果牙齿太少的话，怎么能咬得动呢？

生：比目鱼，你好！你们能变色真奇妙呀！可是我不明白你们为什么有的时候要变色呢？是为了漂亮吗？

师：我们当然不是为了漂亮，是为了逃避敌人的攻击，也是为了迷惑猎物。

生：请问，你们怎么会有变色的本领呢？

师：因为我们体内有一种变色的细胞。

【实时评析】

通过采访游戏，学生能轻松地对话，而且老师的参与也起到了较好的示范作用。

师：同学们课前收集了很多资料，现在我们可以先在小组内讲一讲。（学生小组练讲）

师：现在同学自由讲。（指名上台讲）

师：你懂得真多！好！现在同学们也可以来玩采访游戏。请收集了袋鼠、青蛙、蚌、乌龟、变色龙等资料的同学到讲台上来接受采访。下面的同学谁愿意来采访他们呢?

师:同学们来评一评,刚才他们讲得怎么样?

【实时评析】

这个环节,让每个学生都参与交际,每个学生都有话可说,再加上师生间、生生间的评价,使学生的交际水平不断提高。

六、拓展:保护动物、造福人类

师:是呀,动物对人类的贡献可大了呢!人们利用蜜蜂来救治风湿病,人们研究蜻蜓发明和制造了飞机,人们从蝙蝠身上得到启示而制成了雷达……

生:是呀,动物们还会提前为我们作天气预报呢!当蚂蚁搬家时就是要下雨了。

生:当蜘蛛竖着结网时也是要下雨了。

生:我还听说四川大地震之前的一周,有大量蟾蜍集体搬迁呢。

师:是啊!让我们都来关注动物、保护动物,更好地为人类造福!

【实时评析】

用熟悉的或身边的事来使课堂升华,使学生对动物有进一步的认识,激发学生关注动物的兴趣。

【课例评析】

这节口语交际课巧妙地创设口语交际的情境,使学生产生一种身临其境的感觉,怀着浓厚的兴趣学习口语交际。同时,注重培养学生收集资料、整合信息的能力,让学生迅速获取信息进行语言转换,从而能在课堂上灵活自如地运用口头语言进行交际。新教材中大部分口语交际的设计内容只有在课前做充分的准备工作,才会避免学生在课堂上出现无话可说的现象,也才能使口语交际中有大量的信息供交流。课前教师指导学生收集资料是必不可少的工作。

综合性学习

【课标视点】

对周围事物有好奇心　观察自然和社会　提出问题　查找运用资料　专题讨论　策划活动　学会合作　结合语文学习表达所得　尝试运用语文知识与能力解决问题　写研究报告

【解读概述】

　　课标对综合性学习给予高度关注。在课程基本理念中明确提出："综合性学习既符合语文教育的传统，又具有现代社会的学习特征，有利于学生在感兴趣的自主活动中全面提高语文素养，有利于培养学生主动探究、团结合作、勇于创新的精神，应该积极提倡。"（p. 2）综合性学习应成为语文教学的常规内容，应得到广大教师的重视，而不应是"添头"或"装饰"。

　　综合性学习虽与识字写字、阅读、写作、口语交际并列成为语文学习的五大领域，但综合性学习又与其他领域有所不同，综合性学习的初衷是，"以加强语文课程内部诸多方面的联系，加强与其他课程以及生活的联系，促进学生语文素养全面协调地发展"（p. 5）。它不是以语文某一方面的知识和能力为内容，或者说它不是指语文自身的、内在的内容，而是从语文学习的过程与方法的角度确定其自身的内容。综合性学习是在实践中学习语文、运用语文，是一种过程性的、非线性的语文实践，而不是结论式的、直线式的知识掌握。

　　综合性学习在实际的教学中还没有得到应有的重视，实际操作中还存在诸多问题。课标在本次修订中对综合性学习提出了更具体明确的建议，这些建议也回应了当前小学综合性学习教学中存在的问题。综合性学习要突出语文的特性，体现语文知识的综合运用，无论以什么样的形式开展综合性学习，都应"以提高学生语文素养为目的"（p. 25）。学好语文，只凭口耳授受是不够的，"综合性学习应贴近现实生活"（p. 24），生活是语文学习的源头活水，教学中要联系学生的生活实际。第一学段要能做到"热心参加校园、社区活动，用口头或图文等方式表达自己的见闻和想法"（p. 9），第二学段要能做到"在家庭生活、学校生活中，尝试运用语文知识和能力解决简单的问题"（p. 12），第三学段要能做到"为解决与学习和生活相关的问题，利用图书馆、网络等信息渠道获取资料，尝试写简单的研究报告"，"对自己身边的、大家共同关注的问题，或电视、电影中的故事和形象，组织讨论、专题演讲，学习辨别是非、善恶、美丑"（p. 14）。在小学阶段，教师在综合性学习活动过程中的指导非常重要，课标在教学建议中明确提出"要加强教师在各环节中的指导作用"（p. 25），综合性学习虽然是一种自主探究的学习，但离不开教师的引导和点拨。教师既不能干涉太多，又不能放手不管，要做设计者、参与者、指导者与激励者。

关于综合性学习的评价，课标 2011 年版较实验稿有很大改进，更关注学科的特点，"要着眼于促进学生提高语文水平的效率"，"更好地掌握学习语文的方法"。关注学习过程的评价，关注学生学习态度与学习能力评价，"着眼于学生在综合性学习过程中的表现，是否能积极参与活动，是否能主动提出问题，还有搜集整理材料、综合运用语文知识探究问题、展示与交流学习成果等方面的情况"（p. 32）。对各学段提出了不同的要求，"第一、第二学段要较多地关注学生参与语文学习活动的兴趣与态度"，"第三学段要多关注学生在语文活动中提出问题、探究问题以及展示学习活动成果的能力"。

综合性学习是语文学习中的一潭活水，是小学语文教学改革发展的必然趋势。走向综合，语文学习将会重新散发出应有的活力。

【教学解读】

1　贴近生活：使语文成为"应用之学"

课标在综合性学习教学建议中突出强调了"综合性学习应贴近现实生活"（p. 24）。开展综合性学习，教师应彻底地更新观念，改革课堂模式，引领学生面向生活，面向社会，面向自然，亲临现实，亲历过程，"提高对自然、社会现象与问题的认识，追求积极、健康、和谐的生活方式，增强与自然、社会和他人互动的应对能力"（p.24），让语文成为"应用之学"。

示例1①

我们来自由组成小组开展活动，进一步感受读书的快乐。

- 搜集名人读书的故事或读书名言。
- 访问周围爱读书的人，请他们谈谈读书的体会。
- 去图书馆或书店看看，了解图书都有哪些种类。
- 给自己的图书分分类，做个书目。
- 找一本喜欢的书阅读，读书时作摘抄或填写阅读记录卡。
- 开展其他相关的活动。

先在小组里商量一下，准备开展哪些活动，订好计划，然后分头行动。

示例2②

在毕业之前，还可以有选择地开展以下活动，为自己的小学生活画上一个圆满的句号。

- 为老师和同学写临别赠言，送上真情与祝福。
- 在离校之前为母校做点事。比如，可以写倡议书，号召全校同学为美化校园环境、创建文明校园出点力，也可以给学校领导写一份建议书，就学校存在的一些问题提出合理化建议。
- 策划一台毕业联欢会，把同学们对师友、对母校的惜别之情，通过文艺表演的形式表达出来。先总体设计毕业联欢会的安排，再具体创编节目，还要考虑主持人的台词，然后按照分工认真准备，以便在离校之前进行汇报演出。

---

① 本示例选自人教版小学语文义务教育课程标准实验教科书五年级上册第5页。
② 本示例选自人教版小学语文义务教育课程标准实验教科书六年级下册第135页。

示例3①

同学们，有个朋友特别想了解我们家乡宁化的小吃，老师不知道怎么向他介绍好。你们能不能帮助我？

- 利用课余时间，让学生品一品，问一问，查一查。
- 课堂上分门别类让学生说一说。
- 创设情境，让学生写一种家乡小吃的说明。
- 撰写一句小吃的广告语。
- 课后把小吃的说明及广告语以信的形式寄给朋友。

以上的示例中，前两个活动是教材中的，第三个活动是教师自主开发的，这三个综合性学习的内容都是与生活紧密相连的，这样的活动有利于调动学生的学习兴趣，让学生自主地参与到学习活动中来；有利于丰富语文学习的内容，激发学生探索学习的意识，提升语言表达能力、组织协调能力，以及对社会、生活的认识。语文是母语教育课程，学习资源和实践的机会无时不在，无处不在，开展综合性学习，要把身边的一切都作为语文学习的资源，注重让学生在真实的、具体的现实中去学语文，让语文学习变为"活化"的学习实践。

2 立足语文：走在语文的路上

课标指出，"跨学科学习，也应以提高学生语文素养为目的"（p. 25）。语文综合性学习尽管注重综合，但它首先立足语文，不管学习活动涉及哪个领域、哪门学科，采取哪些方式，其落脚点都在"致力于学生语文素养的形成和发展"，综合性学习应走在语文的路上。

---

① 本示例引自人民教育出版社网站，作者陈贵忠，有删改。

示例 1

《我们周围的声音》教学片段一

- 播放学生在课前采集到的各种声音。
- 播放教师为学生提供的各种声音，让学生猜猜是什么声音。
- 辨别哪些声音好听，哪些声音不好听。

（音乐很好听，噪音很刺耳，难听。有的小动物叫声好听，有的小动物叫声不好听。）

小组合作给声音分类

（有的声音是自然界直接发出来的，有的声音是人们制造出来的，有的声音是小动物发出来的……）

全班交流：谈谈对声音的认识

- 声音的产生与物体有关，不同的物体会发出不同的声音。
- 声音是有强有弱的，听锣和鼓的声音来体会。
- 声音是有高有低的，听钢琴发出的音高来体会。

布置下一阶段的活动任务：同学们，通过这节课的学习让我们对声音有了那么多的了解，让我们把研究的成果做成小报张贴到咱们的展览板上吧！

示例 2

《我们周围的声音》教学片段二

一、读读表示声音的词语。

马嘶　鸟鸣　犬吠……

呱呱　咩咩　嘎嘎　啾啾……

噼啪　隆隆　哗啦　淙淙　潺潺……

鬼哭狼嚎　龙吟虎啸　锣鼓喧天　气喘吁吁……

二、你还知道哪些表示声音的词语呢？小组交流。

三、把自己感兴趣的词句抄下来，背下来。

四、听声音，展开想象，用恰当的词语来描述，练习说话。

五、小组内研究：以何种形式展示汇报研究成果。

六、小结：在大自然中，每一个音符、每一种声音都蕴藏着一种美，愿我们能留心观察，发现更多的天籁之音。

《我们周围的声音》是长春版小学语文二年级下册中的一次综合性学习。在以上两个示例中，前一节课的综合性学习活动的设计明显失去了语文性，倒像是一节生活课，后一节课则体现了综合性学习的语文味道。在综合性学习中，尽管有些活动主题是非语文的，但是我们要引导学生在活动过程中学语文，用语文，要牢牢把握语文学科的特性，凸显"语文味"。

3　策划活动：从给予走向自主

活动是综合性学习的主要形式，课标中予以了特别关注。在学段目标中提出，第一学段要"热心参加校园、社区活动"（p.9）；第二学段要"能在教师指导下组织有趣味的语文活动"（p.12）；第三学段要"策划简单的校园活动和社会活动"（p.14）。在教学建议中提出，"主要由学生自行设计和组织活动，特别注重探索和研究的过程"（p.25）。开展综合性学习活动，符合语文学习的特点，更符合课标中"倡导自主、合作、探究的学习方式"的基本理念。通过活动，让语文的课堂从封闭走向开放，从给予走向自主，让学生真正地成为了学习的主体。

🌱 示例1

策划毕业联欢会——毕业联欢我做主

一、课前准备

自报节目，在上报的表格中用几句话将自己的节目情况简单介绍一下。

二、课堂策划

（一）激情导入

同学们，毕业即将来临，对于毕业联欢会我们都非常期待，这是我们最后一次在母校的精彩演出。你想要一个怎样的毕业联欢会？（让学生用比较规范的语言来简单描述一下）

对，我的联欢会我做主！今天这节课，我们就来筹划我们的毕业联欢会。（这是在激发学生的情感，让情感和知识融合）

（二）大家都来秀一秀

1. 出示课前统计的同学们的节目名单，大家看一看，这么多的节目，我们该怎么安排？

● 节目数量太多，时间不够，怎么办？你认为该怎么重新组合？

● 节目次序该怎么决定？你的理由是什么？

2. 排好了节目单，还缺少什么？给我们的联欢会取一个响亮的名字吧！

（三）分工合作，我能行

1. 为了我们的联欢会能够顺利举行，我们需要做哪些事情？小组讨论，在表格中列出要完成的任务。然后集体交流，共同确定。

2. 根据自己的特长，选择适合自己的任务，并说明理由。

3. 想一想，完成你负责的任务时会有哪些注意事项？（这个部分教师通过点拨让学生自己调整重组节目，自己安排节目次序，自己给联欢会取名字，自己思考举行联欢会要做的事情，自己选择合适的任务，并思考完成这项任务的注意事项，充分发挥了学生的自主性）

4. 制订分工计划。（教师要注意人员之间的搭配。注意事项中可以看出教师非常关注活动过程，方法的指导很细致）

主题："难忘今宵"毕业联欢会

时间：7月1日晚上7~9时

写串连词（4人）×××、×××……同学（写完后要多读多改，力求精彩）

会场布置（8人）×××、×××……同学（布置前要先画一画草图，设想一下）

水果采购（6人）×××、×××……（注意寻求家长的帮助）

主持人（2人）（会前要多练习，同时注意着装搭配）

写活动海报（2人）（修改到最满意后再贴到校园公告栏上）

音响管理（2人）（会前要试一次，确保无误）

上下场协调工作（2人）（提前5分钟让下一个节目的同学就位）

摄影（2人）（在教室园地里展出时要附上精练准确的文字说明）

抽奖活动的奖品管理和发放（4人）（要思考怎样做到有序，将初步方案向老师汇报）

后勤服务（8人）（分发水果，会后还要负责场地清理工作）

每一项工作都要确定具体人员，明确各自负责的工作内容。

（四）分头准备热情高

学生分头准备，不但要准备自己的节目，还要精心准备表格中安排的任务。

三、后续活动

1. 举行隆重的毕业联欢会。

2. 写一篇报道，向学校红领巾广播站投稿。

3. 写写活动过程中你认为值得记录的一些精彩故事或者内心感受，在班级博客中交流。（后续活动让学生充分感受到课内的学习很有价值）

示例2

不忘母校——我为母校献份礼

课前：

1. 学生采访、了解、调查

● 搜集母校有关资料，准备抢答赛的题目。

● 发现学校需要改进或传承的地方，拍下相关的照片或视频。

2. 教师制作承诺卡和承诺树。

课内活动安排：

一、"我的母校知多少"——母校知识竞赛

1. 简单汇报：你在课外通过哪些渠道了解到了哪些关于母校的情况。

（让全班同学对课前活动情况有简单的了解，口头呈现学习成果，以点带面，渗透评价）

2. 教师提炼：你知道母校有哪些重大的事件吗？你知道有哪些人做了什么事，对我们的学校有决定性的影响吗？

（适当补充学生不了解的情况，激发责任感）

3. 母校知识抢答赛。（系统了解母校情况）

参考题目：我校创建于哪一年？我校最早的校名是什么？我校的校训是什么？我校一共有多少位校长？你能说出其中三位吗？你记忆最深刻的一次国旗下讲话，主题是什么？……

二、"母校因我更美好"——我为母校献份礼物

母校的不断发展进步，离不开学子们对她的贡献。即将离开母校的我们，又能够为母校做点什么呢？（提个建议，做点事情，发愤努力，为她增光添彩）

1. "我为母校进一言"。

2. "我为母校做一事"。

● 讨论，在毕业前夕可以为母校做什么事以留下美好记忆？

● 为了更好地完成我们的设想，在做这些事之前，我们可以先订个方案。

● 师生交流评议，学生完善那些安排不够周密的活动方案。

3. "我为母校立一誓"。

● 你认为什么才是送给母校的最好礼物？（讨论懂得"从小立志，为母校争光"是最好的礼物）

● 发下"承诺卡"，让学生在"承诺卡"上写下自己的承诺。

● 请学生大声、有感情地把"承诺卡"上的话读出来。

（承诺可长可短，只要真诚、精彩，教师都要给予肯定）

● 郑重签上自己的大名，把承诺卡挂在班级里的承诺树上展示。（这是卡片展示学习成果）

三、全班大合唱《明天更美好》，将情感推向高潮（激发对母校的热爱之情，培养主人翁意识）

后续延伸：

1. 把承诺树送到校史室存放。

2. 检查活动方案表中的完成情况。

以上两个示例是根据人教版小学语文六年级下册教材《难忘的小学生活》这一综合性学习内容设计的活动①。在毕业前夕安排这个内容的综合性学习，正可满足学生的情感需要，学生主动设计，积极行动、体验乃至创造，而教师要做的，就是全程关注实践过程，让每一个学生都来参与，并且在活动内容、形式和活动成果呈现方式等方面进行指导和评价。这样的活动设计，有利于激发学习的内在动力，使综合性学习有序高效地开展。

4　查找资料：开阔视野，形成能力

比尔·盖茨在《未来时速》一书中说道："未来社会属于那些收集信息、选择信息、处理信息和应用信息的人。"课标在小学阶段提出"有目的地搜集资料"，"初步了解查找资料、运用资料的基本方法"，（p.14）这一目标的提出更具时代感，关注时代发展对人们能力的要求。

示例

康康的爸爸准备利用假期，带康康到"台湾文化古都"旅行。爸爸希望康康事先搜集资料，让旅行更丰富有趣。

康康的做法是：

1. 通过网络搜索，了解"台湾文化古都"所在的县市，并看一看有哪些网页提供当地的介绍。

2. 去图书馆或文化局，阅读相关的报纸杂志，把需要的资料影印下来以

---

① 资料引自费尔教育网。

供参考。

3. 通过拜访或采访，请当地人或曾经去过的人提供经验。这些提供经验的人，会忠实地说出自己的感受，是相当重要的信息。

在活动过程中，通过学生自主实践及教师的提示，让学生掌握查找资料的方法：

1. 网络资料包括文字、图片、影片等，内容五花八门。搜寻网络资料要懂得运用"关键字"，所谓"关键字"就是与搜索主题有关系的字词。爸爸到底要带康康到哪里呢？试着在网络上键入"台湾文化古都"，就可以得到解答了。

2. 资料要加以整理，才能成为实用的工具。文件资料叙述翔实，阅读之后，可以利用便利贴、荧光笔等，标出重点，做出摘要，这份资料才能在恰当的时候发挥它的功能。

3. 请教别人之前，要先想好要提问的问题，并与受访者约好时间、地点。请教的过程中，要注意礼貌。别人提供的意见，要能有简单的记录，假如对其中的细节有疑问，可以再提出问题，才能得到完善的资料。

以上的示例选自台湾康轩版国小国语六年级上册教材，是一次统整活动。本次活动通过创设"爸爸要带康康去旅行"这样的情境，让学生在活动经历中了解到查阅资料的重要，并通过"小帮手"的提示，帮助学生掌握方法，学会查阅资料。

传统的语文教学注重知识的传授，学生习惯处于被动地接受，不会主动地寻找自己所需要的资料与信息。从而导致学生收集资料、利用资料意识淡薄，能力较差。在综合性学习的过程中，教师要设计相关的主题活动，让学生为完成某一主题，运用多种途径来获取资料，并根据需要处理资料，恰当地利用资料，运用多种知识完成自己的活动主题，在活动过程中，学生查找资料和运用资料的能力得以逐步提高和强化。

5 观察笔记：用你的目光照亮生命的细节

课标在第一学段中指出："结合语文学习，观察大自然，用口头或图文等方式表达自己的观察所得。"（p.9）第二学段中进一步强调："观察社会，用书面或口头方式表达自己的观察所得。"（p.12）

观察笔记是"语文学习、观察自然和社会，表达观察所得"的最合适载体，可以引导学生用自己目光照亮的生命细节。

示例1[①]

一位教师在执教长春版小学语文二年级下册"春天来了"这一板块的教学后，设计了"让学生到大自然和生活中去观察、发现春天，并要交流观察所得"的活动。活动时，教师引导学生多角度地观察，并用自己喜爱的方式描述、再现了自己眼中的春天：

1. 照片式观察笔记：拍摄春天里最精彩的镜头，在拍摄的照片后面写上简单的说明或者说说照片背后的故事。

2. 图文结合式观察笔记：亲手绘制植物（动物）成长的过程图，并且写上自己的观察感受和独特发现。

3. 录音式记录：搜集的录音资料，并加以解释说明。

4. 日记式观察笔记：以日记的形式呈现自己观察活动的全过程。

示例2[②]

一位教师在指导学生开展综合性学习人教版小学语文三年级上册《多彩的课余生活》时，是这样指导学生结合活动来观察记录的：

师：我们的课余生活是多彩的，大家可以从哪些方面来观察与发现呢？

1. 游戏娱乐活动，如：踢毽子、跳皮筋、跳绳、"老鹰捉小鸡"、扔沙包……

---

① 本示例作者：陈玉艳，吉林省磐石市烟筒山二小。
② 本示例作者：聂慧，广州越秀区一德东路小学。

2. 课余辅导训练，如：网页制作、科技小发明、绘画写生、足球比赛、羽毛球训练……

3. 个人爱好，如：小收集——收集邮票、门票；小饲养——饲养观赏鱼鸟；小种植——种植花木盆景、庭院瓜果；小演奏家——天天练习钢琴、小提琴……

4. 家务劳动家庭帮手，如：洗衣服、餐具，打扫卫生……

5. 小小旅行家，喜欢旅行的，去过很多地方……

师：可以用哪些方式记录呢？

●可以用文字叙述，如：简短的日记，写清楚哪天什么时候干什么事情就好，有什么感受、收获。

●可以用表格的形式，分"时间"、"活动内容"、"收获和感受"等栏目，逐项记录。

●可以用图画的形式，如：图画日记，一旁写上时间，再写上几句当时的感受。

以上两个示例，教师都有意识地在综合性学习的过程中引导学生多角度地去观察生活，并指导学会用不同的形式来表达自己的观察所得。著名教育家苏霍姆林斯基说过："观察是智慧的最重要能源。"在开展综合性学习的过程中，重视培养学生的观察习惯及观察能力，引导学生记录观察后的所思所感，这不仅是教学的任务，更是学生在今后生活与学习中应该养成的好习惯，学会观察，捕捉生活中多彩的镜头，才会照亮我们生命中的细节。

6 专题讨论：共同的关注，不同的视角

课标在第三学段有这样一段表述："对自己身边的、大家共同关注的问题，或电视、电影中的故事和形象，组织讨论、专题演讲，学习辨别是非、善恶、美丑。"（p.14）进行专题讨论，是实施综合性学习的途径之一。专题的内容应是学生感兴趣的，和自己生活相关的；是可触摸的，有时代气息的；是热点、焦点，或疑点等。它是值得探讨和研究的，不是空洞、宽泛的。这

样，学生的交流、讨论才能有的放矢，从而实现既有共同的关注，又有个性的解读——从不同视角表达自己的想法，发表自己的见解。这样的过程，才会有碰撞，才会有思考，才会有认识上的飞跃、情感上的丰富。

示例

过节的思考①

长春版小学语文五年级下册的一次综合性学习活动是这样提示的：

提起过节，人们总是把它与喜庆、休闲、聚会、纪念等联系在一起。过节，已成为人们重要的生活内容之一。在众多的节日中，有我们中华民族的传统节日，也有一些从国外涌进来的"洋节"。

现在人们喜欢过什么节，怎样过节，你注意到了吗？在人们过节的背后，你能发现什么？请同学们对过节的问题开展一次探究活动。

围绕"过节的思考"这一活动专题，学生们开始通过网络查找、调查询问、实地观察、填表记录等方式对教师的问题进行全面了解——人们都喜欢过什么节，怎样过节。当学生在自主活动中有了丰富体验后，教师组织学生围绕"过节的思考"这一研究专题，进行了专题讨论，引导学生各抒己见，提高思维力和表达力。

学生的讨论真实，有共同的关注，又有不同的视角。

话题1：关于中国人的节日与外国人的节日

有的学生说，中国人的节日，如春节、元宵节、清明节、中秋节等要过。我们中国的传统文化历史悠久、博大精深，具有鲜明的民族特色，我们要传承。而"洋节"，如愚人节、万圣节、圣诞节等这些都是外国人的节日，关于这些节日，我们不了解其文化背景，即使过，也不能领悟其内涵，过也没有意义。所以，就不要过了。

有的同学则反对，认为世界文化要关注，过"洋节"，就是感受异国文化现象，开阔视野，提高文化品位。自然也要过。

---

① 本示例作者：赵春艳，吉林市吉化第一实验小学。

学生的思考从节日想到了文化，想到了民族与世界，视角之远，大大超出了语文学习的本身。

话题2：过节是简单的聚会还是要更好地享受文化习俗

有的学生说：现在的节日太多，中国节日也好，外国节日也好，过一小段时间就有一个节日，人们对节日也逐渐麻木了。一家人聚在一起，吃一顿饭就算过节了。还有的，大人进行娱乐活动，根本不管孩子。这样的节日，我不喜欢。

有的学生对这一观点也有同感。但也有学生能从另一个角度看问题：大人有大人的事，孩子也可以有孩子的事啊。比如，过春节的时候，一大家的孩子可以聚在一起剪窗花、贴窗花啊，可以和大人一起包饺子啊，可以在一起放鞭炮、看烟花啊……孩子们一定要在节日中寻找属于自己的乐趣。

学生在节日中思考自身的价值，开始关注节日中的自己，这本身就是成长。

话题3：怎样过节才有意义？

有的学生说，过节之前，家里人可以事先列个节日计划。这样，人人有分工，按部就班，节日会更有意义。

有的学生说，每个节日自有它的民俗活动。如果节日中，都能很好地体验民俗活动，那就很有意义。比如，元宵节，自己做个灯笼挂在窗前，增添节日气氛；晚上，到公园赏灯，增加节日情趣等。

有的学生说，凡是过节的时候，给朋友、亲人、老师等自己喜欢、尊敬的人送上节日祝福或对逝去的人寄予哀思等，那一定是最有意义的。

学生的视角真是不同，但又各有见解，具有操作性。

以上的示例，让我们看到学生鲜活的思维，跳动的生命。一个专题引发学生无数思考。这种思考，来自于实地的学习探究，来自于真实的生活体验，来自于互动的交流讨论。这其中有聚合，有分散；有同，有异。综合性学习活动的魅力就在于此——走出教材，走向生活；从学习中来，到实践中去；在接纳中提高，在吸收中发展；开阔眼界，感受生命！

7 教师指导：发挥指导作用

新课标在教学建议中新增加了"要加强教师在各环节中的指导作用"（p.25）。虽然语文综合性学习突出强调学生的自主性与参与性，鼓励学生自行设计和组织活动，但也不能忽视教师的主导作用，使学生学习处于一种放任自流、缺乏调控的状态之中。在语文综合性学习活动中，教师应是活动的指导者和促进者。综合性学习的开展不仅是对学生，更是对教师能力的挑战，教师要发挥好各个环节中的指导作用。

示例

多彩的课余生活①

一、活动准备阶段

1. 明确主题。

师：同学们，我们在学校里过着快乐的学习生活，课余生活又是怎样安排的呢？

现在请同学们翻到课本第5页，自己读读题目，想一想题目要我们干什么？

学生自由读题目，说出题目的意思。

2. 确定专题。

教师指导学生分好小组，小组讨论，确定活动的专题。

- 游戏娱乐活动，如：踢毽子、跳皮筋、跳绳、"老鹰捉小鸡"、扔沙包……
- 课余辅导训练，如：网页制作、科技小发明、绘画写生、足球比赛、羽毛球训练……
- 个人爱好，如：小收集——收集邮票、门票；小饲养——饲养观赏鱼鸟；小种植——种植花木盆景、庭院瓜果；小演奏家——天天练习钢

---

① 本示例引自网络，作者：聂慧，广州市越秀区一德东路小学，有改动。

琴、小提琴……

●家务劳动家庭帮手，如：洗衣服、餐具，打扫卫生……

●小小旅行家，喜欢旅行，去过很多地方……

3. 安排分工，制订计划。

教师记录好各个小组所确定的专题后，协助他们进行好分工的工作，如：资料搜集员、资料整理员、编辑员、记录员、摄影师……

4. 总结。

刚才同学们已经分好小组，确定了这次综合性学习的主题和专题，小组里分好工，制订好计划，那我们从现在开始就要按照计划进行我们的学习活动，有信心把它完成好吗？加油！我相信你们一定能行！

二、过程指导阶段

1. 这几天，你是不是把自己的课余生活记录下来了呢？这里有一位同学的课余生活记录，我们一起来看看吧。（学生传阅）他是这样记录的，你是怎样记录的呢？我们一起来交流交流吧。

2. 小组交流，汇报自己是如何记录的。

3. 让学生总结交流这段时间以来活动的困难与收获，以及需要改进的地方。教师就学生在活动中遇到的问题进行指导，帮助他们解决困难。学生有可能遇到的困难，如：学生不知道如何记录，不懂得如何整理资料。

4. 小组间互相交流经验或提出好办法。

5. 总结。

我了解到同学们在记录的时候，或者小组合作的时候获得了很大的收获，但是有个别的同学遇到了一些小困难，不要紧，可以请教老师或者其他同学，大家一定会帮助你的。加油！

三、成果展示阶段

1. 请各个小组介绍自己组的专题名称、分工情况，以及学习活动中的历程体验，如：如何搜集资料、做好准备，如何与别人合作开展活动、解决困难，如何策划组织等。

2. 各小组汇报。

3. 各小组展示自己组的专题成果，如：手抄报、介绍、汇报、表演……

教师在展示中处于主持人的性质，点拨指导。

4. 共同评议。

他们的课余生活安排有何不同？我们评一评，谁的课余生活安排得好，是不是只看谁的课余生活计划安排得满，谁的课余生活项目记录得多就算好呢？

教师引导学生讨论后达成共识：看谁的课余生活安排得好，不是看谁的计划安排得满，谁的记录本上记录得多，而是要看谁的计划安排得切实可行，课余生活计划中的各项安排得到真正落实。

评选出活动新颖、有趣，开展得认真深入，收获丰富、感受深刻、对大家启发大的同学，投票评奖：最佳资料搜集员、最佳合作小组、最佳策划奖、最佳展示奖等。

5. 谈谈了解了他人的课余生活之后，对比自己的课余生活计划，你有什么感受？有需要改进的地方吗？

6. 总结。

老师很开心，这虽然是我们第一次进行综合性学习的活动，看见我们班每个同学都能积极地投入到这个活动中去，每个同学的能力都能得到发展，小组里同学之间的互相帮助、合作的精神真让我感动！虽然有个别同学或者小组不能评到奖，但不要紧，继续努力，争取下一次，你们一定能够做得更好！课后就让我们一起写一写自己的课余生活吧。

《多彩的课余生活》是人教版小学语文教材三年级上册中的一次综合性学习，以上三个教学示例展现了本次活动的全部过程，在这三个基本阶段的实施中，教师恰到好处地发挥了自己的作用：

学习的准备阶段，激活了学生既有的知识贮存，诱发了学生的研究动机，引领学生进入学习情境；确认学习目标与学习内容；提示学习要求与学习的方式方法；确定组织形式；研制出活动方案。

学习的开展阶段，充分地发挥了过程监控及指导的作用，引导学生介绍计划实施与活动进展情况；肯定研究成绩，提出问题，让学生根据实际情况调整学习进程和方向；关注学生的情绪体验与兴趣保持以及学习过程中的综合运用成果及采用恰当的表达方式记录学习成果的能力等。

学习的成果展示阶段，为学生们提供了充分展示小组或个人学习成果的机会，在师生互动评价中肯定成绩，提出建议，在成果汇报展示过程中适当总结规律，提升认识，提出继续开展活动的建议。

综合性学习是语文课程改革的一个亮点，它的出现，呼唤着语文教师思维的变化、素质的提升与重塑，呼唤着语文教师角色与教学观念的重新定位，呼唤着新型的语文教师的出现！教师只有切实地做好角色的定位，确实地转变自己的教学行为，发挥好各个环节的作用，才能让语文综合性学习绽放光彩。

8　展示分享：不让成果悄无声息地湮没

开展语文综合性学习，教师要"尊重和保护学生的自主性与积极性"（p.32），重视学生学习成果的展示与交流，不要让学生的学习成果悄无声息地湮没。

🍎 示例1

向本班同学宣传——互相激励，增强自信心①

综合性学习活动的学习形式通常以小组合作式为主，每个小组的分工各不相同，所选主题也各有千秋，因此，在展示学习结果时，本班同学就是他们宣传的最佳阵地。在指导长春版小学语文四年级下册《走进春天》的语文综合学习活动中，教师把全班同学分为四个小组开展学习，分别是古诗词组、现代散文组、儿童诗歌组和绘本故事组，通过将近一周的学习和小组合作，每个小组都拥有了大量与春天有关的资料。教师在班级组织同学们召开了"走进春天"研究成果的发布会，每个小组的汇报展示的形式各不相同，内容丰富多彩，侧重点也不一而论，因此在同学间自然形成了相互学习、互相

---

①　本资料来自优酷网，沈大安，农村小学怎样开展综合性学习。

激励的氛围，学生也在各自的交流和评价中增强了自信心。

🍎 示例2

向全校宣传——成为学习资源

综合性学习活动不受时间和空间的限制，如若能打破教室的墙壁，把学习的成果分享给更多的人，会让学习得到意想不到的效果。例如一位教师带领本班学生开展长春版小学语文四年级下册《走进春天》综合性实践活动课时，把学生们的学习成果——手抄报、摄影作品、绘本故事等做成了展板，放在了学校的正厅里，供全校学生学习。其中的一个学习小组制作了许多跟春天有关的绘本故事，教师鼓励学生走出班级，为其他年级的学生宣讲。当他们把自己亲手制作的绘本故事讲给幼儿园的小朋友听时，当他们找到高年级的大哥哥大姐姐帮忙制作更多的绘本故事时，学习本身已经促进了全校学生的互动。

🍎 示例3

向家长宣传——使家长支持综合性学习

综合性学习活动是体现学生综合学习能力的最佳途径，从资料地收集到整理，从成果展示的准备到制作，无不倾注着孩子的心血，也是对他们各项能力的一个考验。取得家长的支持和配合是保证孩子出色完成学习任务的重要支柱，因此做好向家长宣传的工作，使家长能鼓励学生参加综合性学习活动，将在学习活动的广度和深度上都有所提升。例如在进行《感受家乡》综合性学习活动中，需要家长带领孩子亲自体验家乡景致的美好，带领孩子到图书馆查阅关于家乡风俗文化的资料，当课堂上展现家长和孩子共同参与的视频资料，当课堂上呈现出爷爷奶奶才拥有的烟缸笸箩时，综合性学习已经把家庭、学校乃至社会紧紧地联系到了一起。

示例4①

向社会宣传——争取社会支持

在进行《环境保护》的综合性学习活动中，教师引导学生搜集相关的环保知识，走向社会开展相关的调查研究，并引导学生向社会发出自己的声音。一张张倡导环保的POP设计，一块块爱护花草的广告牌设计，一条条减少汽车尾气的标语，在孩子们的手中是那么鲜活而抢眼。社会永远是内容最丰富的语文大课堂，让学生走向社会，就能体现学习的最终价值。取得社会更多的支持将成为学生学习的无形动力。

每个孩子都有成功的渴望，也都有自身价值被认可的需求，当学生通过自己的努力取得一定的学习成果之后，如果能把这些成果进一步发扬光大，就会很好地激发起学生进一步学习和探索的热情。开展综合性学习，教师要多给学生创造展示分享的机会，要让学生看到自己的聪明才智，增强学习的自信心。师生间通过互通信息，分享成果，提升认识与能力。

经典课例 ···

《我们都来研究"姓"》教学实录②

（执教：邹春红）

【设计理念】

《我们都来研究"姓"》是长春版小学语文二年级下册第四板块中的一次综合性学习。综合性学习对改变学生的学习方式和全面提高学生语文综合素养有重要意义。综合性学习的根在语文，要有语文的味道，但又要突出"综合"，体现语文知识的综合运用、听说读写能力的整体发展，强调语文和生活的联系，书本学习与实践活动的紧密结合，更要突出学生的自主性，重视

---

① 以上四个示例作者：王玉霞，吉林市第二实验小学。
② 本课是2010年9月哈尔滨东北三省小学语文首届年会的展示课。

学生主动积极地参与探索过程。本活动从低年级学生的语文实际出发，引导学生走进书本、走进生活、走进大语文天地，通过课前的调查统计，课堂上师生的互动与交流，课后的延续与再研究，让学生初步感受到中国姓氏中蕴含着的文化，在自主识记大量关于姓氏的汉字的同时，激发学生了解中国姓氏的愿望。让综合性学习的课堂真正地做到从封闭走向开放，从给予走向自主。

【教学目标】

1. 在调查、统计、查找、交流姓氏的过程中，巩固认识的汉字，自主识记更多感兴趣的汉字。

2. 了解有关姓氏的一些知识及故事，初步感受中国姓氏文化的魅力，对姓氏有好奇心。

（以上任务拟在两周内完成）

【学习过程】

一、调查与统计

师：你有姓，我有姓，我们大家都有姓，名字可以随便起，但"姓"却不可以，其实在我们的姓氏中还藏着许许多多的学问呢！我们来进行一次语文综合性学习活动吧！（师板书：我们都来研究"姓"）

师：你都知道哪些姓？到哪里能找到更多的姓呢？

生：张、王、李、赵……每个人都有姓，在路上问一问，能知道很多的姓。

生：同学们都有姓，在班级的名单里可以找到很多的姓。

生：到《百家姓》中找，能找到好多。

生：书中有好多的人物，可以找到姓。

生：我姓王，我家中每一个人都有姓。

师：既然有那么多的姓氏，大家来商量一下，看看大家想进行哪些调查，打算怎样来调查。

（学生在小组内进行商讨后确定调查内容："班级的姓"、"家里的姓"、"书中的姓"，制订了调查表及行动计划，并在课后开展了一周的调查与统计）

提出一个问题，比解决一个问题更重要。对于小学二年级学生，教师从学生已知入手，迅速把学生带入到研究情境，并趁热打铁组织小组合作确定研究主题，极大唤起了学生的学习欲望，充分体现了以学生为主体的核心。研究性学习的关键就是不断地增强学生的问题意识。引导学生学会发现问题、提出问题、寻找解决问题的方案，处理好学生提出的问题，推进学生的研究性学习。

二、交流与发现

交流一：班级同学的姓

师：同学们能把咱班同学的姓都读下来吗？

（师拿出字卡，开火车让学生认读班级同学的姓，一名学生将"曲"姓读成了三声）

师：这是谁的姓？你来读一读。

（学生仍读成三声）

师：（板书：邹、曲）你的姓和老师的姓一样，有时真的让我们很苦恼，总有人把我们的姓读错！（板书：zōu　qū）"曲"字作姓的时候要读一声，大家读一读。

语文综合性学习尽管注重综合，不管我们的学习活动涉及哪个领域、哪门学科，采取哪些方式，其落脚点都在"致力于学生语文素养的形成和发展"。教师引导学生读准班级同学的姓，并及时抓住学生出现的错误，巧妙结合教师自己的"邹"姓也易读错，有效地引导学生读准字音，体现了"语文"的味道。

师：读准了咱班同学的姓，我们来交流一下你们的调查吧！

生：我是从老师那要来了我们班的点名册，来进行统计的。我班姓王的同学最多。

生：我和妈妈在家里一起来统计的，我们班一共有31个姓。

生：我统计到姓王的有8人、姓张的有2人、姓赵的有2人、姓陈的有2人、姓刘的有2人、姓李的有3人。

生：我觉得咱班的"亓"、"姬"姓很特殊，姓这几个姓的人不多。

生：我的姓是咱班姓得最多的，我姓王。

【实时评析】

波利亚说过："学习任何知识的最佳途径是由自己去发现的。因为这种发现理解最深，也最容易掌握其中的内在规律、性质和联系。"因为是孩子自己提出的问题，因此他们想尽各种办法解决，这种学习才是真正意义上的自主。

师：为了进一步了解我们班同学的姓，我给大家带来两份材料，一个是中国百家姓的最新排名，一个是我国流传很久的百家姓原文，你们在其中找找你自己或同学们的姓，看看你们又能知道些什么。

中国百家姓最新排名表：1 李 2 王 3 张 4 刘 5 陈 6 杨 7 赵 8 黄 9 周 10 吴 11 徐 12 孙 13 胡 14 朱 15 高 16 林 17 何 18 郭 19 马 20 罗 21 梁 22 宋 23 郑 24 谢 25 韩 26 唐 27 冯 28 于 29 董 30 萧 31 程 32 曹 33 袁 34 邓 35 许 36 傅 37 沈 38 曾 39 彭 40 吕……

百家姓原文：赵钱孙李　周吴郑王　冯陈诸卫　蒋沈韩杨……

（学生们自主阅读两份材料，发现虽然都是百家姓，但排序却不一样，引起了学生们的讨论）

生：我们班级姓王的最多，但我国姓李的最多。

生：百家姓中排在第一位的是"赵"姓，因为当时皇帝就姓"赵"，所以排在了第一位。现实社会中因为中国姓"李"的最多，所以百家姓最新的排名中"李"姓排在了第一位。

生："李"姓还有一个来历呢！在很久很久以前，有一个"理"姓的贵族，在逃亡的过程中，一路上靠吃李子维持生命，为了报答李子的恩情，就把姓改成了这个姓，木子李的李了。到了唐代，皇帝姓李，他为了奖赏有功的大臣，就把自己的姓赐给了他们。在唐代时，李姓就成了中国最大的姓氏之一了。

【实时评析】

综合性学习是一种待建构、待开发的课程资源。教师把最新的百家姓排名和百家姓原文引入课堂，拓宽了学习内容，极大地调动了学生学习的积极性，让我们在兴趣的指引下学到了更多的知识。

（在查找姓氏中，多数学生找到了自己的姓，但有两位同学在两份材料中都没有找到自己的姓，分别是"付"姓和"亓"姓，还有两位同学的姓在前一百的排名中没有找到，分别是"姬"姓和"聂"姓。学生由此提出质疑）

（教师针对此问题进行讲解）

师："付"姓其实很常见，那为什么百家姓与前一百名中都没有呢？老师再给大家写一个字（板书：傅），你们看看这个姓在百家姓中排第几位？（学生查到是 36 位）其实在很早以前，是没有"付"姓的，"付"字是从"傅"字简化而来的。有一个时期，我们国家简化汉字，其中一部分人把自己的姓写成了这样。在百家姓的排名中这两个姓是合放在一起进行统计的。

"亓"姓其实是一个复姓，在百家姓中你们找找看。（生找到"亓官"）其实在古代，有好多人的姓都是两个字，如：司马光、诸葛亮等都姓的是复姓。流传到今天，好多的复姓都简化成单姓了。

"姬"姓是中国最古老的姓了，黄帝就姓"姬"。但现在姓"姬"的很少了，它没有排进前一百位。

【实时评析】

教师的导引应导在学生的疑问处、不解处。当学生出现问题时，邹老师通过学生熟悉的"傅"、"付"姓对比，并从"亓"姓自然引到复姓等，把研究引向深入，这是一种过程性的、非线性的语文实践，不是结论式的、直线式的知识掌握。

交流二：家里的姓

（学生出示调查表，介绍家中成员的姓名及发现）

生：我的爷爷姓于，奶奶姓马，爸爸姓于，妈妈姓李，我姓于，我发现：我爷爷、爸爸和我都姓于。妈妈和姥爷是一个姓。

生：爸爸、姑姑、我都姓赵，妈妈不和我一个姓。

生：我发现我们每个人都和爷爷、爸爸一个姓。

师（笑着说）：你将来要是有了孩子，会姓什么呢？

生（男生）：我姓张，我的孩子一定也姓张。

生（女生）：那我不知道。

生：老师，她将来的丈夫姓什么，孩子就会姓什么。

（师生都笑了）

师：大家看这个字"姓"，是由"女"和"生"组成的，其实在很久很久以前，是随妈妈姓的，但随着社会的不断变化，后来就随爸爸的姓了。其实在一个大家庭里，爷爷就像是树根，爸爸就像是树干，我们就像是一片片叶子，无论我们走到哪里，心都会系在家这个根上！老师相信同学们已经能够把咱班同学每位爷爷和爸爸的姓都会认了，那你们想不想也认认咱班同学的妈妈和奶奶的姓呢？那就快快把你们课前做的姓氏字卡拿出来吧！

（学生举起字卡开火车领读妈妈、奶奶的姓，教师随机将学生不容易认识的姓氏的卡片贴在黑板上，指导学生读）

【实时评析】

让学生调查班级同学的姓、家里人的姓，这是在真实的、具体的现实中去学语文，是"活化"的学习实践，探究性的学习体验。

交流三：书中的姓

师：听说同学们在书中找到了好多名人的名字，还做成了卡片，那你们就先在小组内互相读一读，介绍一下，多了解一些姓氏吧。

（学生在小组内交流，教师参与其中，发现有同学在争论贝多芬、列宁等外国人姓什么。还发现有一位同学写了乾隆的名字。）

师：（出示贝多芬、列宁、莎士比亚、达·芬奇等名字）大家来说说，他们姓什么。

生：姓"贝"、"列"吧？

生：不对，这些都是外国人的名字，我听说外国人的姓在后面。

师：既然提到了外国人的姓，我这里有一些外国一家人的姓名，你们看看。

> 美国总统：巴拉克·胡赛因·奥巴马
> 妻子：米歇尔·罗宾逊·奥巴马
> 女儿：玛丽·安·奥巴马
> 萨莎·奥巴马

生：外国人的姓和中国人的姓不一样，在后面。

生：奥巴马的妻子也和他同姓。

生：不是，她应该姓"罗宾逊"，因为是奥巴马的妻子，嫁给他后就随丈夫姓了。

生：我们方才找的外国人名字不是全名，只是一部分，要知道贝多芬、列宁、莎士比亚、达·芬奇等姓什么，我们要找到全名后再判定。

师（出示：乾隆）：他是谁？姓什么？

生：他是清朝的皇帝，他姓乾。

生：乾隆是年号，不是他的真名，他不姓乾。

师：你说的对，乾隆的名字叫爱新觉罗·弘历，他们是满族人，姓爱新觉罗。你们看，姓氏还和民族有关呢！

师：我从你们那里拿来了好多名人的名字，你们来读一读，再说说他们姓什么。

（出示：张衡、杜甫、钱学森、聂耳、杨立伟、郑和、姚明、宋祖英、斯蒂芬·霍金、袁隆平等名字）

师：有没有和你同姓的？你还知道哪些和你同姓的名人？

师：其实这些人都是因为自己在某一方面非常有成就，才让这么多人记住了他们，你们想不想长大后也让更多人记住你呀，那你可要努力呀！

自主不只是"自己做主",更重要的是"自觉主动"！孩子们在课前找到了大量名人的名字，有一代伟人，有文体明星，有外国人，还有中国古代的皇帝……他们和伙伴、教师一起交流、分享学习的收获，发现、讨论、解决学习中遇到的困难，共同探讨不断出现的新问题……享受到了学习的快乐。

三、探究与延伸

师：想不想再去找一找一些有趣的姓呢？

（引导学生在百家姓、查找的资料中找一些有趣的姓氏，如：红绿黄白青乌；马牛羊鱼狗龙；风云雷雨雪冰；东南西北上下左右前后高低等，并写下来）

师：老师这里还有几个非常有趣的姓，你们读一读。

单 查 能 仇 盖 那

（指导学生到百家姓中找一找，读准这几个姓：shàn，zhā，nài，qiú，gě，nā）

于 余 张 章 江 姜

（让学生发现有些姓是同音不同字的）

师：通过调查与统计，交流与发现，我想大家一定有许多的收获，不仅认识了班级同学的姓，还了解了同学家人的姓、书中的姓，还知道了那么多关于姓氏的知识，高兴吗？你还想知道什么呢？

生：我想知道我的姓是怎么来的。

生：我听说藏族人是没有姓的，我想研究一下。

生：我想知道我国最少的姓是什么。

生：我想研究外国人的姓，如日本人的姓、美国人的姓。

……

师：选择一个自己喜欢的专题和同学们组成研究小组深入地开展研究吧，相信你们一定会有更多的收获！

【实时评析】

  活动结束，学习并没有结束！课已尽，而留给学生的思考却无穷。这也充分体现了语文综合性学习的开放性和灵活性。

（张晓华）

初 | 中 | 篇

识字与写字

阅读

写作

口语交际

综合性学习

识字与写字

【课标视点】

能熟练地使用字典、词典独立识字　累计认识常用汉字3500个左右　学写规范、通行的行楷字　临摹名家书法　体会书法的审美价值

【解读概述】

义务教育阶段语文课程采用九年一贯制的总体设计思路。在初中"识字与写字"领域，对前三个学段的学习目标既有承接又有发展。2011年修订后的课程标准将"写字姿势正确，有良好的书写习惯"（p.15）这一目标从小学延续到初中，开始关注初中生日常写字的行为和习惯。同时，要求初中生能够更为熟练地使用工具书，更为灵活地使用多种检字方法独立识字，"累计认识常用汉字3500个左右"，"学写规范、通行的行楷字，提高汉字书写的速度"（p.14），通过临摹名家书法作品，"体会书法的审美价值"（p.15）。在"教学建议"部分，也首次提出"要关注作文的书写质量，要使学生把作文的书写也当做练字的过程"（p.24）。由此可见，《义务教育语文课程标准（2011年版）》从识字能力、书写速度、书法鉴赏、书写质量等方面提出比小学阶段更高层级的学习目标，总体呈现螺旋上升状态。

从初中阶段的语文教学重心来看，识字与写字并不是语文学习的核心任务。但我们要认识到汉字是语文学习的起点，是基础中的基础。识字写字与阅读、写作、口语交际、综合性学习等领域密切相关。比如，从阅读领域来看，初中生课外阅读总量要求"不少于260万字"（p.16），默读速度要求"每分钟不少于500字"（p.15）；从写作领域来看，初中生每学年作文"一般不少于14次"，"其他练笔不少于1万字"，书写速度要求是"45分钟能完成不少于500字的习作"（p.17）。如果没有一定的识字数量和写字速度，这些目标是无法达成的。至于口语交际和综合性学习，都需要将语言文字读得

准确，说得流畅，用得灵活。因此，课程标准对初中生提出比小学生更高的"独立识字"能力要求也是非常合理的。

识字与写字的工具性表现在它对其他学习领域的支撑上。因为"语言文字是人类最重要的交际工具和信息载体"。从人文性的角度看，语言文字也是"人类文化的重要组成部分"（p.1）。因此，识字与写字教学也应渗透人文教育的内容。课程标准在阶段目标中要求初中生能够体会书法的审美价值，正是为了彰显识字与写字教学的人文色彩。作为记录中华文化的汉字，其本身也是中华文化灿烂的瑰宝。匀称的结构，灵动的线条，以及结构与线条中隐含的丰富意义，充满独特的审美特质和深邃的文化内蕴。在写字教学中，书法作为一种特殊的汉字艺术表现形态，无疑是渗透审美教育和文化熏陶的最佳切入点。对初中生而言，这种渗透和熏陶的最佳路径就是临摹名家书法，在临摹中观察、品味和领悟，获得书法鉴赏的基本能力。唯有如此，初中阶段的识字与写字教学才能实现工具性与人文性的融合，才能达成知识与能力、过程与方法、情感态度与价值观的三个维度目标。

【教学解读】

1 识字与写字：语文学习的"马拉松"

课程标准在"前言"部分倡导"语文课程应致力于培养学生的语言文字运用能力，提升学生的综合素养，为学好其他课程打下基础"（p.1），使学生"具有适应实际生活需要的识字写字能力、阅读能力、写作能力、口语交际能力，正确运用祖国语言文字"（p.2）；在"总体目标"中也指出语文课程应"培育学生热爱祖国语言文字的思想感情"（p.6）；在具体的识字与写字学段目标中要求初中生"能熟练使用字典、词典独立识字，会用多种检字方法。累计认识常用汉字3500个左右"（p.14）。从这些理念和目标中，我们可以明确两点：第一，识字与写字能力是学生语文素养的重要组成部分，是学生提升其他能力（如阅读能力、写作能力、口语交际能力）的基础，更是学生能够正确运用祖国语言文字的前提。第二，初中阶段应重点引导学生独立、主动地识字和写字。从外在表现来看，需要培养学生熟练使用语文工具书，认识 3500 个左右常用汉字。从内在情感来看，需要涵养学生对祖国语言文字的热爱之情，激发学生主动识字写字的兴趣和愿望，培养学生主动识字写字的习惯①。比较而言，内在情感的激发比外在数量的衡量更为重要。因为前者不仅达成了知识与能力目标，也达成了情感态度与价值观目标。

从初中识字与写字教学的实际来看，存在着"应然"与"实然"相悖的现状。新课程改革将"识字与写字"作为初中阶段重要的学习领域之一，初中语文教师却普遍轻视识字与写字教学。一些语文教师认为，识字与写字是小学阶段的任务，初中阶段应该引导学生学习"更高深"的内容。在阅读教学中，多数教师只是形式化地完成"扫清字词障碍"环节；在作文教学中，也只是附带纠正学生习作中的错别字。于是，识字与写字逐渐被边缘化，成为初中语文教学的盲区。语文课程的总体目标旨在引导学生正确运用祖国语言文字，而我们恰恰忽略了最为基础的识字与写字。这正如点燃蜡烛是为了照明世界，却将支撑蜡烛的底座永远笼罩在阴影之中。近年来，一些调查和研究表明，在最常用的 2500 个汉字中，只有 30% 的初中生能够写得准确②；在汉字书写方面，仅有 15% 的初中生能够写得"比较漂亮"③；在日常习作中，初中生误用同音字、形近字、简化字的现象非常普遍④。这些令人担忧的结果，正是上述"烛光效应"在识字与写字教学中的映射。

课程改革十几年来，中学语文教学出现轻视知识学习、弱化语文训练的问题，忽略识字与写字教学即是具体表现之一。从学生的语文学习历程来看，识字与写字犹如一场"马拉松"，是一项持久的学习任务。小学阶段是教师领着学生"跑"，初中阶段则是教师引导学生自己"跑"，并且要学会享受"跑"的过程。初中生只有掌握了 3500 个常用字，才能为高中阶段的语文学习打下坚实的基础。在这个英语和网络语流行的时代，初中语文教师更应该牢牢抓住汉字学习这块基石。在日常教学中，教师要根据初中生的思维水平和认知能力的发展特点，选择适宜的教学方法，激发学生的识字与写字兴趣，

① 郑国民. 新世纪语文课程改革研究［M］. 北京：北京师范大学出版社，2003：81－82.
② 吕雯慧. 初中识字教学的现状及对策［J］. 语文学刊，2003（4）：70－73.
③ 陈爱华. 关于农村初中写字教育现状的调查报告［J］. 福建教育学院学报，2008（9）：57－58.
④ 蒋桂芝. 初中学生作文语言不规范现状研究［D］. 呼和浩特：内蒙古师范大学，2011.

培养学生独立识字、规范写字的良好习惯。与小学阶段相比较，初中阶段的识字与写字教学更适合依托语文实践（如阅读、写作、综合性学习）来实施。教师可采用自主、合作与探究的学习方式，设置活动化的教学情境，尝试多样的教学方法，调动学生的各种感官，进一步引导学生在语文实践中理解、运用和积累汉字，感悟汉字的文化内蕴和审美特质。

中国语文教育家张孝纯倡导"大语文教育"，美国教育家华特也指出"语文的外延与生活的外延相等"。课程标准吸收这些理念，倡导"努力建设开放而有活力的语文课程"（p.4），广泛开发和利用电影、电视、网络、标牌广告等生活中的课程资源。同时，建议语文教师"结合学生的生活体验，引导他们利用各种机会主动识字，力求识用结合"（p.21）。因此，联系多彩的生活世界，采用多样的教学方式引导学生识字、写字，不失为一种值得尝试的好方法。

示例

"傻大郎学字词"（相声）①

——**《土地的誓言》识字写字教学实录**

【活动目的】

掌握本课"读一读，写一写"所列字词的正确读音和书写，能理解和正确运用这些词语：炽痛、嗥鸣、斑斓、怪诞、亘古、默契、田垄、蚱蜢、污秽；借助于本课字词学习，促进学生树立正确的态度，认识正确的方法。

【活动准备】

1. 布置学生做好以上词语的读写和理解。

2. 安排两名学生排练相声表演，其中"乙"最好由语文课代表担当。

【活动过程】

甲：我最近有一个发现。

---

① 张盛刚．"识字与写字"课堂教学活动设计［J］．语文教学与研究，2004，（11）：94．（有删改）

乙：什么发现？

甲：我发现中国的汉字特好认。

乙：怎么个好认法？

甲：它有规律。大字认一边，长字认一截。

乙：说明白点，举个例子看看。

甲：譬如昨天老师要我们查字典认生字，我一查"蚱蜢"两字，就发现读音和它们右边的读音一样，还有"斑斓"、"垄"等字都符合这个规律。

乙：那是。你知道这是为什么吗？

甲：这是为什么？

乙：这些字都是形声字。所谓形声字就是一个字由两部分组成，其中一个部分表示这个字的读音，叫声旁；另一个部分表示它的意义，叫形旁。汉字中有80%的字属于这一种。

甲：对呀，所以我就不用再查字典了。我就是活字典。

乙：口气不小啊！那好，你给我读一读这些词。

甲：没问题，听好了："只"痛、"皋"鸣、斑斓、怪"延"、亘古、默契、田垄、蚱蜢、污"岁"。

乙：瞧你的，还活字典呢！错了多少都不知道吧？同学们，教教这个白字先生。请大家齐读本课"读一读，写一写"所列词语。（全体同学认读全部字词）

甲：怎么会是这样的？

乙：告诉你吧，虽然形声字的声旁表示这个字的读音，但由于语音的变化，有很多字的读音已经和它的声旁的读音有所不同或有很大的不同，因此呀，要认准字还是要勤查字典的。

甲：哦，我知道了。

乙：我们学习词语，不仅要能准确认读，还要能理解意思，会运用。

甲：造句吗？这个我会。

乙：哦？那你试试看。炽痛——

甲：失去了家园，沦为亡国奴，韩麦尔先生的内心是多么炽痛啊。

乙：看，你又想当然了吧？你以为"炽痛"就是"痛苦"啊！同学们，告诉他,"炽痛"是什么意思。

甲:又错了!

乙:再试试你,嗥鸣——

甲:来到金沙滩,吹着和煦的海风,面向广阔的大海,我不禁发出了一阵得意的嗥鸣。

乙:你是狼啊!

甲:这句也有问题?

乙:是啊!我们运用词语时,不仅要理解词语的基本意思,还要思考它的适用对象、习惯搭配、感情色彩、使用场合等,这样才能使用得正确。

乙:下面让我们一起来做一个词语运用的练习:从以上词语中任选至少五个词语,写一段内容连贯的话。(两分钟后,学生口头表述所造句段)

该教师将喜闻乐见的相声表演融入识字、写字教学,充分激发了学生的学习兴趣。在活动过程中,始终围绕《土地的誓言》一课的字词教学目标:生字的认读、词义的理解和运用。同时还介绍了形声字对字词学习的作用及局限,启发学生要勤查字典,拓展了教学内容,增大了课堂知识容量。既有学习方法的启迪,又有学习态度和情感的培养。同时,还设计了全体学生参与认读和造句的环节,引导学生通过参与活动掌握字词读音和含义,提高对新词的运用能力。在教学理念方面,有效融合了倡导新课标的"自主、合作、探究"的学习方式,实现识字、写字教学的活动化。摒弃以往简单僵化的字词教学形式,运用生动活泼的相声表演和欣赏活动,激发学生对汉字字音、字形、字义的探究欲望,将"听、说、读、用"有效整合,培养学生独立、主动识字写字,理解词义的能力。

2 造字法:理解汉字的密码

语文教育界从未停止对识字与写字教学的探索。从识字教学来看,近60多年来出现过几百种识字方法。其中,"随文识字"、"集中识字"和"注音识字"发展为三大教学体系，至今仍有广泛的影响①。从写字教学来看，主要是引导学生进行"练字"，能够把汉字写得正确、端正、美观。总体而言，以往的识字与写字教学偏重汉字字音、字形的读写，以及对汉字笔画、笔顺的练习。单纯识记读音和字形，机械练习笔画和笔顺，容易导致学生僵化地理解汉字，剥离汉字作为表意文字的灵魂。此外，课程标准列出的四条识字与写字目标，主要侧重对汉字的识别和书写要求，与其他领域的学习目标相比，显得略微"浅显"和"模糊"，容易造成初中阶段识字与写字教学的"浅表化"②。汉字是世界上最古老、最有生命力的表意文字，承载着中华民族的灿烂文化，字音、字形与字义"三位一体"是其本质特征。初中识字与写字教学背离汉字的本质特征，与长期沿袭下来的教学传统有一定关系。

初中阶段要求学生的识字量达到 3500 个字左右。课程标准在附录部分将这 3500 个常用字整理成《识字、写字教学基本字表》，并拆分为两个表。表一的 2500 字可作为考核初中生常用汉字掌握情况的基准③，表二的 1000 字可作为初中阶段学习的重点。初中生既会遇到 2500 字中已经忘记的"回生字"，也会遇到 1000 字中新学的"陌生字"。另外，初中生在日常学习中还会遇到大量的多音字和形近字，容易相互干扰，混淆不清。因此，语文教师需要认真审视初中识字与写字教学的现状，在遵循母语教育的规律基础上，从汉语言文字的特点出发，有序开展识字与写字教学。解决问题还需从源头开始，中华民族的祖先创造汉字是为了表达意义的，每个汉字的意义与自身的结构有着密切的联系。因此，识字与写字教学也应该回归汉字的表意功能，恰当利用汉字的结构原理，从造字法的角度引导初中生理解汉字的音、形、义之间的内在联系。将造字法引入识字与写字教学，既能弥补传统识字与写字教学的不足，也能提升识字与写字教学的目标层次。汉字与组词、汉字与语感、汉字与文言、汉字与文化之间都有着紧密联系，造字法正是语文教师引导学生理解这些联系的"密码"。

---

① 施茂枝. 也谈识字教学必须遵循的三大规律 [J]. 课程·教材·教法，2001 (7): 29-34.

② 彭泽青，彭泽元. 关于初中语文汉字教学的思考 [J]. 语文教学通讯，2010 (4B): 7-9.

③ 3500 个常用字并不是国家语言文字委员会颁布的字表，而是课标组专家对学生的读物和学生的写作材料周密筛选而来，力求使中小学识字与写字教学更符合学生的语文学习规律。

造字法到底有哪几种，在文字学界一直存在争议。东汉许慎最早对《周礼》中的"六书"作解释，提出"指事"、"象形"、"形声"、"会意"、"转注"、"假借"①。班固在《汉书·艺文志》中将许慎的"六书"看作"造字之本"。清代戴震则认为前四种是造字法，后两种（"转注"、"假借"）属于用字之法，提出"四体二用说"。后人在此基础上又提出"三书说"、"新六书说"等。目前中学语文教育界比较认同许慎的"六书说"，尤其强调对前四种造字法，即"指事"、"象形"、"形声"、"会意"的掌握。语文教师需要了解这些学术论争，但更重要的任务是利用造字法更好地开展识字与写字教学。从汉字的构造来看，汉字主要包括独体字和合体字两类。象形字和指事字属于独体字，形声字和会意字属于合体字。其中，象形字、指事字和会意字都是纯粹的表意文字。形声字突破纯粹表意的局限，同一个形旁或者声旁都可造出大量的新字，成为现代汉字的主力。初中生需要掌握的 3500 个常用字中，85％以上都是形声字。因此，形声字也成为初中识字与写字教学的主角。

　　汉字中有很多同音字、形近字、多音多义字，初中生在识字与写字学习中，很容易同时发生"前摄抑制"和"后摄抑制"现象。简单地说，就是先学的和后学的汉字之间会产生混淆和干扰。实验研究表明，小学三四年级是学生错别字高发期，但当前初中生使用错别字现象也屡见不鲜。如果从造字法的角度开展识字与写字教学，一定程度上可以避免两类"抑制"现象的发生。下面，我们分享一位语文教师记录的教学故事②。

🌸 示例

　　近来发现学生总是分不清"好高骛远"的"骛"和"趋之若鹜"的"鹜"。我强调了好几次，一部分学生依然改不过来。为此，我在一次作文评讲课中作了如下讲解。

　　"好高骛远"的"骛"，本义指马奔跑，纵横奔驰。后引申为人的追求、

---

① 许慎. 说文解字［M］. 北京：商务印书馆，1963：314.
② 该案例由北京师范大学第二附属中学 W 老师提供，有删改。

志向，因此从"马"。"好高骛远"是指人喜欢不切实际地追求过高、过远的目标。

"趋之若鹜"的"鹜"，本义为野鸭，野鸭喜欢成群觅食，一发现有食物，就一起凑上去。后用来比喻人盲目地热衷于某件事，因此从"鸟"。"趋之若鹜"，指像野鸭子一样成群跑过去，形容很多人争相追逐某事物。

在另一次作文教学中，我讲解了偏旁"礻"和"衤"的区分。

"礻"由象形字"示"演化而来，其形状与先民为死去的人制作的牌位很像，因此也可以理解为鬼神。后人造用"示"作偏旁造的字都与鬼神有关。如"祭"，表示用手拿着肉献给鬼神。另外，还有"祀"、"祈"、"祠"、"祖"等与鬼神、祭祀之类的事有关。

"衤"是从象形字"衣"演化而来，表示与衣服有关的事物。如"初"，是指做衣服的第一道工序——拿刀裁布。因此，与衣服有关的字都有"衤"字旁，如"衫"、"袍"、"褂"、"裸"等。

在两次讲解过程中，我都看到学生恍然大悟、频频点头……

该教师发现学生"屡纠不正"的现状，立刻对症下药，体现出教学的洞察力。"骛"和"鹜"字同音，形近，初中生很容易混淆。教师从二字的字音、字形入手，同时比较分析其本义和引申义，再对各自所组成的成语进行解释，学生很容易就区分开来。类似这样的同音、形近汉字还很多，初中生在语文学习中会经常遇到。运用造字法来区分这类汉字无疑是一种有效的方法。此外，该教师对"衤"和"礻"两个偏旁的来源娓娓道来，比较分析二者的"形"和"义"，学生很快就明白二者的差别，同时也能理解汉字具有的文化内蕴。这种"原生态"的教学更符合汉语言文字学习的特点，便于引导学生静下心来记住字形，理解字义，建立"形"与"义"之间的联系，加深对汉字的理解，认同汉字所承载的传统文化。

3 行楷：规范的"连笔字"

进入 21 世纪以来，写字教学在义务教育阶段逐渐受到重视。2001 年教育部在《基础教育课程改革纲要（试行）》中明确要求义务教育阶段在语文、艺术、美术课程中加强写字教学。2011 年 5 月，教育部、国家语委发布的《中国语言生活状况报告》指出，中小学生的汉语能力、汉字书写能力在退化，需要教育部门注意。教育部发言人表示，未来将在中小学增加写字课程，制定《中小学学生写字标准》。近十年来，学生汉字书写能力的退化有着复杂的原因。从社会发展来看，书写工具的变化、网络媒介的发展、手机和电脑的普及，推动中国进入了一个用手指简单操作的时代。这种社会环境使初中生写字的机会逐渐减少。从学校教育来看，初中阶段学生的学业负担比小学重，学生忙于应付作业，无暇顾及写字练习。一些语文教师在日常教学中往往忽略对学生写字方法、习惯和技巧的指导。此外，大多数教师把写字与书法混为一谈，这种观念阻碍了写字教学的开展。初中生练习写字重在交流信息，应突出实用性；在标准上力求准确、规范、美观。而书法讲究个性展示和情感表达，往往涉及各种字体，追求艺术性。写字是技术，书法则是艺术，二者不能等同。写字训练面向的是全体学生，并不以培养书法家为目的，重在引导学生通过练习，掌握汉字书写方法，准确、流畅、迅捷地传达信息。

汉字形体经历了甲骨文、金文、篆书、隶书、草书、楷书和行书等演变历程，楷书和行书相对大众化一些。但课程标准却选择"行楷字"作为初中生学习的字体，要求学生"学写规范、通行的行楷字，提高汉字书写的速度"（p. 14）。这一点是基于行楷字的特点考虑的。行楷字并不是一种独立的字体，它在结构上保持了楷书的方正、平稳，笔意上吸取了行书的流动、连贯，笔态自然、笔意简约、书写便利，是一种非常实用的日常手写字体[①]，很适合初中生学习。课程标准对汉字书写还提出速度方面的要求，即"45 分钟能完成不少于 500 字的习作"（p. 17）。如果初中生学会写行楷字，这一学习目标就很容易达成。另外，课程标准在初中学段同样要求学生"写字姿势

---

① 张欣. 汉字行楷手写体字形规范［D］. 石家庄：河北师范大学，2006.

正确，有良好的书写习惯"（p.15）。这一点，语文教师不能忽略。具体而言，初中生写字一要做到"三正"，即身正、纸正、笔正；二要做到"三一"，即胸离桌子一拳、眼离书本一尺、指离笔尖一寸。在练习行楷字的过程中，教师应不断提醒学生保持正确的写字姿势，养成良好的书写习惯。

行楷字行笔轻盈，点画灵动，字形多变。在书写技巧上，往往坚持"六变原则"，即变长为短，缩短行笔量度；变慢为捷，调整书写笔顺；变大为小，改变笔画形态；变直为弧，减少方折顿挫；变多为少，连写相邻笔画；变繁为简，引用草意写法。楷书运笔稳实、缓慢，笔画讲究工整、挺健。行楷字通过改变楷书的笔顺，合理变形，连写笔画，减少起、收笔的频率，增强线条的流动感，发展为一种书写快捷、规范的"连笔字"。语文教师在教学中应把握行楷字的主要特点和书写技巧，针对学生的写字情况有步骤地进行指导。下面，我们来讨论一个引导学生练习行楷字的教学案例。

🐾 示例

硬笔行楷字练习四步法①

为了让学生更好地掌握硬笔行楷字书写技法，我们经过教学尝试，设计出行楷字练习的四步法。

第一步：习正楷字，打基础。引导学生掌握提顿、藏露、方圆、快慢等用笔方法，练习正楷字笔画，熟悉其结构。每一个笔画的起笔、收笔都要写得清楚、工整、规范。要处理好笔画与笔画之间的组合关系，把握其搭配规律，将字写得美观。掌握正楷字的笔法、笔画和间架结构的规律，练习行楷字才能得心应手。

第二步：看字帖，赏特点。练习一段时间的正楷字后，教师不要急于让学生苦练行楷字，应多让学生看优秀的行楷字帖，比较行楷字与正楷字的差异和联系，明确行楷字的书写特点。如用笔流畅、形态多样、连笔及省笔。

---

① 李贤淑，张亮. 步步为营，循序渐进［J］. 语数外学习（初中版七年级），2009（Z2）：19-20.（有删改）

在反复揣摩的基础上，记住几个能代表行楷字书写特点的典范字，用心领悟，力求举一反三。

第三步：学方法，看演示。学生心中有了行楷字的书写轮廓后，教师应通过演示来展现行楷字最显著的两大特点：连笔和省笔。书写连笔时，无论是实连还是虚连，都要按照汉字的笔顺书写，只有少数字的笔顺会有一些变化。同时，还要引导学生理解省笔是行楷字与正楷字的最大区别，但要注意省笔不能随意删减笔画，要遵守行楷字约定俗成的写法，比如用点代替短横、撇和捺。

第四步：先临帖，后尝试。临帖时，教师可引导学生先对临，即将字帖置于眼前，观察字的形态、结构、笔法，然后再下笔。在此基础上再背临和意临，特别要学会意临，追求整体神韵和意境上的神似。教师应督促学生在一学期内坚持每天临帖，逐渐丢掉字帖尝试，最后熟练地写出规范而又漂亮的行楷字来。

这是一套从实践中探索而来的硬笔行楷字练习方法，具有较高的借鉴价值。两位教师设计的"四步法"，从局部练习转换到整体书写，从正楷字过渡到行楷字，遵循了初中生学写行楷字的规律。每个环节学习目标明确，学习内容具体，具有很强的可操作性。在第二步和第三步指导中，两位教师巧妙运用了案例观察和示范教学，将前期的基础准备和后期的尝试操作有效衔接，用经验告诉我们写字教学"欲速则不达"的道理。当然，如果学生对正楷字已经掌握得很好，可以直接从"四步法"的第二步开始。语文教师指导学生练习行楷字，要注意遵循学生学习汉字的规律，以及行楷字的书写规律，引导学生通过练字养成良好的性情、态度和审美趣味。

4　书法：汉字的律动与舞蹈

现代科技的飞速发展使文字处理工具越来越先进，越来越便捷，效率越来越高。传统的汉字书写逐渐远离人们的日常生活，"鸿雁传书"已经成为浪漫的传说，电子邮件、QQ等即时通讯工具变成交流信息的主角。蓦然回首，我们惊讶地发现中国人的书写水平在整体下降，中小学生的书写能力更亟须提高。写错别字、写不规范字、倒插笔画、提笔忘字等现象在学生中间屡见不鲜。2011年8月，教育部对这些现状作出了回应，发布了《关于中小学开展书法教育的意见》，建议在义务教育阶段语文课程中加入书法教育，也可以在综合实践活动、地方课程、校本课程中开展书法教育。除了注意写字姿势和书写习惯外，也要求学生硬笔、软笔书法兼学。硬笔方面从正楷字逐渐过渡到行楷字，软笔侧重练习正楷字，临摹名家书法。教师要引导学生大致了解书法历史和汉字字体源流，从书法作品的内涵、章法、结构、笔法等方面鉴赏历代重要书法家的作品，培养学生初步的书法欣赏能力，提高审美情趣。书法教育要坚持打好技能基础，坚持循序渐进，注重书法修养，提高文化素质的原则①。这些建议与课程标准提出的写字教学要求有着内在的一致性。在现代科技飞速发展，逐步渗透我们日常生活空间的当代，中小学校开展书法教育非常必要。汉字记载着中华民族数千年的古老文化，书写汉字是感受中华文化和艺术精神的通道，这条通道应该永远为下一代敞开。在社会飞速发展的今天，书法成为联系现代生活与传统文化的纽带。

汉字承载着中华文化，以汉字为根基的书法，正是中华文化的重要一脉。书法是对汉字艺术化的提升，也是一种独特的艺术形态。书法融合着中华文化的内蕴与中国艺术的精神，是中华文化与艺术的完美结合。从文化视角来看，书法追求贵和尚中、刚柔相济、和谐圆满的文化哲学，强调人的精神品质与汉字书写的融合。书法的文化元素中沉淀着儒家的温柔敦厚，道家的天人合一，以及佛家的超凡出尘。书法也因此成为修身养性、陶冶性情、提升品性的艺术活动。从艺术视角来看，书法追求映衬变化、虚实相生、飘逸灵动的美学风格，强调"始于无意而渐成有意，生于有形而化为无形"的②诗化意境。欣赏书法，可以从造型、力度、气势、节奏等维度感受。书法，在文化与艺术中寻找微妙的平衡，用充满中和之道与意象之境的线条，立体地诠释汉字的文化内蕴与审美特质，成为代表中国形象与精神的文化艺术符号。

① 中国教育部. 教育部关于中小学开展书法教育的意见［EB/OL］.（2011-08-02）［2012-05-20］. http：//www. moe. edu. cn/publicfiles/business/htmlfiles/moe/moe_711/201108/xxgk_123650. html.

② 吴鹏. 书法文化传统伦略［J］. 贵州大学学报：艺术版, 2006（4）：27-32.

如果说汉字是蕴含着中华民族独特性格的精灵，那么书法就是精灵在纸页上的律动与舞蹈。

书法作为"中国文化核心的核心"①，作为中国艺术花园的奇葩，理应让初中学生学习。但这种学习不是要把初中生培养成书法家，也不是要求他们完全理解汉字的文化内蕴与艺术精神。事实上，初中生的心智水平也不足以实现这两个目标。从课程标准的规定来看，初中阶段的书法教育主要侧重引导学生"临摹名家书法，体会书法的审美价值"（p.15），当然，也包括对写字姿势和写字习惯的养成。确切地说，语文教师应该以名家书法字帖、书法作品等为教材，通过临摹、欣赏，培养初中生对书法的兴趣，引导他们掌握基本的书法技巧，获得初步的书法鉴赏能力，体会书法所传达的审美理念。初中阶段的书法教育更多是为高中阶段甚至学生一生的书法学习奠定坚实的基础。因此，语文教师需要针对初中生的学习实际来开展书法教学。下面我们来分享一个培养学生书法鉴赏能力的教学案例。

示例

古代书法欣赏（节选）②

一、教学导入

在黑板上用楷书、行书、草书三种字体写出"梦想"，对比欣赏，导入教学。

二、介绍书法发展历史

1. 萌芽期（殷商至汉末三国）

甲骨文、石鼓文、金文、大篆、小篆、隶书。

作品初步欣赏：每一类字体举出例子。

2. 定型期（东汉、魏、晋）

草书、楷书、行书。

---

① 熊秉明. 书法与中国文化［M］. 上海：文汇出版社，1990：252.
② 该教学设计由北京顺义一中Z教师提供，有删改。

作品初步欣赏：王羲之《兰亭集序》，了解"天下第一行书"的由来。

3. 繁盛期（唐）

作品初步欣赏：欧阳询《九成宫醴泉铭》、颜真卿《多宝塔碑》、柳公权《神策军碑》，了解"欧体"、"颜体"、"柳体"，以及"颜筋柳骨"的由来。

4. 发展期（宋、元、明、清至今）

作品初步欣赏：蔡襄《楷书尺牍》、苏轼《罗池庙碑》、黄庭坚《题苏轼寒食帖跋》、米芾《多景楼诗册》、赵孟頫《玄妙观重修三门记》，了解"楷书四大家"。

三、书法欣赏

1. 师生探讨：通过刚才的初步学习，书法可以从哪些方面入手来欣赏？

2. 播放视频：《如何欣赏书法》，小组讨论观看感受。

3. 书法欣赏：王羲之《兰亭集序》，讲解王羲之其人其事，师生一起鉴赏。

4. 结合归纳：结合《兰亭集序》，总结欣赏书法的"美点"。（1）线条姿态美；（2）运笔节奏美；（3）形体组合美；（4）章法气势美；（5）内容情感美；（6）内在意境美。

四、布置作业

1. 课下用毛笔临摹《兰亭集序》。

2. 结合自己临摹的感受，运用本节课学到的知识，写一段鉴赏《兰亭集序》的文字，字数不限。

从整个教学设计来看，该师力求引导学生达成这样三方面的目标：了解书法的发展历史，积累有关书法的基本文化常识；初步掌握书法鉴赏的方法，感受书法的审美价值；能够用毛笔临摹《兰亭集序》，并能谈出个人鉴赏观点。在导入环节，教师发挥书法特长，利用现场演示激起学生的学习兴趣。在常识介绍环节，将理论学习与案例欣赏相结合。在正式欣赏书法作品前，及时让学生表达现场的学习感受，巧妙地承上启下。同时，运用教学视频拓展有关书法欣赏的信息，为重点欣赏《兰亭集序》做好铺垫。教师整体上采用归纳式教学思维，先初步感知、表达感受，再观看视频、继续铺垫，最后欣赏作品、总结要点。避免先入为主讲授书法欣赏理论的空洞与枯燥，给学生创设自由欣赏的空间。作业布置将字帖临摹与鉴赏相结合，融书法学习与写作表达于一体。该师教学环节安排合理，教学案例运用得灵活，有助于调动学生参与课堂的积极参性，落实书法学习的基本目标。从教学内容来看，本课应该是学生是第一次用毛笔临摹名家书法，教师如果能再举例阐释临摹时应注意的问题，那就更加完美了。

经典课例

《春》教学实录①

（执教：于漪）

（第一课时）

（师引导学生背诵杜甫《绝句四首》之三和王安石《泊船瓜洲》导入新课）师：我们今天来学习散文《春》，看看朱自清先生又是怎么写春天景色的。现在，请大家读一读，有什么问题可以提出来。（师边讲边板书：迎春、绘春、颂春）读完后，看看哪几节写迎春？哪几节写绘春？哪几节写颂春？请一位同学读一读。

（生朗读全文）

师：看来是预习过的。他有什么地方读得不妥当？

生：第五节的"跟轻风流水应和（hè）着"，他读成"应和（hé）着"。

师："应和（hè）着"。这个"和（hè）"读得不对了。应该读几声啊？

生（集体）：四声。

（师板书：hè）师：还有吗？

生：第三节是"园（yuán）子里"，他读"院（yuàn）子里"。"迷藏（cáng）"，他读"迷藏（zàng）"。还有一个是"酝酿（niàng）"，他读"酝酿（ràng）"。

---

① 教育部师范教育司. 于漪与教育教学探索［M］. 北京：北京师范大学出版社，2006：110 - 137.（有删改）

师：好。先把这个解决了："嫩嫩的，绿绿的……"下面应该怎么读啊？

生（全体）：园（yuán）。（有的学生仍读"院（yuàn）子"）

师：园（yuán），公园（yuán），园（yuán）子里。耳朵旁的那个呢？

生（全体）：院（yuàn）。

师：院（yuàn）。好，读对了。"酝酿（niàng）"不是"酝酿（ràng）"。这个字的拼音怎么写？

生（全体）：n—iàng—niàng。

师：niàng。很好。不清楚的同学，自己赶紧把注音记下来，"酝酿（niàng）"……还有吗？抓紧时间，读不准的，快用字典查查。（接着，师生一起纠正了黄晕（yùn）、应和（yìng hè）、巢（cháo）等字音，教师提醒学生注音）

师：好，现在，请大家思考本文可以分为几节？分分看。

（师生一起把课文分为三节，1段，2～7段，8～10段）

师：好，现在请同学们先读读第一节。看看作者是用怎样的心情迎接春天的来到？"盼望着……"预备——起。

（生集体朗读第一节）

师：好，作者是以什么心情来迎接春天的？

生（全体）："盼望着"。

师：大家都看得出来——"盼望着，盼望着"，睁大眼睛盼望。那么，用一个"盼望着"可以吗？"盼望着，东风来了……"可以吧？

生（全体）：可以。

师：那为什么这里要叠用呢？

生：用两个，可以加强语气，表达作者向往春天的急切心情。

师：嗯，这样叠用，就更能表达作者十分急切的心情，向往春天赶紧到来，所以用"盼望着，盼望着"。哪一个字很准确地告诉我们春天还没来到呢？

生（全体）："近"。

师：对，是"春天的脚步近了"！你看这个"近"，用得多准确啊！这里一个句子，四个字——用了四个词尾，给我们一个非常柔和的感觉。哪四个词尾?

生（全体）：两个"着"。

师：两个"着"。还有?

生（全体）：两个"了"。

师：对，好。自己读读，体会体会。（学生轻声朗读，教师再示范）接下来，作者用了非常形象的一笔，总体绘出春天的景色（板书：总写大地回春）。作者用了哪一句啊?

生（全体）："一切都像刚睡醒的样子，欣欣然张开了眼"。

师：那么，你们从哪个词知道，这是一笔绘出来的?

生："一切"。

师："一切"，说明了什么? ——没有一个例外，这就把大自然的景物都囊括进来了。后面还说"欣欣然张开了眼"。——"欣欣然"，是什么意思?

生：高兴的样子……

师：好! 我们要理解，"然"是词尾，是表示状态的。"欣欣然"，高兴的样子——张开了眼睛。这是总写，接着就分写。那么，分别描述了什么?

生（朗读）："山朗润起来了，水涨起来了，太阳的脸红起来了"。

师：对。这句话我们是容易理解的。请同学们想想，在这一节里分别写了什么? 先写了什么? 再写了什么? 哪些词用得非常生动?

生：分别写了山、水、太阳。

师：分别写了山、水、太阳。对吧?（生答：对）写了太阳什么呢?

生（全体）：太阳的脸。

师：太阳的脸。那么，怎么来写它们的? 用了哪些词?

生：山用"朗润起来了"，水用"涨（读成 zhàng）起来了"，太阳用"脸红起来了"。

（教师对比"肚子胀（zhàng）"和"涨（zhǎng）起来"，纠正该生的读音）

师：好，"山朗润起来了"。这个"朗润"，我们没有碰到过，这个词有什么含义? 好，你来讲讲。

生：润泽。"朗润"，文后注释说是明朗、润泽。

师："朗润"解释为明朗、润泽。为什么？因为春天来了！这个"明朗"跟"润泽"，到底是怎样一幅情景呢？（教师展示春天山峦景色照片，引导学生"朗"与"润"的含义）我们刚刚背过"春风又绿江南岸"，春风一吹，山清水秀，景色朗润。"朗润"既有润泽的意思，还有阳光照在上面的明亮的意思……（接着，师生一起探讨"水涨起来了，太阳的脸红起来了"中的"涨"和"红"字）

师："红"起来了，给人非常温暖的感觉。所以这"朗润""涨""红"起来了，非常确切地描绘了春天的山、水、太阳。我们读一遍，把它背出来。

（生全体背第二节）

师：我们再来学习第三节，这节写得很细。你们要了解怎么细写，先请一位同学读读这一小节。

（生朗读第三节，将"钻（zuān）"和"嫩（nèn）"读错，教师纠正）

师：请同学们看，写小草怎么写的？首先用哪一个词来写的？

生（全体）："钻"。

师：好，把它圈出来。一开始就写小草旺盛的生命力——从泥土里头钻出来。"钻"字用得非常好……

（接下来，师生以同样的方式，从关键词"嫩嫩的"、"满"、"偷偷地"、"软绵绵的"，以及人们在草地上的活动来谈论作者是如何细致描写小草的）

师：作者描绘得很细致，从各个角度、多方面来描绘小草。写它钻出来的旺盛生命力；写它嫩嫩的质；写它绿绿的色；写它在园子里、田野里，瞧去，一大片一大片满是的，然后再写人与草的关系。这样，小草的样子就全面展现出来……所以，我说这里写得非常细！好，现在再齐背第三节。

师：好。接下来我们继续学习第四节。小草在春天是如此的美啊！那么下面呢，就是花呀、树呀……也是写得很细。请你们自己分析一下，为什么说写得很细呢？先写什么？后写什么？再写什么？自己读，读了分析。（学生各自低声朗读第四节）好，刚刚×同学问了"赶趟儿"是不是就是"赶集"？到底什么是"赶趟儿"？

（学生低声议论，有的说"赶趟儿"是争着凑热闹，有的说是"赶集"）

师：噢，赶集——人赶集，去买东西，或去卖东西，叫赶集。这儿不是赶集。"赶趟儿"呢，就是我们刚刚讲的，争先恐后地，要赶上这一趟儿。——这一趟儿，这里就是赶上什么啊？

生（全体）：春天。

师：喔，对。大家理解得很好。赶春天，赶春光，因此就出现一个百花争春的景色（板书：百花争春）。百花争春，把这个"春"换一换，还可以用个百花——什么？

生（全体）：百花争妍。

师：讲得好，百花争妍（板书：妍）。这"赶趟儿"就是都要来凑热闹——百花争春，百花争妍。这个可以理解了吧？好，到时间了，我们下课。今天没有书面作业，大家朗读背诵全文，再仔细体会文中字词运用的妙处。

【课例评析】

"识字、写字是阅读和写作的基础，是贯穿整个义务教育阶段的重要教学内容"。于漪老师的这节语文课，在结合阅读开展识字与写字教学方面，提供了良好的示范。在朗读环节，于漪老师细致地纠正学生读错的字词读音。同时，鼓励学生查阅字典，自行解决读音问题，培养学生独立、自主识字的能力。在文本品味环节，于漪老师始终紧扣关键字词，引导学生理解关键字词的含义及其在文中所传达的美感。在教学过程中，根据学生的学习状态，运用朗读、比较、观察等方法，整合古代诗歌、风景图片等资源，加深学生对字音和字义的理解。整堂课恬淡自然，朴素扎实，有助于学生积累和运用语言文字，养成主动识字的好习惯。于漪老师常说，语言文字是文化的根，日常教学中应加强语言文字的学习。初中语文教师除了开设识字与写字教学的专题课、书法课之外，也可以像于漪老师这样，结合阅读、写作、口语交际、综合性学习等领域，带领学生在日常语文学习中积累和运用语言文字，培养学生独立识字、正确运用汉字、规范书写汉字的能力，夯实语言文字基本功，积淀民族文化底蕴。

（徐鹏）

阅　　读

【课标视点】

学生、教师、文本之间对话　阅读期待　语境　体验　非连续性文本
积累　多读书，好读书，读好书，读整本的书　实践性

【解读概述】

新课标指出："阅读是运用语言文字获取信息、认识世界、发展思维、
获得审美体验的重要途径。"（p. 22）这是从阅读需求的角度对阅读进行的功
能定位。阅读不同类型的文本会有不同的阅读需求，采取不同的阅读策略。
新课标在"学段目标与内容"中分别从"欣赏文学作品"、"阅读简单的议论
文"、"阅读新闻和说明性文章"、"阅读科技作品"、"阅读由多种材料组合、
较为复杂的非连续性文本"、"诵读古代诗词，阅读浅易文言文"等角度对第
四学段阅读的目标和内容进行了界定。为什么不说"欣赏新闻和说明性文
章"，为什么在"欣赏文学作品"的目标表述中没有"获取主要信息"？原因
在于不同的文本样式吁求不同的阅读姿态和阅读策略，新课标对此的阐释清
晰而明确。值得注意的是，新课标增加了对"非连续性文本"的阅读要求，
指出"阅读由多种材料组合、较为复杂的非连续性文本，能领会文本的意
思，得出有意义的结论"（pp. 15，16）。关注到清单、表格、图表、图示、
时间表、广告、目录、索引等组成的非连续性文本的阅读，说明新课标愈加
重视语文学科的实践性和综合性。

新课标在"实施建议"中指出："阅读是学生、教师、教科书编者、文
本之间对话的过程"，（p. 22）并对"对话"的性质进行了更为深刻地阐释，
指出"教师应加强对学生阅读的指导、引领和点拨，但不应以教师的分析来
代替学生的阅读实践，不应以模式化的解读来代替学生的体验和思考；要善
于通过合作学习解决阅读中的问题，但也要防止用集体讨论来代替个人阅

读",还指出在提倡多角度、有创意阅读的同时要防止"远离文本的过度发挥"（p. 22）等，这些阐释都是提醒我们要全面、平衡、联系地处理学生、教师、编者、文本之间的关系，这是对近几年畸轻畸重的极端做法的矫正。

课标还特别重视读书的问题，指出："要重视培养学生广泛的阅读兴趣，扩大阅读面，增加阅读量，提高阅读品位。提倡少做题，多读书，好读书，读好书，读整本的书。关注学生通过多种媒介的阅读，鼓励学生自主选择优秀的阅读材料。加强对课外阅读的指导，开展各种课外阅读活动，创造展示与交流的机会，营造人人爱读书的良好氛围。"（p. 23）并对推荐阅读书目作了一些补充。多读书，读好书，这是语文学习的根本，舍此，任何宏伟的语文蓝图都难以实现。

【教学解读】

1　阅读对话：言语交流与意义共享

课标指出"阅读教学是学生、教师、教科书编者、文本之间对话的过程"（p. 22），这个"对话"不仅是日常生活或课堂教学中的言语交流即我问你答，更是一种情感、精神、心灵层面的视域融合与意义建构，是兼有实际含义和隐喻性质的。

文本首先是作者的文本，是它的意图情感思想的载体。然而作品一旦产生、发表，到了读者那里，这个文本就拥有了它的独立存在的价值。任何读者都有权根据自己的"前见"——即自己的经验以及对于社会、人生、事物的理解，对文本做出的自己理解、联想、感悟与阐释等。不同的读者拥有不同的知识经验，他们阅读同一文本获得的意义也就存在不同。这种不同是阅读对话交流的基础与前提。

阅读教学中有四个主体，即学生、教师、文本、编者。他们各具有一个夹角（视点），这便是"他"的视域。各个主体拥有对于文本解读的无限空间和可能性，这样就保证了各解读主体文本解读时的自由、自主的精神空间。而文本一旦成为"课文"——成为多元主体之间进行对话的特殊的"话题"，相互之间就形成了一个文本对话的相对封闭的场域，而这个场域的形成，很大程度上是由于各个对话主体观点、立场、解读内涵的"不一致"（拥有不同的边线）造成的。这样，既允许他们从各自的立场和角度出发无限自由地解读文本，又能确保多个主体间相互调适进行对话交流。

阅读对话不仅仅是一种获取知识、提高阅读能力的手段，还是人的一种生命状态。通过对话，学生彼此聆听他人的知识与经验，从而拓展自己的人生经验和精神资源。

示例

《为了忘却的记念》教学片段

（执教：胡勤）

师：请阅读课文后告诉老师，这篇文章纪念了哪些人？你对谁比较有印象？为什么？（常规性提问，为了帮助学生熟悉文本）

生：纪念了左联五战士。我对柔石、白莽都有印象，他们的名字很特别……

师：文章题目有些矛盾。你们认为鲁迅先生究竟是为了"忘却"还是为了"纪念"？（经典性提问，教材后的练习之一，为了引出对文本的进一步思考）

生（不假思索）：为了纪念。

师：我认为鲁迅先生是为了忘却才写此文的。（打破学生的思维定式）

（生愕然）

师：我有证据。（提示学生思考的方法）

（生怀疑、期待）

师：请看课文的最后一行。

生（寻找，经教师提示后）：啊！写作日期？

师：对，鲁迅在五烈士牺牲两年后写的这篇文章，为什么？（导向性提问，为了帮助学生从文本阅读转向体验作者心理）

生：两年了，鲁迅先生还是没能忘却。

师：是的。不过，鲁迅先生是想忘而无法忘，还是想再次纪念他们？哪

种更适合鲁迅先生写这篇文章时的心情？（体验性提问，引导学生设身处地，感受作者情感）

生：不好说。应该是前者吧。因为专门纪念与想忘而无法忘相比，后者的感情更深。

师：好！老师给一个证据。（出示鲁迅原文："我曾经写过一篇文章《为了忘却的记念》，要将他们忘却。"）

生：哦，原来如此。

师：忘得了吗？（转折性提问，再次打破学生的思维定式，提醒学生不要简单得出结论）

生：应该是忘不了，但是证据呢？（学生已经意识到说话要有理据）

师：是的，鲁迅先生是忘不了。1936年，也就是这篇文章发表4年之后，又写《白莽作〈孩儿塔〉序》，其中再次表达对烈士被害的悲愤之情。

（生在教师组织下，朗读课文及有关资料的重要段落，体会鲁迅先生的思想感情）

师：老师还有一个问题，想和同学们探讨：记住这些有什么意义？（分析性提问，引导学生独立思考，产生自己的观点和态度等）

生（再次愕然）：肯定有意义，记住革命先烈可以激励我们后来者艰苦奋斗！

师：好！可是为什么要奋斗？（深入性提问，再次引导和鼓励学生发表自己的观点）

生（思考数秒后）：因为有希望！

该教师积极引导学生参与文本，在了解学生已有知识经验的基础上，展开与文本之间的对话，教师提示时也一直在注意引出学生的积极思考。譬如，教师围绕文章题目"为了忘却的记念"进而提出问题——"作者的写作意图究竟是为了纪念还是为了忘却？"引出学生认知与文本意义所构成的矛盾。然后，学生在教师的提示下，通过文本逐步解决矛盾，由新知与旧知的不平衡而趋于暂时的平衡，达成对问题的一致理解。

2 阅读期待：让阅读更有趣和有效

新课标在"关于阅读教学"部分指出："在理解课文的基础上，提倡多角度、有创意的阅读，利用阅读期待、阅读反思和批判等环节，拓展思维空间，提高阅读质量。"（p. 22）

所谓"阅读期待"，即面对文本，读者产生的一种期待心理。在阅读之前和阅读过程中，读者往往唤起已有的相关知识经验等。这些知识经验是以"信息图式"的方式出现，投射在大脑上形成一种心理图式，这种图式就是阅读期待。如，面对一篇小说，学生会希望从中读到生动曲折的故事情节、栩栩如生的人物刻画，这是小说的文体图式带给读者的一种阅读期许；面对一篇散文，学生会希望作者以优美的语言、灵动的笔调描写感人的内容；信息性文本则要给读者提供清晰明确的信息和阐释等等，这些都是阅读期待的一种表现。

阅读是搜集、筛选、发现信息的认知过程，同时也是产生期待，实现期待，进而产生新期待的心理运动过程。这一循环往复的矛盾过程正是学生阅读活动得以自主、自由进行的内驱力。重视阅读主体学生的这种期待现象，对于激发学生的阅读热情、培养良好的阅读情趣、提高阅读教学的有效性、促进主体的可持续发展，有非常重要的现实意义。

唤起学生阅读兴趣

当学生接触到一篇陌生的文学作品时，原有库存的各种心理图式很快就会被唤醒，对铺展开来的体裁、标题、文本内容等不断做出判断、猜测和预期，如作品的某个特征刚好与学生的某种心理图式相吻合，就会唤起学生进入文本的兴趣。阅读期待，会给学生带来一种阅读召唤力和吸引力。

填补文本意义空白

好的文学作品往往都会留下诸多空白，耐人寻味。空白存在于文本的各层结构中，最明显是存在于情节结构层上。此外，还存在于人物性格、对话、生活场景、心理描述等各个方面。作为阅读主体的期待，在阅读文本之前它就已经"筹划"了文本的意义，在阅读过程中，这些空白能有力地激活学生的阅读期待，引发学生填补空白的欲望，使学生不由自主地关心文本中特有的事物形象，或者是一个特定的场景、画面，或者是一种浓烈的色彩，或者是富有悟性的情景。

促进文本个性化解读

阅读经验不同的读者，其阅读期待自然也不同。所以，不同的读者在阅读同一个文学作品时，可能会产生不同的理解。鲁迅先生说过，就读《红楼梦》而言，"单是命意，就因读者的眼光不同而有种种：经学家看见《易》，道学家看见淫，才子看见缠绵，革命家看见排满，流言家看家宫闱秘事……"可见，由于阅读期待不同，对于同一文本解读的结果可能是千差万别的。因此，在教学过程中，教师要重视学生阅读期待的差异性，促进学生个性和创造力的发展。

示例

《惊弓之鸟》课堂实录片段

（执教：金明东）

一、在期待中"倾听"文本

师：今天我们来学这个成语故事，同时要向更羸学一招推理的本领，来破这个"惊弓之鸟"案，破案先要干什么呢？

生：找线索。

师：对，我们先找第一条线索：更羸为什么只拉弓不用箭就能射下大雁？这条线索怎么理清？我们先去看看作者是怎么告诉我们的，自读后讨论。（给学生充分的时间读书，自读自悟后组内分工讨论）

二、在期待中"叩击"文本

师：我们弄清了更羸只拉弓不用箭就射下大雁的原因，问题解决了，这黑板上的内容可以擦掉了吗？

生：当然，可以！

师：真的吗？老师觉得一个有责任的警官在案子破到一定程度时，肯定会想：这个案子好不好结呢？能不能让人们信服？

师（满腹疑虑地）：只拉弓不用射箭大雁就直接掉下来，问题的症结在哪里?

生:那是因为大雁很害怕。

师:不错,那么大雁为什么会那么害怕呢?

生:因为它受过一次箭伤。

师:有道理!请同学们展开想象,用语言描述大雁第一次受箭伤的情景。

三、在期待中"读活"文本

师:大王有一次到郊外去,看到一只边飞边鸣的大雁,也学更羸的样子,拉动弦响,但大雁未落,这是为什么呢?有哪些可能?把自己的思考写下来。

生:那大雁根本不知道这"嘣"的一声响意味着什么,大王也只是东施效颦罢了。

师:那么,反过来说,大王是不是更佩服更羸了呢?课文中有一句话概括地告诉我们,我们一起读。(生读"更羸是古时候魏国有名的射箭能手……")

师:刚才更羸跟大王说话是在大雁边飞边鸣的时候还是大雁掉下来的时候?

生:是在边飞边鸣的时候。

师:那我们如何读更羸说的这几句话?选自己喜欢的句子,读一读,练一练。

四、在期待中"内化"文本

师:说到底,这只大雁不是射下来的,而是吓下来的。我们的生活中有这样的事,说说好吗?

生:小偷偷东西被抓,遭到毒打,下次偷东西被抓,他会感到特别恐惧,生怕再次遭受毒打。

在本堂课中,教师通过创设情境,利用阅读期待,共同构建学生的期待视野,突出学生的主体地位,提高了学生阅读审美认同能力,课堂因此而充满了智趣。

阅读期待是学生阅读水平的高效发展区。因此,语文教学中教师要正确分析、准确把握学生的阅读期待,并利用其期待的心理,引导他们去自主学习，变"被动的阅读"为"主动的探究"、变"单纯的语言再现"为"情感与理解的'二度创作'"，使学生享受到学习的乐趣，获得成功的喜悦，促进阅读教学的有效性。

3　上下文语境：涵养语感的"湿地"

课标在"学段内容与目标"中指出："在通读课文的基础上，理清思路，理解、分析主要内容，体味和推敲重要词句在语言环境中的意义和作用。"（p. 15）

运用上下文语境解读文本是由汉语句法的语义规则决定的，其基本规律就是徐通锵先生指出的汉语语义规则，即"已知的信息统率、驾驭未知的信息，其在语言中的表现形式大体上就是'前管后'、'上管下'，即前字管辖后字的组配选择，上句启示下句的语义范围和陈述走向"。而这一规则决定了要正确理解词语、文句和篇章的内涵，就必须要根据特定的上文或下文提供的语义场，勾前联后，从整体上把握作者的意图，领悟词句在具体语境中的意思。因此韦勒克在《文学原理》中说："把艺术品贬低为一种教条的陈述，或者更进一步，把艺术品分割肢解，断章取义，对理解其内在统一性是一种灾难。"只有用联系的思维去解读，才能还原文本的真义。对中学语文文本解读中出现的种种问题，如泛政治化、模式化、功利化、浮躁化等种种不良倾向，我们要结合语境理论，指导学生运用上下文语境去解读文本。

🍎 示例

《孔乙己》课堂实录片段

（执教：程翔）

（在一学生读"孔乙己喝过半碗酒，涨红的脸色渐渐复了原，旁人便又问道……店内外充满了快活的空气"之后）

师：哪几个词语用得好？

生：不容置辩和颓唐不安。

师：分析一下。

生：别人问孔乙己："孔乙己，你当真认识字么？"这个问题在孔乙己看来还用问吗？这明明是看不起我嘛。所以他不屑置辩。可是当别人问他："你怎么连半个秀才都捞不到呢？"这话戳到了孔乙己的心上，他于是就像泄了气的皮球，变得"颓唐不安"。

师：这两个成语形成了鲜明的对比，表现出了科举考试失败对孔乙己的影响是多么深刻啊。

......

师：在第8段中，作者对孔乙己的言、行、神态刻画得十分生动。请一位同学来模仿一下。（一生模仿孔乙己，同学看后都笑了）

师：这位同学摇头晃脑，模仿得很像，你很有表演的才能。请同学们考虑，孔乙己伸开五指将碟子罩住，是真心不让小孩吃豆吗？

学生：是的。

师：如果是真心不让小孩吃豆，他就不是"罩住"碟子了，而应该是"捂住"或者"盖住"。"罩住"这个动作，手指间漏出缝隙，小孩可以看见碟子里的豆。

生：孔乙己逗小孩玩呢。

师：好。这反映了他什么性格？

生：善良。

师：对。（师板书：善良）刚才同学们笑了。孔乙己就是在人们的笑声中度日的。（师板书：在笑声中度日）

师：孔乙己来到酒店，店内外就充满了快活的空气。下一段写到："孔乙己是这样的使人快活，可是没有他，别人也便这么过。"这段话有什么深刻的含义吗？

生：孔乙己虽然让人快活，但是没有人在乎他。他的社会地位很低，有他没他无所谓。

师：你说得很好。他是一个可有可无的人。（生在课本上旁批：他是一个可有可无的人）

从这个教学实录中我们也可以看出，教师在分析的过程中是紧贴着文本走的，学生在老师的引导下逐渐地被启发，逐渐地对文本有了比较独特的理解和情感体验。可以说达到了新课标提出的"能运用上下文语境知识来指导自身的语文学习"的目标。

4 语文知识：阅读的"催化剂"

课标在"实施建议"中指出："在阅读教学中，为了帮助理解课文，可以引导学生随文学习必要的语文知识，但不能脱离语文运用的实际去进行'系统'的讲授和操练，更不应要求学生死记硬背概念、定义。"（p. 23）

语文知识的有效介入，会促成阅读产生积极的"质"的变化。语文知识，是阅读的"催化剂"。

几十年来，我们在语法修辞知识系统的构建上走的是一条逐渐简化的路子，追求知识的"精要"、"好懂"，路向是对的，但在"有用"方面作为还不大，基本上还停留在缩编"理论语言学"的层面，静态的语言知识识记远远多于活态的知识应用，缺乏从紧密结合语文读写实践的角度来激活语言知识的现实关照。当前最为迫切需要的可能还是"有用"的文体知识和读写听说知识，这是我们长期忽略和缺乏，也是最应及时纳新和补充的。尤其阅读教学急需引进新鲜的"知识活水"。教学小说可以引入叙述视角、形象变形、复调小说、文本互涉等知识概念，教学诗歌可以引入意象、隐喻、复义、跳跃、错位、音韵等，教学散文可以引入情思、理趣、格调、气势……知识的更新需要多个层面的合力攻关，但教师本人的知识更新和学习尤为重要。教学《我的叔叔于勒》，如果教师没有叙述学方面的阅读积累和知识储备，当学生真的问起"叙述者为什么是若瑟夫而不是于勒"时，那么，我们丢失和错过的可能不仅仅是一次有利的教学时机。同是运用第一人称的叙事角度，《我的叔叔于勒》《最后一课》《孔乙己》《故乡》在叙事者的选择和叙述视角上有何异同？探究此类问题，教师应该给予学生怎样的知识支持？以何种形式呈现，直接还是间接？都需要我们教师有足够的有用知识和运用知识的意识。

《我的叔叔于勒》课堂实录片段

（执教：李卫东）

师：这一组提出的问题，我觉得挺有意思。他为什么还要给叔叔小费呀？为什么不叫叔叔呀？小孩是谁呀？（生答：我）是作者吗？（生答：不是）对，这是作者安排的一个故事的叙述者，和作者并不等同。为什么"我"要给叔叔小费？为什么不当场就叫"叔叔"？好，我们一起来看一下，哪些段落集中涉及这个问题？（生答：42、43自然段）我们一起来把42、43这两个段落读一下，好不好？（生齐读）请同学们思考这个问题，可以小组内交换交换意见。

……

师：刚才都是同学们提的问题，我最后想再提一个问题，我们刚才已经说道，这篇小说的叙述者是"我"，那这个"我"和莫泊桑之间有什么关系？

生：莫泊桑塑造的"我"。（生笑）

生：我觉得是作者从文章中的"我"这个角度，发表了作者对这个社会的感慨。

师：显然大家都知道一个常识，小说中的"我"并不等同于作者本人，就像刚才有同学说"我"是莫泊桑塑造的。对，的确是这样。关键是这个叙述者和作者是什么关系？也有同学说了，他们两个的立场基本是一致的。也就是说，莫泊桑选了一个可靠的叙述者，这个叙述者基本上就代表了莫泊桑的态度和观点。第二个问题，当然这不是一个新问题，是由此引申出来的一个小问题，为什么选择一个孩子来作为他的叙述者，而不是由于勒担当的？

生：因为在人们的心目中，孩子是最纯真、最真诚的，孩子一般不会故意去掩饰什么。作者从一个孩子的角度，更好地批判了这个社会，这个资本主义社会除了钱，什么都不重要了。（生鼓掌）

师：好，请坐。这个同学说得挺好的。也就是说，孩子的眼睛是纯真的，用孩子的眼睛来展现他父母那拙劣的一幕幕，这种讽刺意味就非常明显了。另外，我想补充一点，在孩子身上是否也寄托着莫泊桑对这个社会、对人类的一种希望？孩子的童心还没有被这个社会所完全污染，虽然已经有那么一点点。你看，他选择这个叙述者多有意思呀。同学们马上回想一下，我们学过的同是法国作家的都德写的《最后一课》，叙述者是谁呀？（生答：也是一个"我"，也是一个小孩）为什么选择他来叙述呀？能不能让韩麦尔先生来叙述这个故事？

生：因为"我"经常逃学，厌恶学法语，而"最后一课"他那么热爱法语，就能更好地表现爱国的主题。

师：对。热爱祖国的感情这时候占据了一切，使他发生了一个脱胎换骨的变化。选择一个孩子，选择这样一个小人物，凸显这个小人物的翻天覆地的心理变化，更能凸显出爱国的主题。

上述示例，如果仅仅抱住小说三要素（这种提法本身也已明显落后于最新的文学创作和文学理论成果）那点可怜的知识，生硬不说，很大程度上也早已吊不起学生阅读鉴赏的胃口，无法深入领悟文本真义。课堂中探讨"为什么不当面喊出'叔叔'"、"为什么选择孩子作为叙述者"，调动起叙述者、叙述角度的知识，这些知识是在问题解决的过程中自然嵌入，对于学生深刻把握小说的主题、人物的命运，以至形成自己的读写技能，起了积极的促进作用。

5 文学作品教学：建构诗意空间和精神家园

课标指出："欣赏文学作品，有自己的情感体验，初步领悟作品的内涵，从中获得对自然、社会、人生的有益启示。对作品中感人的情境和形象，能说出自己的体验；品味作品中富于表现力的语言。"（p. 15）这两句话清楚明白地交代了文学作品的文本特征以及文学教育的最重要目标。

文学作品是现实的艺术化，是情感的文字化，具有鲜明的"悟意审美"的特征。文学类文本是以虚构、想象、隐喻、夸张等手法，以超越"功利世界"的方式，营造感性直观的艺术天地，给人们以审美的享受、精神的愉悦与人生的启迪。

然而，长期以来，我国的语文文学教育一直存在着两种不良倾向。这就是：将运用文学的方式去看待所有文本，即语文教育的"泛文学"教学误区；文学教育长期缺乏科学有效的教学路径，形成一种玄妙笼统"神秘化"教学误区。欣赏文学作品，不仅需要感性的理解，也可以进行科学有效的理性分析。

一般说来，文学文本一般包含三个不同的层面。这三个层面有着不同的教学内容侧重点和不同的教学方法。

①言语层，也称语言"形式层"。是指文学文本呈现于读者面前、供其阅读的具体言语系统。它包括语音（音韵、旋律、节奏）、语段、句群到篇章结构及其整体营构的秩序与形态。文学作品言语层的教学主要是通过诵读、品味、涵泳等方式，让学生亲近文本，走进文本的语言形式世界。进行文学作品的言语教学时，要调动五官，在读、听、说、吟甚至演、唱、做等活动过程中感受语言文字的音乐性、形式美与建筑美。

②形象层，也称"语象层"。指的是文学文本呈现出的人物形象、社会生活、故事以及其他内容。这是语言文本背后所描绘的人物、事件、情节、环境、景物等构成的"语象世界"，包括物象与事象、场景与画面、气象与景境等，如抒情类教材文本中的意象，记叙性教材文本中的人物、事件、情节、场景等。文学形象层的教学内容主要是通过诱发学生的想象、联想等方式，帮助读者（学生）还原文本形成之前作者所面对的生活世界，并通过还原与对比感受作者的情感、理思及其他主观心灵感受。所运用的主要教学方法是想象、还原、关联、直观体验或情境营造。主要目的是诉诸形象直观，实现由语言到形象的还原。

③意蕴层，也可称为"语义层"。指的是文学作品形象内含的思想、情感和欲望等深层内容。文学语言不同于实用文本准确、直接的表达信息，而是将思想和情感隐藏在或华美或朴质的语言背后。这是文本负载的情感与理思、精神与思想、灵魂与生命，也就是文学文本的深层意蕴。文学意蕴层的教学，主要是着眼于学生对文本的形象、情感与意义世界的理解和把握，即理解和把握文本的事物形象、场景、画面和图像背后的情感、思想和意义。所采用的教学方法主要是归纳、概括、提炼、综合，还需要回读、探究，多

方面地联系实际进行深入的分析。主要的教学着眼点在于理性思索与思想升华。

总之，文学作品的教学应该在品味语言、还原情境、体验意旨中获得审美和生活经验，要使每个文学作品都能成为学生心灵的栖居地，成为学生的心灵自由飞翔的空间！

示例

《我愿意是急流》课堂实录片段

（执教：余映潮）

师：好了，下面就是"美美地品"。品什么呢？我们也给它一个术语，叫做"妙点揣摩"。大家自由自在地揣摩，你认为它的某一个词好、某一组意象好、整个结构或是情感比较好……大家准备一下，用笔画一画。

（生思考准备）

师：好了，哪位同学先谈谈自己的观点，把你赏析的结果和大家一起交流交流。

生：这篇文章的结构非常清晰完整，作者从五个方面说出了对自己爱人的情感，表现了他对爱情的忠贞。

师：整篇文章有五个小节，画面舒展，表现出结构之美。用诗歌的语言来说，这首诗具有建筑之美。

生：我认为它的意象很好。它所比之物都平凡，但也正说出了爱情的真谛：平凡的美。也许"泰坦尼克"式的爱情是伟大的，但它一百年只有一次；这种爱情也许是平凡的，但它也许每天都有一百次。（众生鼓掌）

师：充满诗意的表达！如果说得慢一点就更好了，大家就更容易领略你的诗味。

生：我想提出一点异议。我认为三、四两段是表达诗人希望爱人对自己关怀体贴。首先，他把自己比喻成废墟、草屋这些趋向于破败的东西，我想肯定没人要他。（众生笑）第三节中，他把爱人比喻成常春藤，沿着他攀缘上升，是希望爱人陪伴他，他就不会成为废墟，沉沦下去。第四节中，爱人

是可爱、温暖的火焰，他就不怕任何风雨的打击。（众生鼓掌）

师：他有见解！提出的问题非常好。西方人写诗与我们不同，他认为废墟是一种悲壮，或者是一种牺牲。就像他把他的爱人比作美丽的夕阳一样，我们中国人是不会把爱人比作夕阳的，"夕阳西下"，谁还会爱她呀？（众生笑）所以他的意象还是有西方人的特点。第四节也是这样的，第四节说的其实是一种"保护"，"破旧的小屋"多少能够挡住一点风雨，所以"火焰"才能够燃烧。那么三、四两节表现的就是作者的自我牺牲精神，为了自己的爱人，甘愿牺牲……

教学之始教师就明确了诗歌要美美地"品"，并提示出品味的角度。前两个学生的发言正是对结构和意象的品味；第三个学生的"异议"，是他主动思考的结果，他不自觉地使用了参证法敏锐地发现了中西诗人选取意象的差别；教师点拨时他又使用了还原的方法，通过还原"废墟"、"草屋"、"夕阳"等意象的真实面貌，来理解诗人的情感、价值观。师生遨游在美好的意境中，其对话过程不仅是学习知识的过程，还是一次审美的历程。不难发现学生已经在诗歌中找到了心灵诗意的栖居地。

6 信息类文本的教学：获取客观信息，感受科学精神

课标指出"阅读新闻和说明性文章，能把握文章的基本观点，获取主要信息。阅读科技作品，还应注意领会作品中所体现的科学精神和科学思想方法"（p.15）。"在发展语言能力的同时，发展思维能力，学习科学的思想方法，逐步养成实事求是、崇尚真知的科学态度"（p.6）。这就告诉我们，信息类文本的教学不仅仅在于阅读技能，还具有思维训练与人文精神教育的功能。

信息类文本与文学类文本的主要区别在于：写实与虚构，求真与审美。信息类文本语言准确、材料客观，以传递信息、探寻事理为主要目的。其主要文本类型包括了科学小品、新闻、报告、说明书、通知、清单、学术论文、生活知识等，大都具有"重实贵用"的特征。

信息类文本教学主要培养学生的信息筛选、分析、概括及逻辑思维能力，培养感受科学的魅力。

信息类作品的教学主要应该把握如下几点：

第一，把握文本的基本思路。信息类文本逻辑性强，结构完整，材料细节之间关联度高，文章思路比较清晰规范，这有利于读者迅速准确地寻找信息。如新闻，一般采用"倒金字塔"结构，将最重要信息集中、精练地靠前呈现，这是为了人们快捷迅速获取信息的需要。信息性文本一般采用总分、并列、时间、空间、递进、因果等结构形式，或者按照"现象—原因"、"外形—原理—功能"、"问题、原因、对策"等思路作为结构。这些结构模式是人类基本逻辑思维的体现。阅读时，弄清了这些结构顺序，把握住作者的思路，这为信息的获取提供了极大方便。

第二，筛选、分析并形成判断。信息类文本关键信息的呈现是有规律可循的。比如句首、句末以及带有明显领起或总结性的句子往往标示了关键信息点。又比如设问句、小标题、图表等。阅读信息类文本要学会速读、跳读、扫读，带着目的或疑问去读。读的过程既是分析、推导、概括、评价、预测、联系、想象的思维过程，也是对信息进行筛选、加工、处理、生成意义的过程。

第三，信息类文本不等于说明文。说明文教学目前仍没有脱离开说明对象、说明顺序、说明方法、说明语言等伪说明文知识教学的窠臼，这些僵化的说明文知识，把一篇好端端的说明文肢解了，学生学完之后，也就只剩下几个干瘪的名词标签。这不利于培植学生的科学精神与逻辑思维能力。教学中如何引导学生：领悟科学知识，掌握科学思维，感受科学精神，形成主动质疑、探究的意识和习惯，人文教育也就在其中达成了。

🍎 示例

《沙漠中的奇怪现象》课堂实录片段

（执教：赵杏春）

师：本文介绍了沙漠里的哪些奇怪现象？

生：魔鬼的海、海市蜃楼和鸣沙。

师：为何三个现象放在两个段落，而不是三个？

生：因为魔鬼的海、海市蜃楼现象比较相似，原理相近，而鸣沙不同。

生：魔鬼的海和海市蜃楼的科学解释是已经被证实了的，而鸣沙还没有。

师：让我们一起来欣赏沙漠里的奇怪现象。找出描述"魔鬼的海"、"海市蜃楼"和"鸣沙"现象的语句，配图解说。

（师分别请三位学生朗读，其余看图听解说）

师：找出形成"魔鬼的海"、"海市蜃楼"和"鸣沙"现象的科学解释，并用简练的语言概括出来。

（生回答得比较完整，但不太简练）

师：这几句话包含有一种因果关系，谁能用更简洁的语言表达一下。

生：沙漠中地面被太阳晒得酷热，贴近地面的一层空气温度就比上面一两米的温度高许多。这样由于光线折射和反射的影响，人们会产生一种错觉。

师：大家的概括能力越来越强了。

师：作者是如何把这一科学知识说得清楚明白的？请大家找出文中的设问句。有几句？

生：3句。

师：联系上下文，说说这些设问句在文中起了什么作用。

（生齐读，感悟）

生：承上启下，内容既概述了上面的文字，又启示人们，引发深入思考，引起了下文。

生：引人深思，吸引读者。

生：一步步引出下面的科学解释。

师：是的。设问句无疑而问，目的就是吸引读者，引人深思。由浅入深地进行科学解释，先描述现象，再给出科学解释，这就是事理说明文常用的方法——由浅入深，由现象到本质，这也符合人认识事物的一般规律。

（师板书：说明顺序：现象—本质。逻辑顺序）

师：其实本文是一篇介绍光学和声学的说明文，同学们想想，物理老师是如何给你们讲解这些知识的？

生：物理老师给我们做实验。

师：物理老师有没有讲像书上一样的有趣的故事或现象？

生：没有。

师：两者的语言有什么区别？

生：课文更生动，吸引人。

师：那就请大家一起到文中找出你认为写得生动，吸引你的句子，读读，谈谈感受。（生说略）

师：通过本课学习，你收获了什么？

生：我知道了沙漠里的奇怪现象的真正的原因。

生：我知道了写说明文可以从现象写到本质。

生：我知道了说明文还可以写得生动。

生：我懂得了不要轻易相信权威。

师：敢于向权威挑战，相信科学，相信真理。你们的收获真不少。

这堂课教师充分准确地把握住了信息类文本的特征，通过"提问启思"、"对话交流"的方式，引导学生寻找关键信息，概括文章内容，分析其中的科学道理。作者的提问目的明确，由浅入深，环环相扣，将初中生比较浅表和笼统的思维一步步引向深入、准确。这位教师不仅将文本的教学点抓得特别准，还通过"问题支架"交给学生思考的方法和路径。这节课让我们看到了在教师的巧妙引导与热烈的对话交流中，学生阅读技能、思维方法以及科学精神提升的过程。

7　议论文教学：理据关联，质疑问难

课标指出"阅读简单的议论文，区分观点与材料（道理、事实、数据、图表等），发现观点与材料之间的联系，并通过自己的思考，做出判断。"（p. 15）

议论文是对某个问题或某件事进行分析、评论，表明自己的观点、立场、态度、看法和主张的一种文体，议论性文本旨在向读者阐释观点，使人信服。因此，议论性文本教学应该注重学习作者观点及其阐释、论证的过程。

议论文教学要引导学生发现观点与材料之间的关系，并鼓励学生通过自己的思考，判断、分析文章观点；论证是作者用材料证明观点的过程，也是作者思路清晰与否和文章优劣的关键，因此针对议论性文本论据的把握，要鼓励学生从两个方面入手，首先领会作者论证的逻辑结构与思路，分析不同论证方法对证明文章观点的效用；其次分析作者论证中语言的使用，注意思路转换处语言处理的技巧。

示例

《谈骨气》课堂实录片段

（执教：钱梦龙）

（师按"什么"、"怎样"、"为什么"整体解读课文。学生发表意见）

生："谈骨气"这个标题揭示了文章的中心论点。

生：我不同意，"谈骨气"只是表明论述的范围，第一段"我们中国人是有骨气的"才是揭示中心论点的。（大家表示同意）

师：体会一下，这个句子在表达上有什么特点，给人怎样的感觉。

生：这是一个语气肯定的判断句，用"是……的"这样的句式，给人斩钉截铁、不容置疑的感觉。

师：你的语感很准确。下面大家讨论一下，作者是怎样论证这个观点的。

生：作者在提出论点后，第2段就用孟子的三句话"富贵不能淫，威武不能屈，贫贱不能移"具体说明什么是骨气。第3、4段从历史、传统的角度进一步肯定了中国人的骨气以及我们今天对待骨气的原则：对历史上有骨气的人，主要看他是不是"坚定不移地为当时的进步事业服务"。

生：从第5段开始，作者用了三个具体的例子证明了"我国经过了奴隶社会、封建社会的漫长时期，每个时代都有很多这样有骨气的人"，这就支持了中心论点"我们中国人是有骨气的"。

生：课文最后一段在肯定孟子三句话的积极意义的基础上，进一步指出无产阶级骨气的内容，既总结全文，又发出号召。

生：我有一个问题：作者所列举的三个人物，如果按年代先后排列，应该是：饿人、文天祥、闻一多。但作者却没有这样排列，为什么？

师：问题提得很好。谁能回答？

生：这个问题其实很简单，三个人物完全是与孟子的三句话一一照应的：文天祥多次拒绝元朝高官厚禄的诱惑，这是"富贵不能淫"；饿人直至饿死也不吃嗟来之食，这是"贫贱不能移"；闻一多横眉怒对国民党的淫威，宁死不屈，这是"威武不能屈"。如果三个人物按年代先后排列，就跟三句话的顺序不一致，思路就有些乱了。

生：我认为，这篇文章的思路，从优点说，比较严谨，但同时也显得有些呆板，读起来不大有味道。（不少同学表示赞同）

师：下面请大家再细读文章，要求在关键处都问个"为什么"，这样也许可以把本来较"浅"的文章读出一点"深"意来。

生：我提个问题，作者为什么要把饿人作为"贫贱不能移"的例证？我认为与其举饿人为例，还不如用朱自清的事例好。

师：这个问题很有讨论的价值，请大家发表意见。（不少同学赞成把饿人的例子换成朱自清）

生：我不同意大家的意见。我认为文章选用什么例子，应该由写作的目的来定。作者写这篇文章，目的是要证明"我国经过了奴隶社会、封建社会的漫长时期，每个时代都有很多这样有骨气的人"。文章选取的三个人物正好代表了三个不同的时代。

生：我同意，我想补充一点理由：毛泽东在《别了，司徒雷登》一文中谈中国人的骨气，举的就是闻一多和朱自清的例子，如果吴晗也举同样的两个人为例，那不是有抄袭的嫌疑了吗？

生：说吴晗抄袭，说得太严重了，但我认为这篇《谈骨气》至少是一篇没有什么创见的文章。如果把它和毛泽东《别了，司徒雷登》中的那段文字比较一下，就会发现《谈骨气》从论题的确定、论点的提出到论证的整个思路，都是"借用"别人的。

师：我真为同学们眼光的敏锐高兴！中国过去的文人写文章，有个很坏的"传统"，叫做"代圣人立言"，自己没有思想，写文章只是为了阐发圣人的言论。这篇《谈骨气》也不能排除带有这样的烙印。不过我相信，吴晗如泉下有知，一定会以学者的宽大胸怀，为同学们这种独立思考的精神和敢于向名家挑战的勇气暗暗喝彩的。

这堂课教师不只是让学生从论点、论据、论证方法上认知，而是让学生反复质疑探究论据与论点之间的关系，让学生感悟和体会论证的过程和要义在于言之有据，使人信服。课堂中对这篇文章论证过程严谨但失于浅显进行了讨论，显示出学生对于浅近议论文论证思路的思考与质疑。从这一示例也可以发现，针对议论性文本的教学，处理观点、例证与论证之间的关系，切不可简单将之孤立对待，正如钱梦龙老师的做法一样，要让学生充分理解他们之间的关系，并将学生引入缜密理性思辨和质疑精神的思考。

8 文言文教学：在"言"与"文"之间穿梭

课标在"学段目标与内容"中指出："诵读古代诗词，阅读浅易文言文，能借助注释和工具书理解基本内容。注重积累、感悟和语用，提高自己的欣赏品位。"（p.16）教学文言文，让学生死记住一个个词语的意思和用法，算不算作"理解基本内容"？脱离开具体的文言文本，大讲古代文学文化，能不能够提高"欣赏品位"？

有人曾用"死于章句，废于清议"来形容文言文教学的弊端。"死于章句"是指死抠字词，不见文章、文学、文化，或者更多的是把文言文当作孤立的"语言材料"处理，而不是当作活生生的"作品"来教学。"废于清议"则指架空文本，架空语言，侈谈文学、文化，结果词语掌握不了几个，文章没有读懂多少，得到的只是抽象玄虚的思想"碎片"而已。如何才能使文言文教学既不"死于章句"，又不"废于清议"？大家习惯于开出一个"药方"——"言文结合"或者"言文并重"。对此说法，会有两层追问：

其一：如果"言文结合"的"言"是指语词的理解和掌握，"文"是文章的解读和赏评，那现代文阅读不也应是"言文结合"吗？讲"言文结合"，文言文阅读和现代文阅读有何区别？如若把文言文当现代文来教，笼统地"言文结合"，试问：把文言翻译成典范的现代白话作品，再来学习这样的篇章，岂不省事？如果承认有区别，那文言文和现代文在教学内容上有什么不同？什么是教学文言所面临的首要矛盾？是否在语句的认知理解上？如果是，文言教学可否在语言感知上多下些工夫？比如断句标点、文白互译、语词溯源等。

其二：既然文言文教学的首要矛盾是文言词句的理解和认知，那么教一篇文言文，第一课时凿实字词，第二课时抛开字词，大大方方地讲文章，讲文学和文化，这是不是"言文结合"？其实这是"言"、"文"两层皮，仍不脱"死于章句，废于清议"的窠臼。不同课时，可以在"言"和"文"上各有侧重，但侧重并不是分隔。第一课时侧重语言认知和理解，在语境中理解字义，既做训诂学上的疏解，也从阅读角度推敲语词含义；第二课时侧重文章内容的阐释和赏评，着眼于篇章整合，但又以具体的语词为接榫，在揣摩语词的基础上进行阐释和赏析。这样，"言"与"文"之间就有了多个来回，在理解中赏评，在赏评中理解，"嚼字"中"咬文"，"咬文"中"嚼字"，"言"、"文"贯通，获得实而活的言语经验。也就是说，文言文教学中的"言文结合"，不是由"言"到"文"一次性地完成，而是"言"中有"文"，"文"中有"言"，在"言"、"文"之间来回穿梭，循环往复。

示例1

《小石潭记》课堂实录片段

（执教：李卫东）

（教师出示幻灯片：请从文中提取一个关键词或关键句，这个关键词或关键句传达着小石潭的氛围，也流露出作者的心绪）

生：我提取了两个词。一个是"乐"，另一个是"悄怆幽邃"，简化成一个字就是"怆"。

（教师板书"乐"、"怆"）师：既"乐"又"怆"，这不矛盾吗？

生：我提取的词是"清"。

师："清"怎么讲？

生：课文前半部分的"清"是清澈、清幽的意思，比如"水尤清冽"。

课文后半部分的"清"是指清冷、凄清，比如"以其境过清"中的"清"。我觉得一个"清"字里，"乐"和"怆"都有了。

师：很好。把刚才同学的"乐"和"怆"融合在一个字里面了。但"矛盾"还是没解决。通观全文，您觉得是"清幽"为主还是"凄清"为主呢？

生：主要还是凄清。因为这样清幽的小石潭是不被人有意发现的，是"伐竹取道"中无意发现的。作者是被贬谪到这里的，也是不被人发现和赏识的。

师：说得很好！"乐"是暂时的，"怆"是长久萦绕心头，挥之不去的。小石潭就是柳宗元，柳宗元就是小石潭。他从不被人发现的小石潭中看到了自己！

（课后作业：课下请以"小石潭中的×"为题，写一段品味赏析的话）

示例2

小石潭中的"石"

小石潭中的"石"看似寻常实奇崛，"全石以为底"，"为坻，为屿，为嵁，为岩"，潭石形状之奇特，于是有了青树翠蔓的摇曳生姿，岸势蜿蜒曲折的变化。小石潭中的"石"会"唱歌"，正是有了"石"的呵护，方有水的清冽，鱼的嬉乐，方有"如鸣佩环"的美妙合奏。小石潭中的"石"冷暖传情与人相偕、与目相接、绕耳相还，传递的是片刻的欢愉；与肌体相亲已久，在凉寒的温度里，共同感受的又是挥之不去的孤凄和苦楚。

这段课堂实录侧重理解文章主旨，披"言"入"文"，向文本"更青处漫溯"。探究文旨的过程中，"清"、"怆"的字面义得到了强化，更重要的是由这两个词的语境含义，触及了文章主旨。这就不是简单地对"言"进行了解和识记，而是在"文"的框架内，进行"言"的理解和赏析。这一点从课后作业的设计上也能感受到。

9　名著阅读：语文教学的"正规战"

课标在"学段目标与内容"中指出："学会制订自己的阅读计划，广泛阅读各种类型的读物，课外阅读总量不少于260万字，每学年阅读两三部名著。"（p.16）并在"实施建议"中指出："提倡少做题，多读书，好读书，读好书，读整本的书。关注学生通过多种媒介的阅读，鼓励学生自主选择优秀的阅读材料。加强对课外阅读的指导，开展各种课外阅读活动，创造展示与交流的机会，营造人人爱读书的良好氛围。"

事实上，零打碎敲、不成规模的"游击战"，甚至"游"而不"击"、纸上谈兵，"名著阅读"不可能真正走入语文课程。要把"名著阅读"变为语文教学的"集团战"、"正规战"，"正规战"意味着什么呢？那就要有正规的"作战策略"——"名著阅读"的整体规划、学年学期教学计划，正规的"兵力装备"——把名著作为一种语文教材，正规的"正面战场"——一定的课时保证，正规的"战术"——自成体系的教学方法和监督手段。

正规的"作战策略"——"名著阅读"的整体规划、学年学期教学计划。三年初中下来，学生大体要读多少书，必读有多少种，自由读有多少种，每学期、学年又如何分配，如何和常规教材的教学有机结合，阅读与写作如何整合，都要有一个总体的筹划，寻求一个大致的序列。

正规的"正面战场"—— 一定的课时保证。提倡"名著阅读"的"正规战"，并不是说"名著阅读"就不打"游击战"了，只打"正规战"决不符合客观实际。但"正规战"一定要打，要有足够的课时保证。每周来一次"相约星期二"、"相约星期三"之类，教会学生"拿起笔来读书"，学会做评点。给他们评点的示例，甚至包括金圣叹的评点、脂砚斋的评点。监控学生名著阅读读得怎么样，不要仅仅要求他们写多少读后感、读书笔记，那样很容易使他们未读便背上负担，失掉读的乐趣。而随手评点，则近乎于"自然阅读"，比较好操作。让学生拿出自己的评点，交流批阅同一章节的感受，这在很大程度上规避了名著阅读的散漫无序，又给学生以充分的自由阅读的空间。

正规的"兵力装备"——把名著作为一种语文教材。正规的"战术"——自成体系的教学方法和监督手段。

《亲吻的"意味"》阅读指导

（执教：李卫东）

我布置学生在课下用三天时间读完第一卷，认真圈画批注，三天后专门花一节课来讨论第一卷。

课堂讨论的开始，我让学生以"安利柯的第一个月"为题把发生在这个月中的主要事件勾勒出来，意在梳理这一卷的主要内容。因为平时这方面的训练比较多，学生很快就理出了一个轮廓。接着我就挑起了"事端"：第一天开学安利柯既然非常讨厌新的班级、新的先生，为什么第二天态度就发生了变化呢？一个学生说："因为第一天看到先生那样地板着脸、说话大声，而第二天就发觉先生其实语气非常真诚、亲切。"另有学生补充说："先生也的确用行动证明了他的说法。放学前，当那个先前跳上椅子的学生走到先生身旁请求饶恕时，先生用嘴去亲着他的额头说：'快回去！好孩子！'先生要不宽恕那孩子，讨厌他，就不会用嘴亲他了。"听到这儿，我兴奋异常，忙说："是啊，多么温馨的一个举动。同学们再看看整个第一卷，还有这样的'亲吻'吗？找到请圈画下来。"几分钟后，大家互相补充，共找出了 6 处。我把这些"亲吻"简要地标示在黑板上，如"安利柯吻母亲"、"先生吻那求宽恕的淘气孩子"等等，角度找好了，后面就有戏可做了。我就问学生："这些'亲吻'背后都意味着什么？"我把"亲吻"二字吐得很清，我发觉有几个学生红了脸快速埋下头去，班内那个最调皮的男生——弥英伦则边诡异地笑着边努着嘴向着我。稍做停顿，学生还是七嘴八舌地说开了："先生和女先生吻学生那是师生之爱。""先生和学生们吻因救一年级学生而受伤的洛佩谛是对他的敬佩和怜悯。""母亲吻克洛西是对穷苦人的同情之爱。"……又一个孩子说："这本书前面的'译者序言'中说，'书中叙述亲子之爱，师生之情，朋友之谊，乡国之感，社会之同情'，这些'吻'中就缺'乡国之感'了。"每开始读一本书，我都是要和学生先读书前书后的序言和后记的，我非常高兴地称赞了那个学生能随机想到用序言中的话做概括。接下来，我趁热打铁，和学生展开下面一番对话：

"你平时被父母或老师吻过吗?"我问一个男生。

他不好意思地嘿嘿一笑,然后抿了下嘴说道:"妈妈吻过,挺难为情的,不过感觉很温暖。"

"我没被吻过,倒是经常被父母老师等摸过头,感觉也特亲切。"另一个学生说。

"好一个'摸'字,动作虽不同,但爱的含义是相通的。这可能也正体现出我们国家和西方国家表达爱、传达爱的方式不同。但老师想问大家你们怎样理解国家元首会面时的'亲吻',比如胡锦涛前段日子会见法国总统萨科齐时的'亲吻'?"

"那更多是出于一种礼节,和这里的'吻'含义不太一样。"

"哦,有可能前一天'亲吻'了一把,第二天两个国家就掐起来了是吧?"我话音一落,学生大笑。

我接着说:"也就是说,国家元首间的'亲吻'已经被礼仪化了。而这本书中的'亲吻'则是爱的自然流露。你看,一个'吻'字孤立地看它并没什么深意,但放在故事当中,却那么耐人寻味。同学们,今天我们实际上在练习着一种阅读的方法——语词分析法。一篇文章中总有那么几个关键的词汇,一本书更是如此。这些关键词有时还反复出现,散发着深长意味。阅读时抓住这些关键词,就好比打开了一个小小的洞口,循此,你会渐渐走向文本的深广处。"

经典课例

《背影》教学实录

(执教:李卫东)

2006 年再次教学《背影》,重读朱自清先生的这篇散文,有一层新发现、新感受:横看竖看,这都是一幅老照片。这是一幅典型的民国时期的黑白照片,旧式的月台,旧式的服装,模糊的面影……又像一部默片,动作不复杂,声音少到近乎无声,氛围、色调、情绪却积聚得越来越强大,撞击着人的心灵。无形的色调、气氛、情绪是怎样散发开来的呢?干脆一点!这次重教就揪住一个问题:《背影》何以成为经典?为什么会打动我们?直面问题,直面文本，不含糊、不糊弄、不包装，也许学生就会真的破译这篇经典的密码，真正喜欢上这样内敛而不花哨的散文。

课堂讨论如预期的那样层层拓展、掘进。"《背影》为什么会打动我们？"多数学生径直奔向文章的第6段，描写"父亲"买橘子的一段文字。这段文字是比较有质感的一段文字，描写细致，容易引起学生的注意。我们教学《背影》，也大多喜欢和学生逗留在这里，品析文章的描写如何之细腻、生动。但这次教《背影》，我和学生并未停滞于此，而是由此回溯，由此前行，来回穿梭于文本之间，寻找"感动"的多重因子。课堂在讨论第六段时产生转向，与我的一层发问不无关系，我启发学生：既然第6段如此生动感人，那文章开头一段之后，即直接转到第6段的描写，省去第2、3、4、5段，岂不更加简洁？自然地，接下来我们讨论了"祸不单行的家境"、"黑布大马褂"、"深青布棉袍"，是这样特定的背景给买橘的"动作"添加了忧伤、感人的色调；讨论了第3、4段的"再三叮咛"，是这样一层一层的重复、铺垫、渲染，才烘托出那感人的"背影"。再接下来的讨论呢？请看一段课堂实录。

师：好，同学们注意到了文章的最后一段。同学们再细读一下这个段落，看能不能从这个段落当中又发现"背影"何以打动"我"，何以打动读者，何以成为经典的另一个秘密或者另两个秘密。

生：我觉得它成为经典可能还是因为，每当作者想起这件事的时候他都会流下晶莹的泪。

师：哦，流下晶莹的泪，写这篇文章的时候距离那次买橘子已经有多长时间了？

生：文章说"近几年来"。

师：李老师在这里补充有关细节，给大家点帮助和支持。确切说，是八年！那次买橘子，那个"背影"发生的时间是1917年，而写这篇文章的时候是1925年。刚才女同学说的理由不是太充分，但是她让我们发现了一个秘密：这篇文章不是对八年以前所发生事情的照搬照录。时隔八年，朱自清先生又用一架照相机来拍摄一帧老照片"背影"，这个时候他已经融入了自己八年之后的心态、倾向、选择，是不是啊？同样在这一段，李老师来提示一个问题吧，朱自清和他父亲是不是关系一直很好？父子的亲情是不是非常纯粹，没有一点的不和谐？是不是这样？不是，请找出依据。

生：文章中写道："他少年出外谋生，独立支持，做了许多大事。哪知老境却如此颓唐！他触目伤怀，自然情不能自已。情郁于中，自然要发之于外；家庭琐屑便往往触他之怒。他待我渐渐不同往日。"

师：哦，也就是说朱自清的父亲实际上也经常发怒，因为家庭的一些琐屑发怒，且发泄到朱自清的身上去。同学们，我给大家看一则资料，看看是哪些琐屑令父子关系紧张。（资料略）

师：同学们，这算不算一个因素啊，家庭琐屑，父子失和。（板书：家庭琐屑、父子失和）1925 年他重新去打量那幅"背影"、那段故事的时候，他怎能不把这种父子之间的特定关系纳入进来呢？同学们想一想，回想起八年以前发生的事情的时候，他会如何对待自己的所作所为呢？（生答：愧疚）还有什么？（生答：自责）请从文中找出依据。

生：我找到了一处，是在第四自然段最后一句话，"唉，我现在想想，那时真是太聪明了！"是一种悔过的心情，他后悔自己当时特笨，没有理解父亲对自己的深深的关爱。

师：好，实际上这个"聪明"有点说反话的味道呀，充满了自责。还有吗？

生：我在最后一节的最后一句找到了，"唉！我不知何时再能与他相见！"这句话的意思是朱自清很想与他的父亲相见，也就是说，他很想与他的父亲和好。

师：也不错，自责而想和好。我给这位同学补充一下吧。恰恰是写这篇文章之后，他出了一本书，把《背影》也收录进去，书名就叫《背影》，专门寄回老家给他的父亲看。老父亲拿过这本书，倚在窗子上看了这篇文章之后，非常的欣慰。"唉！想想我那时真是太聪明了。"这之前是不是还有一句话，我来补充，我那个时候还暗笑他的什么？"迂"！从这些字里行间都可以看出八年之后再重新回顾，那个背影，那些有关背影发生的琐碎的细节，他除了感动之外，更多的是一种什么呀？愧疚，自责！因此有人说，这篇文章重要的不是写1917年的感动，而重要的是写1925年的愧疚、自责！好，又找到了一个因素。（教师板书：八年后的愧疚、自责）最后，李老师再来问一个问题吧，请同学们推测一下，1925年的朱自清是怎样就想起来写这篇文章的？是什么最先触动了他，使他产生了写作动机？

生：我推测应该是因为朱自清收到了他父亲的信。

师：很好。我再给这位同学提供一点依据。1947年，也就是他写完《背影》22年之后，有一次记者采访他，他说过这样的一段话：（屏幕显示）"我写《背影》，就因为文中所引的父亲的来信里那句话。当时读了父亲的信，真的泪如泉涌。我父亲待我的许多好处，特别是《背影》里所叙述的那一回，想起来跟在眼前一般无二。"他父亲那句话，哪一句可能最刺痛他？

生：大约大去之期不远矣。

师：画下来，大约大去之期不远矣，"大去之期"是什么意思？要死了！这可能最触动"我"，中国有一句古话叫作"树欲静而风不止，子欲养而亲不待"，我的老父亲呀可能就要去世了，愧疚之情汩汩流出。好，这是不是又一个因素，"大去之期不远矣"的信。（板书："大去之期"的信）好，同学们看黑板，你看，咱们一遍一遍来读，实际上读一遍就是一个圈。（在黑板上画了几个圈）你觉得是不是好像层层涟漪一样啊？一层一层，读一遍就是一个圈。散文就是这样，散淡、不经意之处却埋藏深意，要一遍遍细读，不断去探寻！

当时课堂上我所说的"一圈一圈"，就是从"买橘子的背影"到"祸不单行的家境"到"再三叮咛"到"家庭琐屑，父子失和"到"大去之期不远矣"到"八年后的愧疚、自责"，这是课堂讨论的纵深，归根结底还是这篇散文的"纵深"，试想：如果删掉那些重复和渲染，舍去八年后回忆时愧疚、自责的视角，这篇文章还会那么打动我们吗？学生读散文，易关注"直笔"，而忽略"曲笔"；易关注直接的描写，而忽略不经意的"闲笔"，如何让学生于"灯火阑珊处"也寻得散文的芳影，是散文教学须着力之处。

再补叙一笔。2009年暑期，我参加全国中语会"西部行"支教活动，到甘肃天水讲课，课题就是朱自清的《背影》。活动上午由天水当地老师上三节课，下午是我上课。没想到的是，上午最后一节课上的正是《背影》，更没想到所用班级的学生是初二的学生，再过十几天就上初三了，他们早已经学过《背影》，执教教师对此始料未及，只好尴尬地说"我们重学一遍吧"，上课效果自然不很理想。上午活动结束，我再三叮嘱会议主持者下午要调没学过《背影》的学生来，他说他会尽力。午饭后，我没有休息，赶时间准备了一个预案，我在想，假如下午调来的学生也学过，就把《背影》这篇散文当作一个写作的范本，把阅读课改成写作课上吧。下午上课一问，果然是已经学过的学生，再仔细一辨认，我傻眼了，竟然是上午刚刚上过《背影》的那一拨学生！天哪，难道再让他们简单重复一遍？我稳了稳神，按照中午做出的预案，开始了教学。整个一节课，集中讨论了一个主问题：把这篇《背影》当作一篇中考作文来看，它有哪些优点可供你借鉴，请你给这篇作文加些"旁批"和"总批"。学生读书，批注，讨论，发言，竟也忙得不亦乐乎。有说这篇文章好在"前后照应，反复点题"，有说"层层铺垫，反复渲染"，有说"视角独特，一般写人写正面，他偏写背面"，有说"动作描写细致"，有说"人物的语言描写简洁，符合情境"，有说"几次反语用得好"，有说"文章语言朴实却蕴含深情"等等。课堂气氛比预想的还要好一些。为什么会想出这样一个预案呢？当时想到了两点，一是想到了"学情"，假如学生学过了《背影》，又马上读初三，就要参加中考，你拿一篇早已学过的课文反复揉搓，他们会多么厌倦和无奈啊，这样去教学会有什么"有效性"可言呢？能否利用《背影》教一些学生愿意学的东西呢？于是想到把《背影》当作写作的范本来用，把它处理成教学的"用件"。二是想到了刚读过不久的钱理群的一篇文章，发表在《语文学习》当年第2期的《"做"与"不做"之间——读朱自清的散文〈绿〉〈背影〉和〈春〉》，钱先生注意到朱自清反复申述过一句话"我是个国文教师"，他据此分析《背影》等三篇散文，并得出结论："在某种意义上，可以说，朱先生的散文都是写给中学生看的，中学生至少是他的隐性读者。这就有点像今天语文教师的'下水作文'，写作是有着明确的教学目的的：既是亲身体验学生作文的甘苦，更是对学生作文的指导，这是一种'示范性写作'。"多亏了钱先生，是他的一篇文章，无形中为我化解一次教学突发事件提供了灵感和底气。

写　作

【课标视点】

真情实感　体验和思考　多角度观察与抓住特征　搜集素材与构思立意　缩写、扩写和改写　选择恰当的表达方式　文从字顺　平时练笔不少于1万字　45分钟完成500字

【解读概述】

新课标第四学段目标在写作领域比以往多有突破。更注重建构写作者的"感受、体验和思考"（p.16）；更关注初学写作者的心理的特点和写作现状；更关注打通"物"、"我"通道的写作过程；更强调表达的针对性和对话性，从而体现作文教学"以人的发展为本"的课程观。

新课标将"写作要有真情实感，力求表达自己对自然、社会、人生的感受、体验和思考"（p.16）放在首位。这是因为写作是一种对生命的触摸与言说，一种对生存可能性的勘探与求索，一种对人性的省察与思考，一种对精神家园的守望或叛逆，一种对情感与道德的朝觐或审视，一种对文化的耽溺与超越。写作，本乎真实。只有真实才是我们面向生活，认识自己的钥匙，才能打破"写作源于生活"而"现在的孩子没有生活"的悖论；才有"多角度观察生活，发现生活"的可能性；才能有的放矢，回归到"写作过程中"，祛除当下作文教学的沉疴宿疾。

新课标第四学段写作领域的目标极其重视"体验和思考"、"联想和想象"（p.16）等内在写作能力与素养。第1、3、4、6、7条均有所提及，这一点要充分重视。与对外在世界的把握相比，写作更注重内在时空的开掘，这也是当今作文教学现状的必然诉求。现在大部分"学生"被异化为"考生"，他们转过身去，背对熟悉的生活，把偌大一个就在身边流动不息的世界弃之如敝屣，而睁大眼睛，紧紧盯住几条崇高的、伟大的思想观念，在一个狭窄、

荒凉的思想轨道上疲于奔命。他们奉考纲为神祇，遵常识为准则，蹈大道于功利，假空言而忘真……他们，把自我丢了。课标始终贯穿能力和素养的培养，其目的就是要让学生找回自己，唤回写作之魂。

有光，才有影子；有"我"，才有真实。要通过我们的教学使学生明白，与其追随意义的豹子，不如反观奔跑的意味；教师要告诉学生与其桎梏于概念的圈子，不如体味逻辑的焦灼；与其游离于生活之外，不如感受生老病苦；与其为有限而局促不安，不如让想象突围，打破心灵的藩篱；与其沉醉于巧言令色之表达，不如诚心正意认识自我。这不正是新课标所强调的"观察生活，发现生活的丰富多彩"，"有自己的感受和认识"（p. 16）吗？教师要告诉学生，写一切其实都是写自己的内心世界对生活的感受。

有光才有影子，有"我"才有真实，教师要让学生懂得生活的生发，生发之后的结果就是化为艺术，"光"就是思考，"影子"是生活的变幻，光是动态的，有角度之变和强弱之分。一切生活的影子也会随之改变。而教师就要让学生知道"我"就在这一切变幻之中。

新课标理念的解读具有多元性和复杂性，课标的指导性也远大于操作性。犹如写作本身一样，作文教学也应富有创意。

【教学解读】

1 作文，本乎真实

课程标准将"写作要有真情实感，力求表现自己对自然、社会、人生的感受、体验和思考"（p. 16）列为首条。这句话在理念上不难理解，但实行起来并非如此简单。我们不是说"要有光，于是有了光"的上帝，要"有真情实感"就会有真情实感的。

这一方面是源于当下的教育困境。太多的思维惯性、认知范式和话语霸权，束缚着写作灵性，学生写作时往往不是先从自己的感受和体验出发，而是从固定的概念、定式或公理出发，来完成认知、理解和内化过程。譬如儿时念过这样一首儿歌："两只老虎，两只老虎，跑得快！跑得快！一只没有耳朵，一只没有尾巴，真奇怪！真奇怪！"念得多了，也就顺理成章地接受了这个信息——没有耳朵，没有尾巴的老虎真奇怪！至于对形象的再触摸，再想象，再体验则自然忽略不计了。"奇怪"的概念代替了对两只残疾老虎的感受、体验和思考，娱乐方式消解了对残缺生命应有的人道意识、悲悯情怀。

长久以来，写作教学要么迷失在概念构建的迷宫之中，要么让概念把写作从文学世界里驱逐出来。中学作文教学耽溺于记叙文、议论文、说明文等文体概念之中而无法自拔。这些具有中学特色的文体既不能让写作者理解和审视诗歌、小说、散文、戏剧等文学体裁的形式之美，也无法追溯和守望文学性文体内蕴的精神之美。"泛政治化"的思维定式又使写作教学不断滋生类似"从小我到大我"、"自然—社会—民族国家—世界未来"等"套子模式"。此外，时空概念的陈列也使作文教学浮在生活表层，每每写作则从出生到幼儿园，从小学到初中一条龙式地交代，无法营造情境，遑论意境。长期以来，写作教学不能触摸到概念坚冰下的活水，"自然、社会、人生"（p. 16）在意识世界中因而放逐，真实的"感受、体验和思考"（p. 16）也就成了镜花水月。

另一方面，"物"、"我"之间，写作主体不能反观自省，缺乏建构言说世界与自我的能力。在理所应当的思维惯性作用下，不小心把"我"丢了，"听"简化成"复制"，"说"简化成"粘贴"。在活生生的现实面前，源自生命本身的体验和思考丧失殆尽。

感官封闭、心灵荒芜、自我缺席，使学生作文成为"无所知"、"无所感"、"无所想"的"三无"产品。我们不妨从"真实"入手，去除蒙蔽，开启心智。因为"无所知"就是真正的知己，"无所感"才是最佳的实感，而"无所想"恰恰是最有价值的本然。

示例

我写到母亲。

这个开头费了我很大力气。"母亲"对于我来说是一个抽象的概念，这个概念充满伟大而崇高的意味。我无数次写到母亲，从小学到现在，但每次她都以一个众所周知的意思出现。更确切地说，也许在我笔下，母亲不过是为了赢得一个可靠的分数而臆想的名词而已。

这正如水果。你知道香蕉、苹果、葡萄都是水果，但水果又绝不只是它们任何一种，母亲被我无数次抽象出来，又被不厌其烦地附加各种意义……已失去了鲜活的具象让我去捕捉。面对"母亲"，我万分沮丧。

我爱她，这一点毋庸置疑。她把爱给了我，按理说，我应该回馈至少相同分量的爱。可我没有给这个和我生活在一起我叫她母亲的女人洗过一件衣服，做过一次饭，甚至偶尔做点儿家务活儿都当作是帮她完成她的工作。可悲的是，这心态一直持续到现在。

爱，需要奉献。这我也知道。大部分此类的说教我都知道一点，但知道归知道，做起来其实并不是那么回事儿。我常以为，因为太阳总在头上恩赐光与热，所以生物的爱总是向下传递而很少向上反哺吧！

此作文片段是"三无"状态的真实写照。应试写作训练钝化了学生的感受与体验，反映出学生写作文时的痛苦和焦虑。这是一种近乎残酷的"真实"，也是我们常常忽略的真实。如果教师能够在这种情况下指导学生从"无"中生"有"，打开心灵桎梏，去除对生活感受和体验的麻木，将"我"置身于"无"中反观自省，便会打破没有什么可写的迷障。只因"无"并非真空，把"我"释放出来，有了"我"，就有了"真情实感"。教师应激励学生努力寻找能够表达自己情感的物象。

这个片段不是写母亲其人其事，以塑造母亲形象为主，而是从我对"母亲"这一话题感受出发，将这种长期困扰"我"的感受细细体验，慢慢咀嚼，深入思考，从而回归到自我心灵中省察反思。这样，写母亲其实是在写自己。以此类推：写一切都在写自己。

比如我们让学生写"童年的故事"。其事件有听故事、捕鸟、堆雪人、上学逃课等，其空间包括庭院和学校两个世界，旨在表现童年生活既有意思又有意义。如果仅仅是让学生把这些客观事件堆砌在院子或学校里，这绝不是我们所谓的文学的真实，他们只是做了一次记录性的工作而已。只有将这些事件经由心灵的反刍，把我们的感受、体验和思考孕育其中，放置于自己记忆的家园之内，才是真正意义上的真实，而这就是鲁迅先生的《从百草园到三味书屋》了。

2　第一块拼图

课标要求写作"能抓住事物的特征，有自己的感受和认识"（p.16）。"事物的特征"并不仅仅是"天是蓝的"、"太阳是圆的"之类的公共认知，"感受和认识"也不仅止于众所周知的结果和结论，写作要凸显个性特征，要有强烈的主体意识。写作者个性不同、情感体验和思维方式不同，"体物言志"千差万别。因此在写作教学中，教师不能粗暴地踹开"感受和认识"的方便之门，将学生硬推进去，而是要给学生一把钥匙，让他们打开属于自己的"不二法门"。这样才可能"提高独立写作能力"（p.16）。

写作的核心问题是"为什么写"、"写什么"和"怎样写"，也就是文章的主题目、内容题材和手段方法。三者相辅相成，很难说哪个是第一要务，更不能让某一个成为初学写作者的第一块拼图。毕竟在"主题先行"的写作教学时代，学生在限定主题制约之下，写作的积极性、创造性和自信心受到不同程度的损害，文章千人一面，"假大空"、"四不像"、"八股文"等弊病层出不穷。因此，新课标在实施建议中强调写作教学要"为学生的自主写作提供有利条件和广阔空间，减少对学生写作的束缚"（p.23）。同时还进一步指出："写作教学应贴近学生生活实际，让学生易于动笔，乐于表达。"（p.23）

写作教学目前仍因循着"事物的象征"大于"事物的特征"（p.16）、"思想与意义"取代"感受和认识"（p.16）的思维模式。作者心念未动，意义先行，想尽办法让"生活实际"（p.23）有意义，而不是"关注现实，热爱生活"（p.23），觉得生活有意思。这样一来，学生就"难于动笔，苦于表达"了。这就需要我们要打破思维惯性，真实地审视"自然、社会和人生"（p.16），寻找感性的归途，重建精神家园。我们亟待课标理念指导下，找到写作的第一块拼图。

"事物的特征"（p.16）本身就是主客观的统一。事物的形状、大小、色彩、线条、质地等外在特征可以通过感官感知，但其内在特征却受写作者情感体验、思想观念的支配，即"以我观物，故物皆著我之色彩"。"抓住事物的特征"（p.16）要从内外两个方面着手。

"多角度观察"（p.16）是"体物"必要条件之一，但仅靠观察是不够的，要开启作者的感官，变画面为空间，化情节为情境，打开"物"、"我"通道，由"物"及"我"，"笼天地于形内"；更要将对象"人化"，将自我的体验和认识与物相融，借助事物的特征言己之所欲，从而由"我"及"物"，"挫万物于笔端"。物我往复，心灵亦在吐纳中丰盈而充实起来。

这就找到了第一块拼图，即写作者自主建构起从外到内，又由内及外，生生不息的感受能力。这是基于"真实"的第一块写作拼图。

示例

小时候，在大大小小的胡同里，经常能看到一位老大爷，右肩膀上扛着小板凳，上面绑着磨石，褡带着磨剪子用的家什，走累了，就放下板凳，坐上去歇歇，喘匀了气，结结实实地喊上一声： "磨剪子嘞，抢——菜——刀。"

那声音有些沙哑，没有半点修饰。在那样一个困倦的下午，荡起着原始的呼唤，总能让人从混沌中清醒，静下心来。

若是恰巧逢上剪子钝了，奶奶就会把这些家什拿下楼，让老大爷一一磨好。他接过剪子，在磨石上倒了些水，"噌，噌"地磨起来。剪刀一遍遍从磨石上划过，从起点到终点，再回到起点，仿佛时间永无止境地轮回。而我常常看着这简单重复的动作发呆，不知道自己那时想了些什么。

对了，我还记得那个关于叫卖声的故事：我大伯小时候在听到"磨剪子抢菜刀"的叫卖声时就会十分气愤。为什么呢？他说："怎么把别人的剪子磨完还要抢走一把菜刀呢？太欺负人了！"

当然，大伯小的时候我还没出生。这有趣的故事是奶奶讲给我听的，每次听完这个故事，我都会咯咯地笑个不停。奶奶还会讲关于爸爸的，姑姑的，好多好多的故事，讲也讲不完。而我就喜欢靠在她身边，听啊，听啊。

做完了一家的买卖，老大爷会小憩一会。若是许久也没人惠顾，那也没有关系，就坐在板凳上，困上一小觉。高兴了，就结结实实地喊上一声：

"磨剪子嘞，抢——菜——刀。"

在这个习作片段，作者倾听城市的声音，唤起经验、记忆，使之酝酿、发酵。"磨剪子抢菜刀"的"叫卖声"由外到内，声声入耳；教师在指导学生记叙文写作时，经常会一次又一次地告诉学生要"观察"，可是要观察什么？这是一个问题，大千世界，芸芸万物，学生要作一篇文章，要在这芸芸万物中找出能够传导自己情感的事物，对于这些事物，用自己的感受去千挑万选，教师要指导学生观察出能够表现自己情感和认知的事物。这样的结局有两种可能，一个是惊醒读者的认识，另一个可能就是和读者产生共鸣！这篇小文章展示的是一种乡情，然而在童年的一切响声里，作者选择了"磨剪子嘞，抢——菜——刀。"作者认为记忆里的一切声音，只有这个声音最能代表故乡！在教学生记叙文的过程中，教师应该这样来引领学生在有限的记忆中，去搜索自己所需要的事物，这个事物与自己的情感不违拗，也有利于揭示文章的写作目的。

3　"不要哭，不要笑，只要理解"

新课标有言："多角度观察生活，发现生活的丰富多彩。"

中学生活如何？"三点一线"，较为单调。但"单调"并不意味着"没有"，"觉得没什么好写的"并不是真的没什么可写。

生活因习以为常而单调，日子因按部就班而枯燥。周而复始的情节让人生波澜不惊，但如果我们引导学生走进生活内部，感受生活的每一个细节，就会发现罗丹所说的"生活中不是缺少美，而是缺少发现美的眼睛"是多么正确。

🍎 **示例 1**

和你一般大的时候，我也在读中学。那个时候历史课充满官腔，一本正经的言说使得历史课本面目可憎：大写的事件把时间排满，陈词滥调的意义干瘪地罗列，一串串或大或小的数字将鲜活的生命抽象得干干净净……

历史是时间剩下的内容。

那一定要剩下些什么。

我只知道，一段历史过后总会发生两件事：有的死了，有的出生。

念中学都会上历史课，这是学生生活的常态，构不成什么"大事件"，但外在生活的平常并不意味着心灵世界的平静，教师要指导学生从一本历史书、一本习题册、一支粉笔，甚至一抹阳光中去发现生活的苦恼或愉悦。我们并非真的没有生活，而是缺少对生活的感受、体验和思考。生活不是田园牧歌，也不是荒原沙漠，它和我们一起出生，一块儿成长。我们既不能以一句"生活多美啊"轻轻抹去无聊和空虚，也不能道一声"真没意思"，就让虚妄和荒诞消失殆尽。"这就是生活。"斯宾诺莎说，"不要哭，不要笑，只要理解"。

那么，怎样指导学生"理解"生活，走进写作呢？

首先，要去除遮蔽学生心灵的尘埃，打破惯性束缚的枷锁。长时间"命题—写作—讲评"的写作教学模式和"出题—评阅"的考试评价系统使学生写作时条件反射地"屏蔽"生活，遮蔽心灵，沿着一条谄媚分数的思维模式之路，要么"假大空"式地荒腔走板，要么反反复复地缔造别里科夫式"套子"帝国。所以，要让学生"理解"生活，就必须打破这些模式，而用最熟悉的生活题材去除"屏蔽"、打破惯性无疑是最有效的方法之一。譬如男生写父亲，女生写母亲，用"熟悉的陌生人"最大限度地洗掉那些"痛苦得蹊跷，欢喜得别扭"的虚情假意和胡言乱语，让学生回到生活中去，引导学生观察、品悟、反思生活中最平凡的细节，构建起个性化感受、记忆、体验、经验等心灵世界，从而"理解"生活，走进写作。

其次，要指导学生学会"无中生有"。要让学生有一点儿"生活本无事，庸人自扰之"的"神经质"，把琐碎、平凡、庸常的生活表层剥开，在"无事"中体验、品悟、思考自己的麻木、困惑和不安等，化"无事"为"有情"，变"单调"为"丰富"，考"物性"而"知理"，开启感官，敞开心灵，感悟自然、社会、人生，打破外在世界与内在时空的隔膜。这正像开篇所写的历史课一样，我们生活中充满着这样不起眼的琐事，对这些事件或细节"有自己的感受和认识"之后，这些生活的情节就会组成人生。

再次，要让学生能"横看成岭侧成峰"，"多角度观察生活"。以"一花一世界"教学设计片段为例。

示例 2

"一片秋叶从枝上脱落……"

最早能引起我们感受的是什么？它飘动的轨迹，轻盈的姿态，柔缓的速度……这些直接纳入视觉，在脑海里翻出一个句子：落叶，像蝴蝶一样飞舞。然而，细细品味，就会发现，落叶的"飘零"让我们浮想联翩。它带给我们的空间感受就是"不定"，这种飘摇不定让每一片落叶在每时每刻的位置都不同，从而获得不同的"命运"落点，"无常"的感觉就诞生了。换个角度，秋叶飘零是生物荣枯的表现，而落叶归根又是生命循环的表现。"荣枯"成了生命的钟表，飘零又获得了时间的尺度，落叶从生到死，又向死而生，在飘落的过程里完成了生命的循环。那一片秋叶的飘零让我们从各个角度体验到整个世界的运动。因此，不妨在教学中从一种常态而微小的事物出发，多角度感受、品悟生活。

最后，在教学过程中，指导学生打破物理时间，走进生命时间；打破因果链条，走进"经验省略"。对于初学写作者而言，叙述时间多为一条线，即"出生—小学—初中—高中"，并力求在这条线上把文字铺展开来。这样写作基本是用事件把时间填满，以陈述代替叙述，用事实消解体验。这样的文字一出现，"学生腔"就诞生了。

示例 3

①初二的时候，我结识了我的同桌——×××。

②那年夏天，我认识了一个赏心悦目的男孩，他的脸庞，至今在我眼前闪闪发光。他叫×××，那时就坐在我旁边。

③站在十六岁的尾巴上，我像一只受惊的兔子仓皇地逃进了我的初中第二个年头，在一个灼热的下午，我认识了迷迷糊糊的×××。

①句在中学生作文中普遍存在，缺少对生活的理解，时间的刻度下埋藏的是因果逻辑的链条。②、③句则是在理解生活的基础上富有感受性的文字。"那年夏天"、"我的初中第二个年头，在一个灼热的下午"等时间表述是写作者在追忆，在回溯从前。"站在十六岁的尾巴上"和"至今在我眼前"就更有对那段岁月咀嚼、感受和体验的味道了。摒弃了交代性的陈述，避开了一元时间叙述下的情节因果链，文章就因之充实丰盈起来了。这样，也就做到了新课标要求的"表达力求有创意"。

只有引导学生深入地感悟生活，才能"多角度"（p.16）地观察，发现生活的"丰富多彩"（p.16）。所谓"观察"和"发现"正是感悟生活的途径。

4　摆脱表意焦虑

我们常把写作"源于生活"而"现在的孩子没有生活"作为写作难教的理由。其实，在写作指导中，有多少孩子因为"雪化了是春天"的答案而得咎；有多少孩子因写道"路灯凋谢"而被嗤之以鼻；又有多少孩子因说"乌黑的太阳"、"沉甸甸的云"、"破旧的未来"而被删改矫正……就这样，学生的写作灵性丧失殆尽，表意的焦虑时刻困扰着原本并不贫瘠的心灵。多少年了，学生面对作文命题，局促不安，心情沮丧。"觉得没什么可写"或"有点儿想法但无从表达"成了写作表意时最大的焦虑。

写作"源于生活"姑且不论对错，这只是前半句，后半句"高于生活"却被忽略了。这里的"源"是来源，而"高"是超越。无论是"文以载道"，还是"独抒性灵"，都要先确定"自己的意思"（p.16）或"表达中心"（p.16），"考虑不同的目的和对象"（p.16），然后才是恰当地表达，即"源"强调写作的准备，而"高"则注重写作的表达。"源于生活"毋庸赘言，"高于生活"在新课标中则要求我们"根据表达的需要"（p.16），"运用联想和想象"（p.16），"选择恰当的表达方式"（p.16），游走于真实与虚构之间，从而建构起一方精神世界。

以笔者为例，出身农村，打拼于城市，追忆逝水流年，总有点今夕何夕之感，身份错位之感。但这仅仅是对生活之"源"的感受和体验，三言两语即可说明白，似乎"没什么可写的"。这个时候，就要唤醒记忆或经验，展开联想和想象。

🐛 示例1

　　那年夏天，我清楚地记得自己还在一个名字叫不清楚的农村茂盛地生长。

　　有好几个月我都骑在一头壮硕的黄牛身上，晃荡过每个升起又落下的太阳或者一块块工整的麦地。它慢慢悠悠的节奏使我昏昏欲睡，我的光脚丫子在它的身上摇摇摆摆。有几次，我的耳边仍然会响起老妈声嘶力竭地叫喊。但不管如何，那个下午如果没有看到穿着军装的刘三儿骑着自行车朝公路的另一端绝尘而去，我佝偻的父亲就不会把与这个家朝夕相伴近十年的老牛卖掉，而让我走进这个陌生的城市。

　　有一段时期，我固执地把城市里的人群想象成村子里的绵羊。这纯粹出于直觉。他们无论怎样来来往往都仿佛被一根鞭子抽着，然后通过一条条宽窄不一的大街小巷老老实实地各回各的圈。这场面在我看来有一种莫大的安慰，我觉得没有人能像我这样：大摇大摆地蹲在马路牙子上看他们聚聚散散，匆匆忙忙。而这个姿势，只要我愿意，甚至可以保持到最热闹的街道华灯落尽、车流散场而不被惊扰。可是——

　　在后来的日子里，我慢慢地被驱赶到他们中间，然后日复一日按部就班地从一个火柴盒转移到另一个火柴盒。更可悲的是，我已经忘记了这个过程，巨大的落差抹掉了生命长长的一个段落，仿佛从一开始，我就只看到了朝阳和落日。

　　汉弗莱在《现代小说中的意识流》中认为，对联想控制的因素有三个："第一是记忆，这是联想的基础；第二是感觉，它们操纵着联想进行；第三是想象，它确定着联想的伸缩性。"[①] 这里我对亲人、对村庄、对城市的记忆和体验是"源于生活"的写作基础，而联想和想象则帮助我破开表意焦虑的坚冰，触摸从乡村到城市转换中的那些个人的生命经历和人生体验。把自己

---

　　① 汉弗莱. 现代小说中的意识流 ［M］. 刘坤尊，译. 桂林：广西师范大学出版社，1992：223.

想象成庄稼，把城市人想象成绵羊，从而完成自己在文字世界中从乡土到城市的"移植"过程。联想和想象帮助我创造了一个自成一体的天地，这里是笔者的乡村和城市，这个天地一旦形成，就走出了表意的焦虑。笔者将之称为"表意焦虑下的别处"。

联想与想象作为创造力的根本，充满自由不拘的野性和热力，但并非天马行空，肆无忌惮地"想当然"。现在的中学作文教学保守地接受既成观念，被动地沿袭现成的陈腔滥调，一味地逢迎大众价值体系，机械地开出"消炎药（主题）＋生理盐水（素材）"的简单处方来敷衍考试作文命题。常常使想象脱离经验，背离事理常识。

示例 2

"唧"的一声，我来了个紧急刹车，可还是把老太太碰飞了起来，满篮子鸡蛋随风飘舞。

点评："满篮子鸡蛋随风飘舞"，荒诞不经令人啼笑皆非。更有甚者联想、想象与情感逻辑风马牛不相及。

示例 3

（抓了一只鸟，后来被养死了）于是我招来所有的同伴，为它举行了一个皇家葬礼，这时我就想起了远在农村的父亲。

点评：鸟的"葬礼"与"远在农村的父亲"看不出什么内在联系，如此"联想"，跨越之大，令人咋舌。

表意的焦虑不仅仅体现在"觉得没什么可写"这方面，还体现在表达不准，表意不明这一方面。这就需要一方面运用联想和想象建构精神世界，使之成为别处的诗意生活；另一方面又要让"别处"与"此在"融为一体。

我在开启联想与想象的作文教学中首先让学生在 5 分钟内写出与"走"意义相同的一类词汇，如"跑、行、彳亍、踯躅、踟蹰、徘徊、踽踽独行"

等。完成后划掉以"土地（陆地）"为参照而联想出来的词汇。以当头棒喝的方式告诉学生我们的思维"根植于大地而无法飞翔"，譬如水中的"走"是游弋、摆渡、泅渡……天空的"走"为飞翔、飞跃、翱翔……而这些都还不够，这只是外在时空中的"走"，还有内在时空的"走"。譬如思维的"走"是思考、思索、联想、想象……心灵的"走"是感受、体验、品味、感悟……内外一体，触类旁通，打开一扇扇窗户，飞出表意焦虑的困境，会使我们的写作"源于生活，但高于生活"。

5 原来你还在这里

课标在写作教学建议中提到"注重培养学生观察、思考、表达和创造的能力"（p.23），"应引导学生关注现实，热爱生活"（p.23）。而"观察、思考、表达和创造"（p.23）四种能力是由外到内的建构过程，以"关注现实，热爱生活"（p.23）为前提和皈依，在写作中对感受、体验和思考有一个再认识、再发现的过程。

在进行写作教学时，一般应采用"加减法"来解构体验和思考，"引导学生关注现实，热爱生活"（p.23）。此法共有四个环节：

第一环节：让学生做一道简单的"算术题"。统计一下在我们一生中有多少人、物、事、情是值得回忆和纪念的，并用最简洁的语言记录下来。

第二环节：排列组合，末位删除。将所列内容按主次排序，打破时间、空间、大小、逻辑等束缚，符合自己的评判标准即可。然后，把排在最后的一项划掉，直至无法删除为止。

第三环节：将剩下的内容干干净净地抄录一遍。这时候让学生回味：在抄录的过程中，是否还保留着冥思苦想时的那种深切的感受和体验？保留的词汇或句子是否仅剩下记录的功能？

第四环节：回顾反思。我们最初怎么开始的？我们一直以累加逻辑统计着那些人、那些事。"还有什么呢？"这个问题让我们不断检索。之后的减法删除了一个又一个生命记忆，这时候让学生明白：我们一直以为生命是加法，现在看来似乎更应该是减法。我们把人、事、物排满过去的时间，而无论是已经遗忘还是值得珍藏的，都是生命被删去的部分。在此基础上，我们可以进一步引导学生：如果我们把这一体验和思考代入整个人生历程中会怎样？想想看，生死两端已经不在其内了，最多算作一个可供你记录日历的符号罢了。孩提时的懵懂无知，老迈时的糊里糊涂大可排除，即使勉强保留那么一点，估计也只是他人记忆中的涂鸦或者嘴边无聊的谈资。

从"还有什么"到"还剩下点什么"，从加法到减法，我们不仅要给予学生这种生命与生俱来而有思考不尽的困惑和命题，更要指出就在左思右想、"殚精竭虑"地去寻找标准答案之时，我们又一次把自己丢了。

我们要问学生：答案真的那么重要吗？为什么我们的写作总要从答案出发，由一个众所周知的道理开始？是不是我们在追逐豹子的同时，丢掉了一路风景？我们要提醒学生：当你最初面对问题的时候，记住那份茫然，那份不安，那些许的惊慌失措，也记住竭尽全力地去寻找答案的过程中的感受变化、情感周折、精神历险……或许，这会帮助你更接近答案。我们还要告诉学生：那些涂抹、圈点和标记都是一次次选择或者斟酌的心灵历程，是对心灵有意味地锤炼，也许，那里才有答案。这是一个从观察到思考，从表达到创造的建构过程。其实整个过程我们都在踩着影子找影子，因为"我"还在这里！

示例

"豆腐咯。"这大概是我童年里最熟悉的叫卖声吧。

每天黄昏，那个卖豆腐的小伙子都会蹬着三轮车来到院里。两板白嫩嫩的豆腐平躺在车上，憨态可掬。他的叫卖声并不响亮，而是沉重的、浑厚的、朴实无华。爷爷听到叫卖声，就会往窗下望望，然后右手伸进上衣口袋，掏出一张五角钱的纸币递给我："去，捡一块回来。"

我接过那张紫红色的皱皱巴巴的五角钱，攥在手里，蹬蹬蹬地跑下楼。跑到他面前，把钱递给他。他小心地把豆腐放进我的小盆里，然后冲我嘿嘿一笑。黝黑的皮肤上，汗水微微发光。

我总固执地认为他以后能做个小老板。因为他做得好吃的豆腐、发光的汗水，因为他的朴实、勤劳都是幸福的砝码。

后来，我家搬离了那个院子。而这种贩豆腐的方式也终因农贸市场的兴起而渐渐没落了。一块小小的豆腐终究抵不过时间巨大的轮，他的影子渐渐湮灭在记忆中。

十年的光景匆匆流过。一个天光暗淡的早晨，我看到了那个卖豆腐的小伙子。他那么好认，模样没变，贩豆腐的车也没变。我注视他时，他正靠在车上出神。他的目光呆滞了，不再炯炯有神。而那浑厚有力的叫卖声，再也没有响起。

他难道没有变成小老板吗？原来，他只是一个卖豆腐的小伙子。

一个小孩对一个卖豆腐的小伙子的唯一希冀，终于破灭了。时间是残忍的，很多东西跟着时间轻易地跑掉了，再也不回来。十年后的他，却仍是十年前的模样。仿佛他被时间冻结了，一动不动。

如果时间真的能凝固一切，我希望停留在那个黄昏：盛满豆腐的小盆，紫红色的五角钱，斜斜的夕阳，爷爷苍老而温暖的面庞……

这是学生再次回到生活中去品味生活的习作。她小心翼翼地保留下"豆腐咯、旧五角钱、爷爷"等词汇，借此时长大的"我"的口吻回顾儿时的"我"，再回归现在的自己。从失意的深处读出诗意，从纯净的记忆背后品味出现实的沉重，从时间之变与不变中看出成长的丧失和困惑，那《逝去的叫卖声》就是勘探那个被过往湮没的自己。

这样一来，我们会发现：原来因为"我"在，"你"还在这里。

6　辞达而已矣

新课标在写作语言上并未单独做明确要求，而是散落在各个目标的字里行间，需要我们仔细择选，耐心品味。如"明白清楚"（p. 16）、"文从字顺"（p. 17）、"恰当地表达"（p. 16）等，是要学生在写作过程中"有话好好说"；而像"丰富"（p. 16）、"充实"（p. 16）、"表达力求有创意"（p. 16）等，则是让学生学会"不好好说话"。

"有话好好说"并不容易。中学作文语言表达常被诟病为"学生腔"、"四不像"、"八股文"等。具体表现为"半夜鸡叫"、"机枪开道"、"磕头作揖"和"连介胡闹"等四种现象。探究这四种现象，实质是三种弊病。

代词的泛滥

"半夜鸡叫"、"机枪开道"都是代词的泛滥造成的。所谓"半夜鸡叫"，就是"我、我、我"（喔喔喔）个没完没了，几乎每一段的开始都是由"我"字起头，甚至每个陈述句不提"我"就不知道怎么成句。而"机枪开道"则是任何一个"非自己"的题材都不停地用"他（她）"字来陈述，"他、他、他、他"（嗒嗒嗒嗒）得兴致勃勃，颇似机枪扫射。这样，主语几乎完全被代词代替，单调、僵化的陈述句常常让表达捉襟见肘、力不从心。"我看见……"、"我听到……"、"我感到……"、"我认识到……"等交代式语言让陈述代替了叙述，文字的表现力和感染力被消解得荡然无存。

判断句式的死刑

中学生对下定义情有独钟，且乐此不疲。"是是是"的简单判断似一个毫无主见的奴才"磕头作揖"。高明的定义是允许的，但就大部分中学生的写作程度而言，判断句式更像个"终结者"。比如写母亲，开篇写道"我的母亲是一个勤劳的人"，那么后文内容似乎可以揣测个七七八八，无非是证明母亲勤劳。也就是说，一个蹩脚的判断，让后文的韵味丧失殆尽。

连词与介词的滥用

"连介胡闹"，顾名思义，就是连词和介词过度使用。每次考试有近30%的考场作文开篇都是"当……的时候"、"从……到……"、"在……中"等的介词型排比句式开篇。更有"因为……所以"、"虽然……但是"、"以便""总而言之"等反复出现，看起来逻辑紧凑，实则不懂得语言的留白、跳跃和迭宕之美。语言不鲜活，张力不足。

如果让语言鲜活起来，那么必须让写作者的思维灵动起来。冲破语言的关隘最好的办法就是模仿。模名家之作，仿大家之文，必会事半而功倍。比如马尔克斯的《百年孤独》的开篇这样写道：

很多年以后，当奥卡连诺上校站在行刑队面前，他准会想起他父亲带他去参观冰块的那个遥远的下午。

我们可以这样模仿：

多年以后，当鲁迅创作那篇著名的散文《从百草原到三味书屋》的时候，他才真正意识到这小小的后花园对他那并不快乐的童年意味着什么。

所谓的"不好好说话"其实就是在"条理清楚地表达自己的意思"（p. 16）的基础上，让表达更有创造性，使语言陌生化。

语言陌生化，即突破语言固有的规范，超越语言表达的常规，重新构造语言表述方式，瓦解人们对语言的常规反应，摆脱习惯性思维的制约，使人们即使面对熟视无睹的事物也能够不断有新的发现，从而感受对象的异乎寻常、非同一般。比如我们通常说"时间就是生命"、"文章生动形象"等并不能引起读者的审美关注；如果改为"时间是沙漏里的沙，不会停止。生命的每一个瞬间化作沙子慢慢漏下，堆成我们的冢"、"笔下的山峦像波浪一样呼吸"，则使读者摆脱了审美疲劳，获得艺术享受。

但不管是"有话好好说"，还是"不好好说话"，终极追求都是"辞，达而已矣"。"辞"者，言也；"达"者，及也，通也。写作，不过是借助语言形成精神对话，使你我之间无障无碍，无滞无塞，让心灵直通乎笔纸，令表达直指于心灵罢了。辞达，如此而已。

7　万变不离其宗

课标要求："写记叙性文章，表达意图明确，内容具体充实；写简单的说明性文章，做到明白清楚；写简单的议论性文章，做到观点明确，有理有据；根据生活需要，写常见应用文。"（pp. 16，17）用表达方式代替文体训练是新课标的亮点之一。这就使写作从浮在表面的文体样式深化到了"怎样写"这个写作的根本问题上来。

体有规范而言无定式。无论是记叙性、议论性，还是说明性的文章，如果表达方式掌握的炉火纯青，写什么问题自然也就不成什么问题。

以缩写、扩写和改写为例。课标要求："能从文章中提取主要信息，进行缩写；能根据文章的基本内容和自己的合理想象，进行扩写；能变换文章的文体或表达方式等，进行改写。"（p. 17）简言之：任表达千变万化，但万变不离作者之意图、思想、情感、体验等。

缩写是将内容较多、篇幅较长的文章按一定的要求写成较短的文章。缩写时应忠于原文，不改变原文的主题或中心思想，只是"从文章中提取主要信息"（p. 17）整合成文。

🖊 示例

周瑜知道诸葛亮有才干，非常妒忌，欲除之而后快。

一天，在讨论和曹军水上交战之事时，周瑜让诸葛亮在十天之内造好十万支箭。诸葛亮说："只要三天就行。"并立下军令状。

他向鲁肃借了二十条船，船两边绑上草把，每船各配三十名士兵。三天后他和鲁肃趁大雾逼近曹军的水寨，擂鼓呐喊。曹操派弓弩手尽数向江中放箭，箭如雨下。二十只船一字排开，一度调转船头受箭。船两边束草上排满箭支。

日高雾散，诸葛亮收船回来。周瑜派五百士兵取箭。一条船上有五千多支箭，二十条有十万多支。周瑜只得无奈感叹："诸葛亮神机妙算，我比不上他呀。"

文章的"主要信息"是指核心思想、主要人物和主要情节等。我们围绕周瑜之计与诸葛之谋来筛选、归纳、整合文意，即可完成缩写内容。

扩写与缩写相反，是对原文进行扩展和充实。扩写需要放开思路，展开想象。

扩展写作法是基于扩写基础上的作文片段训练法之一，此法旨在提高写作初学者的联想、想象能力，思维拓展能力和合理创造能力。比如任意给定一个题目，可以是一个词语，也可以是一个句子，让学生用扩展法写作文片段。如：题目为"云"，学生可层层扩展：云—白云—飘浮的白云—飘浮的白云像一只只天鹅—蔚蓝的天空中飘浮着朵朵白云，像一只只天鹅，雪白的羽翼伸展，飞翔在湛蓝的大海上，自由自在，令人浮想联翩。

改写比缩写和扩写在能力上要求更高，改写是在对原文思想内容、人物性格特征和主要故事情节胸有成竹的基础上对文体、语体、人称、句式等方面的改变。改写侧重于改变原作的形式。例如：古诗改写成词，诗歌改成散文，记叙文改成说明文，小说改成剧本，第一人称改成第二人称或第三人称，被动句式改成主动句式等。改写训练实际上是让表达更趋于灵活，让表达方式能够根据具体需要而灵活转换。

缩写、扩写、改写都是对原文本的再创造。但无论怎样创造，都在依循着一定的规律和要求，正所谓"万变不离其宗"。如果说缩写、扩写、改写是"变"，那么原文本的主要内容、主题思想就是"宗"；如果说文体、表达是"变"，那么作者的感受、体验和思考是"宗"；如果说虚构是"变"，那么真实是"宗"。究其本质：法源于道，变不离宗。

8 如切如磋，如琢如磨

课标中有这样两点：①注重写作过程中搜集素材、构思立意、列纲起草、修改加工等环节，提高独立写作能力。（p.16）②根据表达的需要，借助语感和语文常识，修改自己的作文，做到文从字顺。能与他人交流写作心得，互相评改作文，以分享感受，沟通见解。（p.17）

这两点看似自相矛盾，前者要求写作要"独立"完成，而后者又强调写作要交流分享，互通有无。其实不然，在写作过程中，无论前者还是后者的前半部分，都强调写作纯粹是自己的事；而在文章完成后，后者则提出写作不仅仅是作者个人的事。这里不仅把写作者的写作过程分为创作和修改两个部分，还把作品的完成分两个部分：一部分是由作者完成，另一部分由读者参与完成。

"写作过程中搜集素材、构思立意、列纲起草、修改加工等环节"（p.16）由写作者来承担，因为只有写作者自己最清楚所写的文章为什么写，写的是什么和怎么写的。也只有自己能够"根据表达的需要，借助语感和语文常识"（p.17），清楚地知道哪里应该详写，哪里应该略写，哪里言不及义，哪里表里不一，哪里旁逸斜出，哪里表意不足，哪里臃肿冗沓……所以从创作过程和环节来看，写作纯粹是自己的事情。当然，有些人会说，如果写作过程中遭遇瓶颈，难道不可以向他人求教吗？当然可以，但这基本已不属于创作环节，而属于作文评改环节。譬如"推敲"的典故中，贾岛得"鸟宿池边树，僧敲月下门"两句在先，而仅仅是修改环节中"推"与"敲"二字锤炼未定，至于路遇韩愈而定"敲"字更佳则属于韩愈对此诗阅读后的评点修改，而非两人合作。

退一步说，如果非要在写作过程中借助他人的帮助，那后果就堪忧了。比如我们经常听到学生这样说："老师告诉我这么写。"那么，我就会告诉他：问题就在这儿了。因为学生不是老师，孩子不是成人。老师作为成年人，他的感受、体验、经历和思想与绝大部分学生都不大相同，学生复制老师的想法，但不能复制老师的情感、体验、思想等内在素养，所以其作文只能画虎不成反类犬，甚至在不断的复制中逐渐丧失自我。那就无法完成课标所说的"提高独立写作能力"了。

教师的评改只能是参考。好的修改是"根据表达的需要，借助语感和语文常识"（p.17）自主改进。身为作家的教育家叶圣陶先生认为，修改文章首先是自己先去读，读出别扭，读出问题来，然后去修改。应该养成自主修改的好习惯。因为，这是文与意通、气与神合的过程，更是主体性建构的过程。

他人参与写作只能在作品构思前或作品完成后，在作文教学过程中，就是作文指导和心得交流两个环节。

当下中学作文教学，作文指导和心得交流多以教师为主体，学生处于客体地位。作文指导基本上是教师以分析、讲解、引导等方法走进写作命题过程，而心得交流大多时候也都被教师评改和分析范文所取代。这是造成作文教学低效的重要原因之一。

作文指导和分析交流一样，都强调对话性和交流性。对话性是建立在主体性的基础上的，而且对话强调对主体的尊重。苏联著名文艺学家巴赫金认为："思想只有同他人别的思想发生重要的对话关系之后，才能开始自己的生活，亦即才能形成、发展、寻找和更新自己的语言表现形式，衍生新的思想。"①但在传统语文教学复制粘贴的语境中，人成了信息的通道，"听"与"说"不过是通道的两端，我们在其中寻求的不是差异或命题，而是意义的统一或

---

① 巴赫金. 诗学与访谈：陀思妥耶夫斯基诗学问题［M］. 白春仁，顾亚玲，译. 石家庄：河北教育出版社，1998：115.

者标准化的垄断，这就造成了写作教学最根本的问题所在——主体性丧失。

所以，作文指导和心得交流必须建立在充分尊重主体性的基础上。这里的主体包括教师主体、学生主体和文本主体三个部分。这里的教师主体和学生主体不难理解，而文本主体需要一点说明。作品一旦诞生之后，就具有了自己的精神品格和情感特质，成为一个开放又自足的精神体。现在很多学生读不进去经典文本，其实是经典文本具有崇高的精神品质、鲜明的个性特征和自足的价值体系，因为精神差异太大，它们拒绝平庸者的介入，所以与其说我们读不进去经典，不如说经典拒绝与我们对话。文本也是主体，无论其多么强健，抑或是多么孱弱。我们的作文指导和心得交流只有找到并确立这三个主体的本位，才能真正"提高独立写作能力"（p. 17），才能真正"分享感受，沟通见解"（p. 17）。

在作文指导环节中，教师应强调让"大师"走进课堂，学生跟作家去学习写作，从模仿到建构，一点一滴地培养写作能力，教师和学生在这一过程中共同与作家作品对话，从语言到结构，从表达到主题，逐渐深入文本的情感、体验、思想，而参照、内化、建构主体内部的精神世界和情感时空。在心得交流这一环节上，更应注重教师与学生、学生与学生甚至学生与家长等共同走进学生习作，平等地切磋，琢磨，形成真正意义上的精神对话和情感交流，共同完成作品。

经典课例 --

《感觉、感受之开启》教学实录

（执教：田宇）

每次布置作文，我们都怨声载道，常抱怨："写不出来，没感觉啊！"这节课，就让我们找找写作的感觉吧。

第一环节：首先，我们一起做一次极限拓展实验。请大家在 5 分钟内，以词语方式写下自己从家到学校途中所感觉、感受到的。譬如楼房、街道、路灯、车辆、商场、广告牌等，25 个词语为及格，30 个为优良，40 个为优秀。（请一位同学在黑板上书写）

5分钟后，调查学生所写词语数目。表扬善于观察生活、热爱生活的学生，给学生信心，引起写作兴趣。指出数量并不代表质量，数量多并不代表感觉、感受能力强。

继续实验：请同学们把用视觉摄入的词语全部画掉。提问学生还剩下多少词语。调查数目。

继续深入实验：我们感受的词语有多少呢？调查数目。

预计结果：十不存一，甚至一个也没有。

引导学生回到过程中探究其原因。

问题1：我们的笔下的这些词语大部分是什么词性？

名词。

问题2：名词是事物的名称，现在回过头来看这些事物的名字，体会一下，还有我们写下这个词时你想要表现的感觉吗？还有感受吗？

问题3：既然大部分都已不具备了最初的感觉、感受，那么剩下的这些是什么呢？

抽象的概念。这样的写作不可避免地就会概念大于感受。如果将之成文，所写的文章就成了"只有图片，没有时空"，"只有事件链条，没有意义生成"的名词性概念的排列组合。这就是结果消解过程了。

问题4：为什么我们的纸上或黑板上剩下的词语寥寥，甚至"一无所有"了呢？

引导学生反思，自主探究。

（1）作答的思维惯性代替了感觉、感受。

（2）我们把"自己"丢了。

第二环节：回到实验。请同学们选出（或重新写）10个感觉、感受最深的词语，并以词语的方式把我们最深切的感觉、感受放在它们的左边。例如：

高矮不一	楼房
冰凉的	朝阳
呆板的	行道树
……	

写好之后将这些词语连缀成文，可不依照书写顺序安排。（讲台上的同

学写好词汇后，教师示范）

发现问题：这样不是写作，而是在码字。因为这样简单的搭配是一元的、单向的、固定的，不鲜活，少灵性，最重要的是没有灵魂。思维被新的惯性支配，感受被固定的"知识"蒸发。太多的概念，太多的定理，太多的习以为常，太多的自然而然，我们不过是从一个误区走向了另一个误区。

第三环节：将右侧删除，左侧保留。并按照我第一个测试的问题继续丰富感觉、感受。例如：

粗糙、厚实、光滑、圆润、细腻、丰满、黏稠、稀薄、呜咽、呼啸、喧嚣、躁动、嘈杂、焦虑、焦灼、冷淡、冷冽、冷漠、沉着、淡定、难堪、难受、难为情、贫瘠、羸弱、混乱、粗陋、委靡、困倦、忐忑、希望、失望、绝望、无望、笨拙、烦乱、痛苦、熟悉、陌生、明亮而不耀眼、圆润而不腻耳、辛辣而不刺鼻、孤独而不寂寞……

初步去除遮蔽，思维开始辐散，感觉、感受开始不断地生成。

发现问题：反观写出来的词语，这些还是一个个抽象的概念。譬如"痛苦"一词，我们说自己很痛苦，可别人并不一定能感受到我们的痛苦，因为这个词太抽象。

第四环节：将这些词语赋予我们自己第一次最有感觉、感受的一个形象，并通过这一形象把上文的感觉、感受用一段文字表现出来。（请学生上黑板随机选择10个以上的词语，教师据此口头作文示范）

我们所写出的这一文段由于形象要承载诸多感觉、感受，那么必须"能抓住事物的特征"（p.16），必须将事物的特征与内在的感觉、感受交融为一体。于是我们就把握了写作的真谛：感觉、感受只是"自己"内在世界的一角，选取的事物形象不过是"自己"的外化，写这一形象，就是在写自己。

上面四个环节，仅使感觉、感受初步开启。但这还不够，我们还要进一步开启对时间的感觉、感受，使之从线条变为空间；还要感受自然——人类的罪孽与福祉，感受社会——体味关系中的动作；更重要的是要无时无刻不在感受自我——自苦其身而求出离的自己。

【课例评析】

　　这堂课打破了传统的作文教学模式，使作文教学从"命题—训练—批改—讲评"周而复始的低效率、无成果的"景观"中解放出来。此课设计从写作所需的素养和能力着手，从以往"四重四轻"，即"重形式、轻内容；重批改，轻指导；重灌输、轻反馈；重课内，轻课外"的失衡状态中突围出来，符合新课标"能抓住事物的特征，有自己的感受和认识"（p.16）的基本理念。

　　感觉、感受从遮蔽状态一步一步敞开，既体现出以学生为主体的理念，又体现教师的引导者地位。整个教学过程先破后立，层层深入，环环相扣，直指写作的核心——写一切都是写自己。

　　此教学设计对教师要求较高。教师既要对新课标有充分的理解，又要具备写作的基本素养和能力。从教学设计中不难看出，教师首先要对写作教学有丰富的经验感受和独特的心得见解，并形成课程序列，方可驾轻就熟，游刃有余。其次，教师需有写作实践，并在实践的基础上对写作有充分的认识，这才能心有余力，从容不迫。

（孙立权）

口 语 交 际

【课标视点】

得体地交流　表情和语气　应对能力　即席讲话　主题演讲　有针对性地发表意见

【解读概述】

课标在总目标中指出，使学生"具有日常口语交际的基本能力，学会倾听、表达与交流，初步学会运用口头语言文明地进行人际沟通和社会交往"（p.7）。目标从九年一贯的思路出发，整体设计，按四个学段提出了各阶段目标。第四学段，"口语交际能力是现代公民的必备能力。应培养学生倾听、表达和应对的能力，使学生具有文明和谐地进行人际交流的素养"（p.24），这一表述贯穿于口语交际的目标和教学建议中。

课标在第四学段将"学习文明得体地交流"、"耐心专注地倾听，理解对方的观点和意图"、"能就适当的话题作即席讲话和有准备的主题演讲，有自己的观点，有一定说服力"、"能积极发表自己的看法"等作为口语交际的目标，既是现代社会对未来公民的基本要求，也是对"语文课程是一门学习语言文字运用的综合性、实践性课程"（p.2）的具体阐释。无论是有准备的主题讲演，还是无准备的即席讲话，都需要学生具有综合的语文能力，都需要学生亲身进行语文实践的体验。

课标强调"注重语文与生活的联系，注重知识与能力、过程与方法、情感态度与价值观的整体发展"（p.3）。口语交际教学目标，整合了三个维度的要求，彼此渗透，融为一体。"讲述见闻，内容具体、语言生动。复述转述，完整准确、突出要点"（p.17），强调了语文知识与能力的运用。"讨论问题，能积极发表自己的看法"（p.17），"能听出讨论的焦点，并能有针对性地发表意见"（p.17）体现了口语交际重在参与交际的过程。"注意对象和场合，学习文明得体地交流"（p.17），体现了情感态度的导向。口语交际是知识与能力的综合应用和体现，是口、耳、眼、手等多种感官并用的语言实践活动。口语交际能力的提高有利于促进学生的思维发展，为学生的终身学习和生活奠定良好基础。

【教学解读】

1 在学习和生活情境中交际

标准指出，要"鼓励学生在各科教学活动以及日常生活中锻炼口语交际能力"（p.24）。标准强调以贴近生活的话题或情境来展开口语交际活动。陶行知先生曾说："整个社会的活动都是我们的教育范围。"社会、家庭都应是我们进行口语交际的大课堂。为适应学生的自身需要和社会需要，口语交际教学要结合学生的学习、生活实际，多途径展开。

首先要强化语文与生活的联系。帮助学生巧搭口语交际的"舞台"，创设生活情趣语境，选取一些贴近生活的话题，例如"主持活动"、"开展咨询"、"组织座谈"等。

其次要依据教材深化、拓展。把阅读教学、语文综合性学习与口语交际融合在一起。比如，长春版《语文》8年级上册口语交际的"发表议论"。学习课文《孩童之道》，引出话题："就家庭问题，与父母交谈，并提出自己对这些问题的想法"、"对所看过的一部电影、电视剧或参加过的报告会发表你的个人看法"等。这种开放性的话题，开阔了学生视野，体现了大语文教学观。

在进行口语交际教学时，交际情境的设计是值得考量的一个问题。

课标在第四学段"教学建议"中指出，"口语交际是听与说双方的互动过程。教学活动主要应在具体的交际情境中进行，不宜采用大量讲授口语交际原则、要领的方式。应努力选择贴近生活的话题，采用灵活的形式组织教学"。尊重学生个性、创设和谐融洽的、符合生活实际的交际情境，是搞好口语交际的前提。要"重视在语文课堂教学中培养口语交际的能力"，用好教材中的口语交际内容，使学生通过典型话题的实践，积累口语交际经验。

要创造条件，加强学科之间的联系，有针对性地组织开展学习交流活动，给学生增加交际实践的机会。让学生在实践中学会"倾听"、学会"表达与交流"、学会"进行人际沟通和社会交往"、学会与别人"合作"，从而"具有文明和谐地进行人际交流的素养"（p.24）。

在生活情境中引导交际

生活是口语交际的源头活水。在课堂上创设有实践意义的交际环境，直接呈现或者再现学校、家庭、社会生活中的某一事件或某一现象，让学生直接面对；或者走出教室，直接介入生活，以真人为对象，以真事为内容，展开真实的交际活动。这样容易使学生有一种身临其境的感觉，情绪也会变得高涨，参与的主动性就会被激发起来。比如设计一个春节拜年、互相祝贺新年的情境，在教室讲台上贴对联，让学生尽快进入特定场合的特定角色。

在活动情境中进行交际

口语交际教学不能仅仅限于课内，还应拓展到课外，经常组织一些主题鲜明、有趣的活动，让学生在具体的、真实的、特定的情境中，围绕主题进行口语交际，从而提高口语表达的能力。如长春版《语文》8年级上册"人物专访"，首先阅读课本上《人物专访》的相关内容，找出书上有关采访的建议要求。其次，印发材料，介绍几个采访事例。简要分析采访成功与失败的原因。然后观看《艺术人生》中朱军采访歌唱家殷秀梅的视频片段，让学生亲身感受一下现场采访的实例。最后，就校内热点问题进行现场模拟采访。整个活动循序渐进、由浅入深，学生既学习了人物采访的知识和技巧，又进行了采访实践。在整个活动中，学生参与的热情高涨，课堂呈现的效果较好。

2 用表情和语气传达信息

课标在第四学段"口语交际"中指出："耐心专注地倾听，能根据对方的话语、表情、手势等，理解对方的观点和意图。"（p.17）

在口语交际中，教师要注意引导学生通过表情和语气传达信息。

说话者或倾听者应该有意识地通过表情、身姿、手势、目光等非语言因素传递信息，人们把这种交际语言称之为身势语，也可称身体语言。口语交际中运用表情和语气传达信息，可以调动或影响口语交际情绪，启发或引导对方的思路，从而掌握口语交际的主动权。同时，也能使口语交际活动更有效，思想感情的传达更准确丰富。

面部表情是最准确的、最微妙的"晴雨表"。人的各种复杂的心理活动都会在面部表情上活灵活现地呈现出来。心理学家曾做过大量试验，得出的经验是：人们在相互间的语言交往中，通过面部表情所表达的情感要占全部情感的55％，美国公民评论罗斯福的演讲，说他的身体好像一架表现感情的机器，他满脸都是动人的表情。

语气的控制也是有技巧的。利用声音气息的变换可以表达感情色彩。比如用气徐柔表达"爱"，用气足、生硬表达"憎恨"，用气短、声促表达"急促"，用气满、声高表达"喜悦"等。还可以利用语调的平直、上扬、曲折、下降等变化表达陈述、疑问、夸张、感叹等不同的思想感情。语气、语调在口语交际中千差万别，所表达的感情也是丰富多彩的。例如，都德的《最后一课》一文结尾处写道："'我的朋友们啊，'他说，'我——我——'他转身朝着黑板，拿起一支粉笔，使出全身的力量，写了两个大字：'法兰西万岁！'然后他待在那儿，头靠着墙壁，话也不说，只向我们做了一个手势：'散学了，——你们走吧。'"

让学生结合对课文的理解，充分展开想象进行口语交际：针对老师的这一举动，小弗朗士会说些什么，有什么表情和动作。可先让学生们在头脑中再现生活中分别时的表情、话语，或"此时无声胜有声"的动人场面。然后学生们毛遂自荐上讲台表演，他们借用手势、表情、动作、眼神等等，表现对韩麦尔先生的依依不舍之情，体态语言用得恰如其分，国恨离愁之情溢于言表。现场很多人情不自禁地流泪了，场面十分感人。

口语交际中运用身体语言要求自然得体，力戒矫揉造作；同时要求适度、和谐，不能过于紧张；要使体态和言谈协调一致，与说话者和倾听者的心态、情感吻合，呼应听者的愿望，拨动听者的心弦，让言谈更有活力。

3　如何提高学生的应对能力

口语交际能否顺利、有效地进行，最为关键的就是要学会应对。应对能力的培养是口语交际中更高一层的要求。课标指出："口语交际能力是现代公民的必备能力。应培养学生倾听、表达和应对的能力，使学生具有文明和谐地进行人际交流的素养。"（P24）精彩的应对能体现出一个人的智慧和幽默。

把口语交际向社会生活延伸，让学生在社会实践中锻炼自己的应对能力，是学会应对问题的有效途径。在教学中，教师既要把社会生活话题搬进口语交际课堂教学的现场，又要让学生把学会的应对能力运用到社会实践中去，让口语交际从社会生活中来，再到社会生活中去，逐步学会应对，形成口语交际能力。

比如，生活中经常会碰到的购物、接待旅游、指路等问题，可以通过建立模拟场景将之搬进课堂，教给学生基本的应对方法，然后再让学生到生活实践中去运用和体验，从而让学生真正学会如何应对。

我国一直是一个很注重说话艺术的国家，历史上出现过很多精彩应对的故事。像唐雎的不辱使命、诸葛亮的舌战群儒等，都是学生学习应对的经典教材。例如：长春版《语文》7年级上册《晏子使楚》，8年级上册《毛遂自荐》等都是培养学生提高应对能力的生动教材。

在现代社会中，幽默诙谐的即兴应对更是交流过程中必不可少的亮点。重视倾听、表达、应对能力的培养，重视口语交际，才能全面提高语文素养，才能真正地与新课标的"以学生发展为本"的理念相符。

4　话题的选择：有话可说与有话要说

新课标指出："口语交际能力是现代公民必备的能力。"（p.24）话题是培养学生"想说、敢说、乐说、会说"的基础，是在交际情境中把交际双方紧密联系在一起的纽带，是交际双方进行思想交流、情感沟通、观点阐述、议论评判的核心，是实现有效交流沟通的重要前提。可以说，口语交际话题的质量高低直接决定了口语交际课的成功与否。

话题选择要明确，清楚表明话题的主旨，也要集中，这样易于学生把握。更要有较强的交互性，容易形成你来我往的人际互动，学生参与的积极性才能高涨。

贴近生活选话题，让学生有话可说

丰富的日常生活是孩子们永恒的话题，生活是口语交际的内容，它为口语交际练习提供了无穷的源泉。教师要善于引导学生观察生活、体验生活、表达生活。作为教师，要做生活的有心人，关注学生的生活，考虑学生的已有知识和生活经验，从中挖掘学生感兴趣的、能体现时代气息的话题，开启学生思维，让他们有话要说，有话可说，有话能说，能交际、互动起来。

例如，长春版《语文》7年级下册口语交际的"主持活动"。"参考题目"中提到"相信自己，给自己寻找一个机会——今天我来主持××活动"。"建议"里列举了"六一"节庆祝演出活动的主持语，为困难学生募捐活动写讲演词等，都紧密联系学生生活实际，让学生有话可说。8年级上册在学习《孔乙己》《范进中举》后，组织学生改写课本剧，并进行演出。同学们的兴趣被调动起来，背台词，做道具，借服装，所有学生都全身心地投入，师生共同参与，随时解决排练中遇到的问题。教学中，注意充分发挥了学生的主体作用，让学生在亲身体验和实践中，用自己的智慧去解决问题，使他们的口语交际能力得到锻炼和提高。

活用教材选话题，让学生有话要说

语文教科书有关口语交际的话题很多，教学时不一定都照本宣科，而应活学活用，创造性地使用教材，寻找到符合学生年龄特点和实际需要的话题，激发学生的兴趣，让学生有话要说，一吐为快。

关于口语交际，教科书给教师提供的仅仅是一个话题，即说话的引子，让我们由此出发，设计相关情境，进行真实交际行为。因而，我们在教学中不必拘泥于教科书上的范例，要进行必要的话题拓展。例如：长春版《语文》9年级上册口语交际中的"讲解"。教材要求"将自己的家乡介绍给外来人"，可先让学生们围绕家乡的变化做调查，搜集资料，在上课时请他们谈谈家乡的变化。介绍的内容可以是名胜古迹，也可以是家乡寻常的一处风景。说的时候，要有重点，就是要抓住家乡变化最大，给你印象最深的两方面来说。听的同学可以给说的同学做补充，也可以评评哪些地方说得好，哪些地方还可以改进。如采取导游形式介绍，就要带着热爱和自豪的感情，按照浏览的顺序讲清楚，最好能讲出特点。

口语交际课，话题的选择尤为重要，只有当学生有了亲身体验、感受，才能激起学生想表达的欲望，学生有了内心真实的感受，才能说出自己想说的心里话，同时对学生也进行了思想教育。

5 即席讲话："是谁在说"

课标"关于口语交际的评价"中指出："口语交际的评价，须注重提高学生对口语交际的认识和表达沟通的水平。考察口语交际水平的基本项目可以有讲述、应对、复述、转述、即席讲话、主题演讲、问题讨论等。"（p. 31）即席讲话是指在演讲时，"不假思索地说出来"，可以说是一种很高的艺术。同时，它也有很多需要注意的地方。它不是信口开河，不是琐碎地讲些杂乱无章的东西。你必须把所要传递的信息，很有条理地表达出来。所举的例子要能符合中心思想，而且，要在演讲时情绪饱满、思路清晰，有时你会发现这种没有经过事先准备的演讲，其实更活泼、更有力量。

思考可以说是即席讲话中最困难的一部分。即席讲话在某种意义上说其实是"非即兴"的。讲话者在准备参加一个聚会之前，都会花费时间，去分析、研究那个场合的需求。围绕某一主题，进行材料的筛选和组织，以配合时间和现场的状况。

通常来讲，即席演讲的时间都很短，所以要尽快决定你要用的材料，马上进入主题。不要再为措辞伤脑筋，应立刻进入举例阶段，因为来自经验的东西，讲述起来更得心应手，也更容易吸引听众。

🍎 示例 1

《即席发言讲话尝试》

一、布置即席发言话题

1. 王婆卖瓜，自卖自夸；

2. 近朱者赤，近墨者黑；

3. 班门弄斧/狐假虎威；

4. 滥竽充数/异想天开。

二、学生即席发言

学生以小组为单位，各推选一位同学上台发言，每个同学发言不超过 2 分钟。

三、集体讨论评议

讲评时主要就讲话人的表情动作、思维方式和口语特点发表意见，要指出具体的表现。

1. 指导控制紧张心理的方法

紧张畏惧心理经过有目的的训练可以得到控制。可以采用 12 字法，即：心中有数，有备无患，随机应变。

2. 指导进行思维训练

即席发言的构思技巧实际上属于思维方式问题。思维清晰敏捷，构思也就灵活迅速。这就要求我们在即席发言中，要注意进行思维的创新。

3. 归纳口语的特点

口语交际属于情境语言范畴，因此有较强的随意性、灵活性、可变性。我们在进行口语交际时，必须注意用语要通俗、准确、简练、得体。

四、学习即席发言构思技巧

从大家的发言中我们可以看出，即席发言的构思技巧实际上属于思维方法问题。思维敏捷，构思也就迅速。我们应争取多发言，训练自己的思维。

1. 围绕中心，明确观点和态度。

2. 从实际出发，寻找一个切入点。

3. 注意开头和结尾。

即席发言是一种综合能力的表现，涉及一个人能力的各个方面。加强观察、记忆、分析、推理等能力的训练，可以全面提高学生的表达能力。

6 主题演讲：拟提纲与打腹稿

课标在第四学段目标指出，"能就适当的话题作即席讲话和有准备的主题演讲，有自己的观点，有一定说服力"，"注意表情和语气，根据需要调整自己的表达内容和方式，不断提高应对能力，增强感染力和说服力"（p. 17）。

为了使演讲能够达到良好的效果，教师要根据演讲主题和学生的个性，指导学生提前做一些相应的准备，编拟演讲提纲、打腹稿是十分必要的。它是演讲前多种准备工作中的重要一环，也是获得演讲成功的不可缺少的重要因素。

拟提纲就是用文字、符号或图示等形式，简明扼要地展示讲演稿的写作思路。演讲提纲一般包括演讲题目、结构层次、论述要点、典型事例、引文材料以及有关资料等。编列演讲提纲的方法多种多样，没有固定的格式，既可以编写得粗一些，也可以编写得细一些。既可以付诸书面文字，也可以只在脑海里思考，俗话说就是打"腹稿"，这些主要用于即兴演讲之前。

通过编列提纲，可以把"腹稿"的轮廓用文字固定、明确下来，以免写作或演讲时遗忘；同时，还可以对"腹稿"不断加以修改和补充，使整个演讲过程的构思更为周密、完善。很多的写作名家写文章都要打腹稿的。例如，鲁迅先生写文章前要凝思默想。叶圣陶先生写文章时必须想清楚了再写。毫无疑问，写前"凝思默想"，"想清楚"实际上就是打腹稿。实际上，拟定提纲和打腹稿的过程，就是对演讲内容具体构思的过程。它可以为撰写演讲稿或发表演讲提供出有理、有据、有序的纲领、计划和"蓝图"。

例如：长春版《语文》9 年级上册口语交际的"辩论实战场"。"建议"中给出"好孩子的标准就是听话吗？""青少年是否可以崇拜偶像？"两个辩论题目。教师可以将全班同学分成甲乙两方，双方用自荐和推荐的形式选出4 位选手组成代表队，并用抽签的方式决定正方和反方，选出评委和主持人。辩论的双方必须认真准备。要研究对方的论点，分析对方用以支持其论点的事实、道理有哪些，说理过程是否严密、符合逻辑。要把自己一方的论点、论据想清楚，尽量组织得有条理。这就需要事先写成提纲备用，而且最好是卡片式的。辩论时要先把自己的观点阐释清楚，再用心听并分析对方的观点、论据，找出薄弱环节，以便反驳。

7　发表意见：抓住讨论的焦点

课标在第四学段指出："讨论问题，能积极发表自己的看法，有中心、有根据、有条理。能听出讨论的焦点，并能有针对性地发表意见。"（p. 17）在日常的口语交际中，要让学生了解一些听话的原则和技巧，帮助他们养成善于倾听的良好习惯，认真听取谈话的内容，分析出讨论的焦点。能准确地捕捉别人的语言信息，并加以辩证地分析，抓住问题的关键，有意识地注意自己讲话的方式、讲话的条理性，这样才能有针对性地发表自己的意见。

要听出讨论的焦点，先要有谦虚的态度。在倾听之前就认定人家的发言值得自己去听，值得咀嚼、借鉴、思考。富兰克林说过："与人交往取得成功的重要的秘诀就是多听。"态度正确了，必然会集中精力认真听、耐心听。

在听的过程中要对别人发言的内容加以分析，汲取精华，抓住重点，"细心倾听，集思广益"。因此，要一边听，一边动脑筋，去分析判断：发言人讲的主要内容是什么？要表达怎样的观点？他用什么来证明他的观点？据此再进一步分析，发言方讨论的焦点是什么？如何有针对性地发表自己的意见。

在听的过程中还要注意当时的语境，说话者的身势语、语气、语调，从中捕捉到更为完整、准确的信息。如果你是讨论的第三方，听的过程中要找出双方的分歧点和共同点，从而确定焦点所在。

例如：长春版《语文》7年级上册口语交际的"发表意见"。"参考题目"中提到，"通过对《孩童之道》主旨的讨论，我们知道生活中常常会有不同意见的争论，这是正常的，而且是有价值的"。"建议"中列举了"就家中的问题，与父母交谈，并提出自己对这些问题的想法"。"对时下流行的各种文化现象发表自己的见解，谈谈它们对青年学生的影响"。在"要求"中强调，"要注意倾听别人的意见，理解别人的观点和意图。要有热情、能积极地发表自己的看法，要文明地与人沟通"。教师要利用好教材口语交际的内容，多方面挖掘素材，培养学生的倾听和发表意见的能力。结合长春版《语文》8 年级下册《驴和人的新寓言》的教学，就"如何对待别人的议论?"展开讨论，既练习了"抓住讨论的焦点"，又落实了"如何发表意见"。

例如，对于"近墨者到底会不会黑"的问题，学生就会有截然相反的看法。要从同学的辩词中找出问题的焦点：如何对待环境的影响，关键在于主观感受。启发学生用辩证的眼光来看待事物：环境对人的影响固然不可忽视，但要学会能动地适应环境，而不是消极地被环境左右，要善于利用环境中的有利因素，抵御不利因素的影响。

经典课例

讲演会：不忘国耻，振兴中华

(执教者：胡欣)

【总体构思】

依据新课标第四学段 (7～9 年级) 目标中"能就适当的话题作即席讲话和有准备的主题演讲，有自己的观点，有一定说服力"，"注意表情和语气，根据需要调整自己的表达内容和方式，不断提高应对能力，增强感染力和说服力"的要求，进行一次主题演讲，使学生了解演讲的基本要求，并能初步进行主题演讲，提高学生逻辑思维能力和听说能力，培养学生自信、大方的气质。

【活动设计】

在教师的引导下，学生列出演讲提纲，并依据提纲合理地组织语言，进行演讲实践。通过听名家演讲、独立准备、小组演讲、上台演讲、同学点评、教师点评等环节，对"主题演讲"进行全面的体验，达到提高演讲水平和语言表达能力的目的。

【活动准备】

教师准备：

1.《南京》录像一段。

2. 歌曲《七子之歌》录音带。

3. 闻一多的《最后一次演讲》的录音及文字稿。

4. 一份演讲评议表。

学生准备：

1. 搜集有关资料。

2. 列一个简单的演讲提纲。

【活动过程】

一、导入

（一）欣赏音乐

1. 播放《七子之歌》，会唱的同学跟着一起唱。

（设计说明：用这样一首耳熟能详的歌曲导入新课，课堂的气氛比较活跃）

2. 师：同学们，你们知道这首歌曲的词作者是谁吗？（学生自由回答）

3. 师：（出示闻一多图片）这首歌曲的词作者就是我国著名的诗人、学者、演讲家和斗士闻一多先生。闻一多是有骨气的中国人的代表，因为他"拍案而起，横眉怒对国民党的手枪，宁可倒下去，不愿屈服"，他在李公朴追悼大会上发表演讲后遭特务枪杀。他的死使整个昆明为之震惊，使整个中国为之愤怒。虽然闻一多倒下去了，但是《最后一次演讲》中那民主自由的呼声却长久地回荡在中国人民的心中。同学们，想听听闻一多先生的最后一次演讲吗？

4. 给学生发《最后一次演讲》文稿，课件播放《最后一次演讲》录音。

5. 师：听了《最后一次演讲》，你有什么感受？

（引导学生自由发言，可以从演讲的形式、内容，演讲者的情感、动作等各个方面发表见解）

（二）列举名家

师：同学们，说起口才，我们就会想起古今中外涌现出的一大批能言善辩的雄辩家，这些杰出的口语艺术家们不单为我们留下了宝贵的精神财富，甚至引领了人类精神文明的历史。如我国古代的孟轲、晏子、墨子……近代的严复、孙中山、李大钊、萧楚女……外国的马克思、恩格斯、华盛顿、林肯……因此，有人说当今世界有三大武器，即原子弹、电脑和口才，"一言可以兴邦，一言亦可误国"更是说明了口才的重要性。作为口语中一项非常重要的内容——演讲，历来被各行各业的人们重视。今天，我们口语交际课的内容就是演讲。

这节课，我们将以"不忘国耻，振兴中华"为主题，展开一场演讲比赛。

（设计说明：学生第一次从教材中接触到演讲这种口语交际形式。安排这一环节的目的在于让学生对演讲有一些感性的认识。同时，闻一多的故事也是和本单元教学主题相吻合的内容）

二、激发情感，完善提纲

1. 观看录像

师：闻一多先生横眉怒对国民党的手枪，宁可倒下去，不愿屈服；狼牙山五壮士不甘被俘，纵身跳下悬崖……他们是中国人的骄傲。但是，在中国近代史上，也有圆明园被英法联军毁于一旦、南京30万同胞血流成河的屈辱历史。今天，老师就给大家带来了一段录像。（观看纪录片《南京》片段）

（设计说明：演讲必须有激情。本环节，教师在联系本单元学习主题的基础上，让学生了解南京大屠杀这一历史事实，能唤起学生的爱国热情，激发痛斥侵略者的愿望，为后面的演讲做好铺垫）

2. 畅谈感受

（设计说明：口语交际是在特定的环境里产生的言语活动。这种活动离开了特定的环境就无法进行。因而在教学时，精心创设符合生活实际的交际情境，容易使学生有一种身临其境、似曾相识的感觉，情绪也会因之而变得高涨起来）

3. 交流演讲提纲，丰富演讲素材

（1）师：旧中国曾饱受帝国主义的侵略，有着许多苦难与屈辱的故事。课前，你搜集到了什么资料？准备从哪几个方面、用哪些事例把你的想法表达清楚？请以四人小组为单位交流一下吧。

（2）学生交流搜集到的资料，以及课前撰写的演讲提纲，相互启发，开拓思路。

（3）在此基础上，完善各自的演讲提纲。

（设计说明：交流课外搜集的资料，既丰富学生的见识，又给学生创设

了一次人人参与的交际机会)

三、小组试讲，推荐比赛

1. 师：一段又一段耻辱的历史让我们义愤填膺，作为一名中国人，一名成长在红旗下的少先队员，你觉得怎样才能振兴中华呢？请你以"不忘国耻，振兴中华"为主题，发表你的观点吧。

2. 组内试讲，各组由一名组长主持，轮流演讲，并组织小组成员依据"演讲的基本要求"对每一个演讲的同学进行评议或提出改善意见，教师巡视指导。如，可引导学生恰当地运用手势、表情来配合演讲，增强演讲效果。

3. 自荐与小组推荐相结合，参加班组比赛。

(幻灯显示：演讲的基本要求)

1. 气质大方而自信（没有自信就无法让他人信服）。

2. 语言流利而清晰（语不清晰意难明）。

3. 主题集中而明确（主题散，阵脚乱）。

4. 情感投入而真诚（没有感情就没有投入的听众）。

评议表如下：

姓名：

评议项目	优 秀	较 好	一 般	较 弱
气质				
语言				
主题				
情感				

(设计说明：试讲只是一个载体，本环节的重点应落实在评价上。要鼓励学生积极参与评价，深化对演讲这一表达方式的认识)

四、班级演讲，评选优胜

1. 演讲者按一定顺序上台演讲，师生对演讲情况共同评议。

2. 在演讲过程中，教师对听众提出要注意的事项，如要有礼貌，听时注意力集中，听完以后要热情鼓掌。

3. 评选最佳演讲者。

（设计说明：这个环节是本课的结尾，也是高潮。口语交际是一个听说互动的过程。学生代表在全班演讲，对学习表达起到示范的作用；而对观众提出相应的倾听要求，则培养了他们做一名合格的演讲听众的意识）

【课例评析】

本堂课是演讲中的命题演讲，教师未就演讲概念进行阐释，而是创设情境，让学生直接体验和实践，在具体情境和实践活动中获得演讲的感性认识，形成演讲能力。

教师充分创设了演讲氛围，唤起了学生的演讲欲望，并充分调动了学生的主动性、积极性，在一定程度上提高了学生的演讲水平和语言表达能力。

（朱雪莉）

综合性学习

【课标视点】

    文学活动　研究活动　调查访问　查找与引用资料

【解读概述】

    《义务教育语文课程标准（2011 年版）》明确指出：语文课程应"致力于培养学生的语言文字运用能力，提升学生的综合素养，为学好其他课程打下基础"（p.1），"为学生的全面发展和终身发展打下基础"（p.1）。综合性学习是语文课程中不可或缺的一部分。课程标准要求学生"能主动进行探究性学习，激发想象力和创造潜能，在实践中学习和运用语文"（p.6）。在前三学段综合性学习的基础上，第四学段强调学生的自主意识和合作学习。如要求学生"自主组织文学活动，在办刊、演出、讨论等活动过程中，体验合作与成功的喜悦"（p.17）。同时要求学生关注生活，开阔学习视野，并能就共同关注的热点问题，"搜集资料，调查访问，相互讨论，能用文字、图表、图画、照片等展示学习成果"（p.18）。在前三学段基础上，更科学地掌握查找、引用资料的方法，并能够"分清原始资料与间接资料的主要差别，学会注明所援引资料的出处"（p.18）。

    综合性学习是将语文与生活切实结合在一起的最主要的环节。综合性学习中的很多内容都是语文综合能力的体现，如学生自主办报是建立在广泛阅读、大量积累基础上的，如"课程总目标"中的相关要求："能阅读日常的书报杂志，能初步鉴赏文学作品，丰富自己的精神世界"（p.7）。综合性学习重在培养语文实践能力，如自主查阅资料、搜集整理信息的能力，如"课程总目标"中的相关要求："学会使用常用的语文工具书。初步具备搜集和处理信息的能力，积极尝试运用新技术和多种媒体学习语文"（p.7）。可见，综合性学习凸显了语文学科的工具性特征。

对于学生而言，综合性学习是从语文的视角关注社会生活的良好契机，所以教师在教学中，应该为学生留有充分空间，例如组建形式多样的学生社团——报社、剧社等，定期开展活动，展示成果，注重过程，营造空间。教师要协助学生搭建社团平台，进行指导。综合性学习不是语文课程的附属品，而是形式灵活的构成要素。

【教学解读】

1　办刊：构建精神家园

语文综合性学习意在"加强语文课程内部诸多方面的联系，加强与其他课程以及与生活的联系，促进学生语文素养全面协调地发展"（p. 5），要求学生"能主动进行探究性学习，激发想象力和创造潜能，在实践中学习和运用语文"（p. 6）。要让学生"关心学校、本地区和国内外大事，就共同关注的热点问题，搜集资料，调查访问，相互讨论，能用文字、图表、图画、照片等展示学习成果"（p. 18）。由此可见，课程标准要求学生具有开阔的视野和主动的人文关怀；要求语文教学具有时代感，与生活紧密结合，不局限于教材，引导学生自主探究，建构属于自己的精神家园。

示例

文学报社成立启动①

【活动目标】

1. 通过办报的形式，丰富学生的语文学习。

2. 引导学生在与文学有关的领域做深入研究。

3. 提升学生搜集信息、整理信息、关注生活、用文字表达生活的能力。

【活动准备】

全班分成若干学习小组，每个小组合作完成一期文学手抄报，自拟报刊

---

① 本示例作者：龙燕。

名称，设置5个栏目并命名。为班级报社拟定名称。

【活动环节】

一、了解报纸的特点

1. 交流平时读报中最喜欢的报纸名称、报纸栏目，说明理由。

2. 根据交流，明确一份报纸优劣的评价标准。

二、组建班级的报社

1. 拟定班级报社名称。一个报社的名称应能够代表创立报社的目的，体现办报宗旨，并能够得到同学们的普遍认可。将各组推荐的报社名称写在黑板上，并由学生简述名称的寓意。全班投票，选定名称。

最终选定的名称为"汀语报社"，意为报社是班级语文学习一块小小的自主空间，报纸将是同学们接触文学的一块小洲。同时明确每周出刊，刊名"汀语周报"。

2. 选定栏目内容及名称。由各小组介绍自己的手抄报栏目划分，全班从中选取感兴趣的栏目入围班级报纸。

3. 公布报社招募启事并拟定组织机构。将报社各岗位职责及分工向同学们加以通报。如：社长（负责发行统筹）、主编（负责内容质量把关）、栏目编辑（负责撰写及统筹稿件）、美术编辑（负责根据内容设计版面及配图）、记者（负责采访）等等。

4. 报社成员申报。

从整体设计来看，本次活动达成了如下目标：①激发全体学生参与创刊的兴趣，并参与其中。②帮助学生了解办刊流程。③为报刊风格定位，使之符合学生的审美标准。④扩展语文学习自主空间，激发自主学习兴趣。

2　读书报告会：与智者对话

课程标准在"课程基本理念"部分指出："学生是学习的主体。语文课程必须根据学生身心发展和语文学习的特点，爱护学生的好奇心、求知欲，鼓励自主阅读、自由表达，激发他们的问题意识和进取精神"（p.3）。

在"课程设计思路"中也阐明,"语文课程应注重引导学生多读书、多积累"(p.4)。要引导学生养成在生活中读书的习惯,在阅读中思考的习惯,为学生搭建读书交流的平台,树立读书榜样、分享读书体会、体验读书乐趣。

读书报告会作为以学生为主体的语文综合性学习模式,无疑是初中语文教学中达成相关课程要求的有效手段。教师在操作的过程中应给予跟踪指导,如事先引导学生科学地选择阅读内容,规定读书报告会召开时间(可根据阅读内容而定,如果是长篇文学作品,报告会周期设定为半学期或一学期一次即可),指导学生选取读书报告的中心话题(以便形成独立而深入的思考,避免无限发散),在报告会上适时点评等。教师也可尝试与学生共同阅读,与学生碰撞交流,并起到示范引导的作用。

示例

走近文学名著①
——文学名著读书报告会

【活动准备】

1. 教师准备

(1)指定学生阅读的名著书目:《西游记》《水浒传》《三国演义》《红楼梦》。

(2)规定学生需完成的时间:一学期。

(3)确定报告会呈现的具体形式:读书笔记、编演剧本、朗读精彩片段、说书、快板。

(4)根据学生的阅读兴趣,将阅读同一名著的学生划分到一个小组。

2. 学生准备

(1)按照教师指定的名著书目,充分阅读。

(2)在规定时间内完成阅读内容。

---

① 本示例作者:付颖。选自长春版语文教师教学用书(修订版)八年级下册。

（3）根据教师给定的形式呈现读书效果。

【活动目标】

1. 激发学生阅读兴趣，增加学生阅读储备。

2. 提升学生语文素养，丰盈学生心灵空间。

3. 锤炼学生思考深度，培养学生思辨能力。

【活动重点】

充分阅读、运用不同形式呈现读书效果；动笔写作，表达读书收益。

【活动难点】

话题拟定，形式确定，彼此间激活，形成互动。

【活动过程】

一、明确实践主题，导入实践活动

一部名著，包含永恒的主题和经典的人物形象，具有较高的艺术价值和知名度，它历经时间的洗礼，却永远像一颗珍珠一样闪着耀眼的光芒，让一代又一代的读者捧读回味。我们在阅读经典的历程中，涵养气质，厚重文学底蕴，丰盈精神之旅，获取人生智慧。

二、课堂交流，达成综合实践活动

（一）在表演中再现

通过不同形式再现经典情节，一方面体现阅读者对作品的理解，另一方面也让没有读过作品的学生了解作品内容，这样才能够形成报告会上的碰撞。

1. 朗读再现。选择经典段落，声情并茂朗读，在朗读中体会作品，加深对作品的理解。

2. 表演展示。选择经典情节编演课本剧，在表演中玩味作品，加深对作品的理解。

3. 评书。学生模仿说书人口吻，讲述书中经典情节。

4. 快板。将名著语言变成快板语言，生动鲜活演绎作品。

（二）在积累中品味

名著具有较高的艺术价值，它们精湛的表现手法是后世创作的典范。学生在推荐经典段落的过程中，加深了对作品写作特色的体验，学习了写作方法，提升了个人创作的能力。

1. 经典语句

2. 经典段落

（三）在交流中感受

学生结合作品可从创作背景、人物形象、主题思想、写作特色等方面谈个人的阅读收获，表达对作品的个性理解。在交流的过程中鼓励作者和听者之间形成碰撞，激发对作品的深层思考。

（四）在旋律中体验

通过感受名著中的主题曲进一步感受名著，在旋律中激发学生对作品的进一步理解。

三、综合实践练笔

高尔基说："书是人类进步的阶梯，终生的伴侣，最诚挚的朋友。"莎士比亚说："书籍是全世界的营养品。"伏尔泰说："读书使人心明眼亮。"古罗马菲得洛斯说："书具有两种功能，一是为人们带来乐趣，二是教导智者如何生活。"任何一个人的成长都离不开好书对我们的教育。为纪念4月23日世界读书日，班级将举办文学名著读书报告会。会上，同学们可以畅所欲言，交流初中生活中自己的读书收获，以及对读书的独特思考。如果你准备上台发言，你想谈些什么？请用简洁流畅的语言写出你发言的内容。不少于100字。

本示例活动目标明确，流程设计充分，形式多样，既有表演再现又有理性交流，结尾的综合实践练笔的设计，将学生的思考呈现在文字表达中，有助于学生写作能力的提升，切实有效地达到了综合性学习的目的。同时，形式的丰富性能够激活学生的读书兴致，全方位体现学生的读书成果。但在设计中应重点展现学生在阅读中的感受，减少在形式上下的工夫。另外，教师给定的阅读书目过多，容易形成学生交流上的障碍。

3 表演戏剧：体验人生的舞台

课标要求"学生能够通过组织文学活动、演出等活动过程，体验合作与成功的喜悦"（p. 18）。表演戏剧是新时期语文多元化教学模式的有效尝试手段。

进行戏剧表演的剧本可有如下选择：教材中选取的经典戏剧篇目；对文学作品进行改编；另外也可组建学生戏剧社团，阅读国内外经典剧作，尝试排演创作。

"综合性学习应突出学生的自主性，重视学生主动积极的参与精神，主要由学生自行设计和组织活动，特别注重探索和研究的过程，要加强教师在各环节中的指导作用"（p. 25）。戏剧表演是实实在在的"用"。它要求学生对课文有正确的感知，深刻的理解，对剧本有大胆的发挥和较强的记忆，它可以帮助学生把书面文字转换成适合于舞台的口头语言、形体动作，变单一的课本知识为灵活的演出实践；同时要求学生发挥想象，培植情感，磨炼毅力；还要求学生有很好的相互协调与配合的能力。表演戏剧，不仅可以培养听说读写的语文能力，而且是培养学生活动组织能力、创造能力和良好品质的有效途径之一。

通过戏剧表演，可以让学生亲近文学作品，感受百味人生，让学生的思想见地、社会阅历、思维水平和良知水准得到长足发展，让语文课成为体验人生的广阔平台。教师应重视领会，积极实践。

示例

《聪明人和傻子和奴才》课本剧排演①

【活动目标】

1. 通过排演课本剧，加深学生对作品的深入理解。

2. 通过排演课本剧，培养学生的创造性和想象力。

———————————

① 本示例作者：王琳。

3. 通过排演课本剧，激活学生语文学习的热情。

【活动准备】

1. 多媒体观看话剧表演视频，如《雷雨》等，了解基本的表演原则。

2. 个人充分阅读，通过查找资料等形式形成个人对作品的理解。

【活动环节】

1. 将有兴趣排演课本剧的学生组成小组，小组成员对作品进行交流，形成统一的看法。

2. 确定编剧、演员、舞台音效、服装道具等分工。

3. 剧本创作后进行排演，教师指导，反复推敲，随时修正。

4. 课本剧表演。

本示例能够通过精心创设教学情境，激发学生的自主学习，进而激发学生对于文学作品主题的理解。活动中的分组，利于不同性格学生的多元理解，而后的加工能够使活动成果得以发展和应用，提升学生语文学习的素养。这样，可以不断充实教学过程的信息，扩展学生的视野范围和知识储备。

4 "焦点访谈"：解读现实生活

课程标准中要求学生应"关心学校、本地区和国内外大事，就共同关注的热点问题，搜集资料，调查访问，相互讨论，能用文字、图表、图画、照片等展示学习成果"（p. 18）。"综合性学习应贴近现实生活。联系生活中的实际问题开展学习活动，在实现语文学习目标的同时，提高对自然、社会现象与问题的认识，追求积极、健康、和谐的生活方式，增强抵御风险和侵害的意识，增强在与自然、社会和他人互动中的应对能力"（p. 24）。

语文教学脱离社会生活，追求升学率，限制了学生的社会触觉和现实思辨。"家事国事天下事事事关心"，教师应指导学生了解、感受社会风貌，思辨现实生活，促进学生心智发育、认知水平和道德责任意识的提升。

教师应引导学生关注报刊媒体、网络平台、书籍文案，聚焦社会热点，并通过读报时间、时事评说、校园广播、学生社团、热点辩论等多元模式，引导学生在了解的基础上，形成个人观点，对社会现实生活的现象和本质形成口头和书面的解读能力，促成学生语文综合性学习的实践能力。

🍎 示例

建立时尚的标尺①
——流行文化现象调查

【活动目标】

1. 调查中学生热衷的流行文化现象，分析不同年龄段的差异。

2. 指导完成调查报告，培养搜集整合信息能力。

3. 引导交流思辨，提倡关注高雅的流行文化。

【活动重点】

明确调查方向，采取多种方式得出结论。

【活动难点】

广泛征集调查对象，运笔形成实践作品。

【活动过程】

一、交流背景材料，导入实践活动

你知道当前最流行的网络文学、歌曲和动漫吗？你知道"萌"、"PK"和"穿越"的意思吗？你了解 QQ、BBS、BT 和 FTP 这些上网不可缺少的工具吗？你知道"微博"、"播客"和"威客"的用途吗？这些都是当今非常流行的网络文化。在网络中，数字、符号和语言往往都有新的含义，并且作为一种流行文化正在被大家传播着。你怎么看待这种文化现象？你所热衷的流行文化又是什么？

二、前期调查，了解当代中学生所热衷的流行文化

1. 调查目的：走近中学生日常生活，了解中学生所热衷的流行文化以及对流行文化的理解。

2. 调查对象：本校初中各学段学生代表或利用网络平台征集调查对象。

---

① 本示例作者：王琳。选自长春版语文教师教学用书（修订版）九年级上册。

3. 调查方式：

①代表问卷调查、校园网征集信息、"小记者"访谈，也可利用"百度知道"进行网上调查。

②与兴趣、爱好不同的同学组成调查小组，这样有利于调查活动的开展。

4. 调查内容：

划分调查小组，教师指导，选择参考选题。

①中学生对流行文化的理解。

②中学生感兴趣的流行文化。

三、汇集资料，形成报告，分析初中生关注的流行文化现象及对流行文化的看法

学生以小组为单位，搜集整合数据，课堂上汇报调查结论。

调查方向一：中学生对流行文化的理解

30%左右的同学认为流行文化是大众文化，70%左右的同学认为流行文化是新兴事物。这说明流行文化早已融入了青少年的生活。

调查方向二：中学生感兴趣的流行文化

1. 不同性别青少年对待流行文化现象的差异

女生比男生似乎更易于热衷流行文化。调查显示，有84%的女生在"你喜欢或比较关注哪些流行文化现象?"的调查中选择三项以上，而男生的比例为75%；普遍来说，女生对"网络流行语"更为敏感。调查显示，有76.7%的女生听说过或使用过至少五项网络流行语；而男生的比例则为69.2%。

2. 不同年龄段青少年对待流行文化现象的差异

随着年龄的增长，对品牌的追求更为强烈。调查显示，在对"'名牌就是时尚'的态度"调查中，高年段同学的赞同率达到了47.9%，而低年段同学则只有25.6%。高年段的同学对明星有着更为清楚的认识。在对"你认为值得崇拜的'明星'，首先应具备的条件"的调查中，高年段同学选择"漂亮英俊"的只有28.4%，而低年段同学的比例则达到51.3%。

四、整合结论，思想交流，引导关注有品位的流行文化，动笔形成作品

1. 交流主题——"在诸多流行文化中，作为中学生应如何选择?"交流活动成果，讨论调查中发现的问题，指导学生关注有品位的流行文化。

2. 根据调查与讨论，完成综合实践作品。

流行文化是一种时尚，在现实生活中，它是人们精神生活的阳光、空气和水。一部分流行文化经过沉淀会转化成经典文化。作为初中生，应关注积极健康、有思想品位的流行文化，抵制平庸、浮躁的文化。目前，你对哪种流行文化最为关注？请把它推荐给你的老师和同学。不少于100字。

本示例从学生关注的社会热点问题入手，重在通过调查问卷的形式了解当代中学生热衷的流行文化，并针对问卷结果进行交流和研讨，使学生在充分占有客观数据的基础上形成理性的分析，提升了学生的思考力以及思辨能力。美中不足的是，在活动的环节设计上还可以更合理一些。

5　研究活动：自主、合作、探究的平台

课程标准指出："综合性学习应突出学生的自主性，重视学生主动积极的参与精神，主要由学生自行设计和组织，特别注重探索和研究的过程，要加强教师在各个环节中的指导作用"（p. 25）。从课程标准中我们可以看出，综合性学习重在发挥学生学习的主动性，使其在活动中通过研究、探索，进而主动获得知识。在综合性学习中应开展各种各样的研究活动，为学生搭建自主、合作、探究的平台。

从初中语文综合性学习实际情况，教师的观念依然没有转变：为了不耽误授课进程，未能给学生充分的准备时间，甚至越俎代庖，将本应由学生来完成的任务自己包办。课上的小组讨论、学生发言，不过是换了形式的"满堂灌"，学生并没有成为综合性学习的主人，依然是被动的接受者。在这样的授课模式下，学生的学习能力根本得不到提升，综合性学习流于形式。

综合性学习活动中，教师应转变角色，成为指导者、促进者和参与者，而不是决策者和组织者，根据学生活动的实际需求，提供必要的帮助，如设计研究主题，调整研究方向，参与研究计划，帮助创建交流平台。

南腔北调正方言[①]
——推广普通话活动

【活动准备】

1. 教师准备：设定探究方向、交流主题。

2. 学生准备：

划分研究小组、搜集方言资料；调查普通话推广情况（以下简称推普），形成个人观点。

【活动目标】

1. 了解汉语方言演变历程，体会方言地域文化根基。

2. 关注方言差异对普通话的影响，从中寻找正音规律。

3. 寻求与推普的融合点，感受中国语言文字多元魅力。

4. 培养学生搜集资料、整合信息和思辨表达的能力。

【活动重点】

搜集资料、了解方言差异；动笔写作，倡导推普价值。

【活动难点】

寻求规律，理解语言规范的文化价值与时代意义。

【活动过程】

一、前期预设，设定探究方向

选择主题——

1. 表演展示。搜集某一地区典型方言，并尝试歌曲、谚语、戏曲等多种方式展示。

2. 资料分享。搜集整理信息，初步了解我国七大方言区的形成和发展历史。

3. 调查研究。调查当地人说普通话时的不标准字、词读音，进行分类统计。

4. 设计表格。根据研究，以某地方言为例，设计正音、正意统计表，归

---

① 本示例作者：王琳。选自长春版语文教师教学用书（修订版）八年级上册。

纳规律。

二、课堂交流，达成综合实践活动

（一）走近方言

1. 表演展示。初步感知方言差异、地域文化差异。

例：

①歌曲　《男儿当自强》（粤语）、《爱拼才会赢》（闽南语）、《兰花花》（陕北方言）……

②戏曲　黄梅戏《天仙配》、豫剧《花木兰》、东北二人转、陕北秦腔……

③谚语　迟干不如早干，蛮干不如巧干。　船破有底，底破有帮。（天津谚语）

④口语。

天津口语

局气——过于斯文、不自然。"随便点儿，不是外人，别那么局气。"

绝门儿——把话说绝，把事情做绝，不留余地，不留情面。

卷边儿——狼狈不堪。"老孙怎么越过越卷边了。"也作"卷子"。

2. 资料分享。了解汉语方言演变历程，体会方言地域文化根基。

小组探究——

①中国有哪七大方言区？分布情况和如何？你所属的地域属于哪一方言区？

②交流分享方言历史演变故事。

③从特色方言看地域文化。

3. 调查研究。调查当地人说普通话时的不标准字、词读音，进行分类统计。

4. 设计表格。根据研究，以某地方言为例，设计正音、正意统计表，归纳规律。

（二）推广普通话

1. 概念界定

普通话即现代标准汉语，又称国语、华语。其称呼与定义因地而异，但均以北京语音为标准音，以北方话为基础方言，以典范的现代白话文作品为语法规范，是通行于中国大陆和香港、澳门、台湾、海外华人居住区的共同语言，并作为官方、教学、媒体等标准语。

2. 班级讨论交流

讨论话题：中国地域辽阔、文化繁荣，在全国范围内推广普通话具有怎样的时代意义和文化价值？

观点采撷：

①普通话是我国的通用语言，是我们的全民共同语，是全世界华人进行交际的工具。

②推广普通话可以促进全民交际畅通，为全民进行顺利的交流打开一个通道。

③推广普通话可以促进政治和谐、经济发展、文化繁荣。

④推广普通话，营造良好的语言环境，促进人们交流、商品流通，培育统一的大市场。

⑤推广普通话可以提高我们的民族意识，增强民族自豪感。……

（三）综合实践练笔

国务院批准，每年9月第三周是全国推广普通话宣传周。请为"推广普通话宣传周"拟订活动宣传语。

本示例为学生的自主、合作、探究学习搭建了良好的平台，充分体现了教师指导、学生自主研究的特点，教师设计的选题有助于调动学生研究的自主性，形成学生合作探究的意识。学生合作搜集方言，并通过对方言的研究，了解了方言的特点及它们所承载的地域文化；学生对推广普通话的意义和价值的探究，加深了学生对推广普通话工作的认知。

6 查阅资料：感受学术精神

课程标准在综合性学习的课程目标和内容中提出："掌握查找资料、引用资料的基本方法，分清原始资料与间接资料的主要差别，学会注明所援引资料的出处"（p. 18）。这一内容旨在明确综合性学习过程中不仅要"授之以鱼"，更要"授之以渔"，给学生以方法上的指导。

查阅资料是学生学习语文的重要途径。学生如果能够掌握查阅资料的方法，就可以独立解决语文学习中的很多问题，进而增强学生主动学习的能力，提升学生的思考力。学生在查阅资料过程中涉猎的知识要比教师的讲授更丰富，学生可从中感受到学术精神，培养其公正客观、严谨求实的行事作风。

在科技飞速发展的时代，信息获得越来越便捷。指导学生如何从多元的信息渠道选择有价值而可靠的信息，是综合性学习值得考量的问题。

示例

走近学术名人，感受学术精神①

活动目标：指导学生查阅资料的方法，通过查找学术名人，感受他们身上具有的学术精神。

【活动准备】

教师准备：给出学生要查找的学术名人：辜鸿铭、王国维、梅贻琦、陈寅恪

给定查找的方向：人生经历、个性特点、典型故事、治学成就

学生准备：按照教师的要求查找四位名人资料

【活动环节】

一、了解学生查阅资料的方法

1. 网络文库

2. 网络论坛

3. 个人博客

4. 报刊书籍

5. 影音视频

二、交流四位名人的事例，感受学术精神

1. 追求自由的个性

———————————

① 本示例作者：付颖。

2. 热爱民族的情怀

3. 敢于质疑大胆创新

4. 细致严谨的作风

5. 自主的意志，独立的精神

三、结合资料以及彼此交流，学生动笔创作一段文字，表达对这些学术名人的敬仰之情

本示例重在引导学生在查阅资料的过程中获得对学术名人的直观感受，教师的准备做得很充分，对学生的查找方向做了明确的指导，结合查阅资料探讨学术精神内涵的环节设计也将学生对学术名人的感性认识上升到理性思考。整个案例充分发挥了学生在学习中的主导作用。

经典课例 ┄┄┄

《读报示范课》教学实录①

（执教：余映潮）

师：今天我们上一节读报指导课。我们用的报纸是《语文报》初中版8年级第20期，这是人教版教材配套用的报纸。这节课，我们的主题是"学会用报"。

师：我们先来进行第一次学习活动，活动内容是"简说"——"简单地说"，话题是：请同学们自由地举例——当然是这份报纸里的例子——用一句话说一说你所选的这篇文章有什么用途。开始浏览你手中的报纸，快速地选中一篇，然后说说它的用途。

生：比如这里的《"和"字10说》可以让我们从感性的角度全面了解"和"字的含义。

师：对，了解"和"字的含义，会增加我们的知识积累。

---

① 王剑平. 余映潮"读报示范课"教学实录与评点［DB/OL］.（2009 – 08 – 10）［2012 – 06 – 17］. http://www.zhyww.cn/teacher/chuzhong/yuedu/200908/24812_ 3. html.（有删改）

生：《"和"字 10 说》使我们了解了"和"是什么意思，"谐"是什么意思，了解了"和谐"这个词，可以增强我们的团结精神。

师：嗯，从中得到了一定的感悟。

生：《我依然懂您》介绍了孟浩然、李商隐和杜甫的背景知识，体现了三位诗人的追求和理想，让我们更加懂得诗人的追求和理想。

师：概括得多么好。一篇很长的选文，她对文章的写法和内容进行了总结，这就可以锻炼我们的概括能力。

生：我觉得《我依然懂您》这篇文章既让我们领略了描写的美丽，学习了描写的方法，又提高了我们的作文水平。

师：对，描写和抒情的方法，以及展开想象的角度，给我们的写作以启迪。大家说了这么多，我来简单地小结一下。语文类的报纸或者杂志，特别是适合我们中学生用的文章，它们大约有这样一些用途：用于开阔视野、用于陶冶情操、用于知识积累、用于规范表达、用于阅读指津、用于指导写作、用于诗文欣赏、用于思维训练，还可以让我们休闲地阅读等等。

师：好，下面看我们的第二个学习活动——实践。在老师的指导下，你们来学习一点用报的方法。我们的学习内容是选例，由老师来选，让大家一起来了解《语文报》文章的用途。

师：请大家把视点移向第一版的《"和"字 10 说》。现在拿起你们的笔，把这 11 段话的中心句画下来。什么是中心句呢？就是一段话中总说的内容，比如第一段，"和是'和谐'"就是中心句。以此类推，下面各段第一句的四字短语都是各段的中心语，后面的内容都围绕它而展开。怎么朗读呢？因为要体现我们读文章时的一种感情，又因为它是"和"字的解说，所以我们一起来读，请一位男生，再加一位女生，朗读中心句，而且交错进行，全班同学读后面展开的内容，注意与他们朗读内容的衔接。

师：文中最后一句话是全文总说。它说"和是'谐同'。'和'的含义还有很多，但'谐同'是其万变不离之宗"。这里，"'和'的含义还有很多"就值得我们思考。比如，"和"是一种"氛围"，"和"是一种"力量"，"和"是对我们心灵的滋润。我把这篇文章的关键词摘取出来，你们看，这就是"和"的各个不同层面的含义。

师：这样一个朗读《"和"字10说》的学习环节，我们就感受到这篇文章在开阔我们的眼界、陶冶我们的情操方面给我们的教益。

师：咱们继续第二个环节的活动。请大家把报纸翻到最后一版，摘抄《标点运用的常见错误例析》中关于顿号用法的说明。这是一篇很长的文章，顿号用法的说明是隐含在其中的，作者没有特意来说顿号应该怎么用。我们的方式是勾画，就是用你们的笔在报纸上把关于顿号的用法画下来。在哪几个地方呢？老师提示一下，在第二、三、五这三个标题，从这三部分内容里去寻找你们需要的答案。

师：好的，我们一起来交流摘抄成果。我的摘抄成果是，这篇文章里面关于顿号的用法有四种。下面我们就请几位同学来说一说自己的看法。

生：顿号只用于句子中并列词语或并列短语之间。

生：并列词语里又有并列词语时，大并列之间应用逗号，小并列之间用顿号。

师：如果有多次并列的话，大的概念之间用逗号，小的之间用顿号。

生：各并列成分之间由于带有语气词，停顿时间明显增长，各项之间不能用顿号。

师：很好，大家说了三种，还有一种在哪里？

生：表示约数的词语之间，不能用顿号隔开，应该把顿号去掉。

师：好，这次活动，我们通过摘取文中的有用信息，感受到了学会用报对于我们积累知识和规范表达方面的指导作用。

师：第一个朗读活动是比较容易的，这次活动有些难度。下面我们再来一个难度比较大的活动。请你们提炼第五版的学生习作《我依然懂您》的表达特点。什么是表达特点呢？即文章的构思、结构、语言以及它的手法等方面表现出来的特点，如照应啊，正面、侧面描写啊，想象啊等都可以讲。下面开始独立思考。

师：好的，可以停下笔。表扬一下：全体同学都在独立地思考，这是极好的学习习惯。把你的见解告诉我们，请举起你的小手。

生：这篇文章的语言非常优美，又引用了很多诗句，用一个个优美的诗句来写诗人当时的思想感情。每一个小标题后都有一句话，使小标题之间互相照应。还有文章的最后两段是全文的总说。其中最后一节："夜来风雨声，花落知多少？但我依然懂您"又和题目照应。

生：这篇文章运用了小标题的表达形式，表达出每一段的大概意思，且三个小标题层层递进，很有层次感，"家愁绵绵"、"国恨悠悠"更是表达出了浓厚的思想感情，每个小标题下面的六个字又是独立成段，很有感染力。全文多处引用古诗文，使文章有韵味，表达出浓浓的爱国情。

生：我觉得这篇文章的题目首先引人深思——"我依然懂您"，看样子好像是写一个人的，实际上写了三个人。文章的标题从"春意无绝"递进到"国恨悠悠"，每个小标题后面"愁思"与"家愁绵绵"照应，"国恨"与"国恨悠悠"照应。

师：我给大家小结一下。这篇文章的构思特点、表达特点有这样几点：

第一，总分框架。前面有总说，当中三个小标题领起各个不同的内容，最后再总说一句。它让我们觉得：啊，原来优美的散文也可以是这样构思的。

第二，横式结构。"春意无绝"、"家愁绵绵"、"国恨悠悠"三个小标题分别领起对三位古代诗人诗作的感受。

第三，它有巧妙的线索。这个线索分析起来真有味道。三个小标题领起的都是诗人的诗作，都是写雨的，都是写夜的。连起来看，就是线索。

第四，逐层递进。先写"春意无绝"，最后是"家愁绵绵"，最后是"国恨悠悠"，思路清晰，布局合理。

第五，巧用人称，"我依然懂您"，直接面对诗人说话，表达自己的想象。

第六，呼应很严密。除了首尾呼应以外，文章内部的句子也形成呼应的态势。

师：好，我们进行的这个活动有什么意义呢？它给我们以写作辅导，以思维训练。

师：这节课的小结：我们通过举例，简说了报纸上文章的用途；我们通过选例，实践了一种学习方法。我们完成了一个"学会用报"的任务。谢谢同学们，我们的课就上到这儿。

【课例评析】

　　余映潮老师的这节读报综合性学习课有几大亮点：第一，教学目标明确而正确——学会用报。不仅立足本节课，更立足于学生今后自主读报方法的指导，真正起到了综合性学习指导课的长远效果；第二，两大教学环节的设计切实有效地令学生习得用报方法，"简说"和"实践"各有侧重地引导学生最大限度地利用报纸积累语文知识和技能；第三，给学生留有足够的独立思考空间；第四，教师及时而有针对性的点评令学习过程成为有意识的学习积累过程。

（王剑平）

参 考 文 献

［1］巴赫金．诗学与访谈：陀思妥耶夫斯基诗学问题［M］．白春仁，顾亚玲，译．石家庄：河北教育出版社，1998：115.

［2］陈爱华．关于农村初中写字教育现状的调查报告［J］．福建教育学院学报，2008（9）：57－58.

［3］管建刚．我的作文教学革命［M］．福州：福建教育出版社，2007.

［4］吕雯慧．初中识字教学的现状及对策［J］．语文学刊，2003（4）：70－73.

［5］毛伟东．课间见闻——教学案例［J］．语文教学与研究，2012（8）：80.

［6］培根．论学问［M］//培根论说文集．水天同，译．北京：商务印书馆，1983：180.

［7］韦志成．语文教学情境论［M］．南宁：广西教育出版社，1999.

［8］温儒敏．就语文新课标的学习谈九个问题［J］．中学语文教学，2012（3）：9.

［9］温儒敏，巢宗祺．义务教育语文课程标准（2011年版）解读［M］．北京：高等教育出版社，2011：196.

［10］叶圣陶．叶圣陶讲作文［M］．长沙：湖南教育出版社，2008：36.

［11］于永正．于永正文集［M］．徐州：中国矿业大学出版社，2002：157.

［12］于永正，潘自由．小学"言语交际表达训练"作文实验［M］．济南：山东教育出版社，2004：65—69.

［13］郑国民．新世纪语文课程改革研究［M］．北京：北京师范大学出版社，2003：81－82.

［14］中华人民共和国教育部．义务教育语文课程标准（2011年版）［S］．北京：北京师范大学出版社．2012.

［15］朱水根．新课程小学作文教学［M］．北京：高等教育出版社，2006.

出版人　所广一

策划编辑　刘　灿　谭文明　代周阳

责任编辑　代周阳

版式设计　贾艳凤

责任校对　贾静芳

责任印制　曲凤玲

图书在版编目（CIP）数据

和名师一起读语文新课标/王鹏伟主编．—北京：
教育科学出版社，2013.7
ISBN 978 – 7 – 5041 – 7628 – 8

Ⅰ．①和…　Ⅱ．①王…　Ⅲ．①语文课—教育研究—中
小学　Ⅳ．①G633.302

中国版本图书馆 CIP 数据核字（2013）第 096657 号

和名师一起读语文新课标

HE MINGSHI YIQI DU YUWEN XIN KEBIAO

出版发行	教育科学出版社		
社　　址	北京·朝阳区安慧北里安园甲9号	市场部电话	010 – 64989009
邮　　编	100101	编辑部电话	010 – 64989422
传　　真	010 – 64891796	网　　址	http://www.esph.com.cn
经　　销	各地新华书店		
制　　作	北京金奥都图文制作中心		
印　　刷	保定市中画美凯印刷有限公司	版　　次	2013 年 7 月第 1 版
开　　本	169 毫米×239 毫米　16 开	印　　次	2013 年 7 月第 1 次印刷
印　　张	18.25	印　　数	1—5 000 册
字　　数	269 千	定　　价	39.80 元